HISTORIA MENUDA
DE UN PAÍS QUE YA NO EXISTE

COLECCIÓN HOGUERAS

61

1.ª edición: noviembre de 2012

© Editorial Alfa, 2012

Editorial Alfa
Apartado postal 50.304. Caracas 1050, Venezuela
Telf.: [+58-2] 762.30.36 / Fax: [+58-2] 762.02.10
e-mail: contacto@editorial-alfa.com
www.editorial-alfa.com

ISBN: 978-980-354-340-2
Depósito legal: lf50420129003910

Diseño de colección
Ulises Milla Lacurcia

Diagramación
Rozana Bentos Pereira

Corrección
Magaly Pérez Campos

Fotografía de solapa
Alberto Rial

Fotografía de portada
Orentas. Detalle concha acústica, Colinas de Bello Monte, 1957.
Colección privada.

Impresión
Editorial Melvin

Printed in Venezuela

HISTORIA MENUDA
DE UN PAÍS QUE YA NO EXISTE

Mirtha Rivero

EDITORIAL
ALFA

Una vez leí –¿o soñé?– que alguien quería escribir un libro blanco
y sencillo para regalárselo a su papá. Yo quise hacer lo mismo,
pero –disculpa, papá– para entregárselo a mi mamá.

ÍNDICE

Una cuenta pendiente 11

Historia menuda 1 17
El hombre al que le salen buenas todas las cuentas 27

Historia menuda 2 59
El abrazo 65

Historia menuda 3 91
Secretos del mar de oriente 97

Historia menuda 4 123
El cero absoluto 127

Historia menuda 5 161
Eso fue lo que me grabó mi subconsciente 167

Historia menuda 6 201
Mal sueño 205

Historia menuda 7 233
Memoria militante 239

Historia menuda 8 271
Ciudad fortificada 277

Historia menuda 9 303

Agradecimientos 307

Ya no nos parecemos ni a nosotros mismos, porque nosotros, los de entonces, nunca volveremos a ser los mismos.

Leonardo Padura Fuentes, *Pasado perfecto*

UNA CUENTA PENDIENTE

Las historias que aquí se cuentan fueron escritas entre los años de 1997 y 2001. Mucho antes de siquiera pensar en un texto que se llamaría *La rebelión de los náufragos*. En 1997 mi principal reto era arriesgarme a escribir, y mi objetivo central, luego de superada esa prueba, retratar a mi país a través de las voces y las vidas de venezolanos comunes y corrientes, normales y sencillos. Quería contar –contarme– la historia de la Venezuela contemporánea a partir de seres alejados de la palestra, la prosopopeya, la escarcha, el éxito o el fracaso público. Los desafíos eran grandes; no solo significaba arriesgarme de una vez por todas a «escribir» sino hacerlo de una manera que resultara atractiva cuando el motivo o el personaje central de lo que iba a escribir, de entrada, era un perfecto desconocido. Es decir: cuando el «gancho» del texto era precisamente que no había «gancho». No es lo mismo –me dije– narrar la vida de Andrés Galarraga, pelotero de grandes ligas, que narrar la de Pastor Silva, pescador de Isla de Coche.

Me embarqué en esa aventura después de haber renunciado «al empleo» (entre comillas, porque no era cualquier trabajo: nunca antes me habían pagado tan bien y tal vez nunca más me pagarán), pero me embarqué de frente porque ya estaba bueno de tanto alargue. El asunto me venía rondando desde mucho tiempo atrás.

En el año 1990, trabajaba en *El Diario de Caracas*, y a cada tanto, de repente, me encontraba garabateando en libretas, tomando notas y referencias para un proyecto que se me había metido entre las cejas. Sin embargo, en aquella época no tenía la idea tan clara, ni tampoco la serenidad ni el tiempo. Vivía entonces lo que para mí –y para muchos– fueron los mejores momentos del periodismo económico en Venezuela: apenas un año antes el país había iniciado un vuelco en su modelo de desarrollo y los cambios hechos por el segundo gobierno de Carlos Andrés Pérez parecían afianzarse. Parecían irrevocables. Definitivos. Irreversibles. Hoy sabemos que todos esos adjetivos no alcanzaron a ser verdad; pero entonces, se creía otra cosa. Se vivía otra cosa, y para los periodistas que cubríamos la fuente implicaba una nueva y retadora forma de cubrir las informaciones económicas que durante un buen rato pasaron a ser notas obligadas de primera página en todos los periódicos.

Una sala de redacción –quien haya tenido la dicha de vivirla, lo sabe– es un ambiente cautivador, y la adrenalina que allí se genera y los lazos que allí nacen y se estrechan son muy fuertes. Se marcha al compás de un ritmo frenético que continuamente se reinventa, que nace y muere en cuestión de horas: el tiempo que tarda una edición en nacer, crecer, hacerse vieja y caducar. Y esa atmósfera, aunque desde lejos luzca apabullante, es seductora. Mucho más si, como me tocó a mí, se está en medio de una experiencia que enriquece la manera de ejercer el oficio. Para un periodista económico no había nada más emocionante que cubrir lo que estaba aconteciendo en nuestras narices.

Vivíamos años de ebullición y de reto profesional. Estábamos en el centro de una vorágine, en el ojo de un huracán que embriagaba, y no había evento de la economía en el que los periodistas de *El Diario de Caracas*, «el tercer periódico», no estuviéramos presentes. Los otrora dueños de la noticia contra su voluntad tuvieron que aceptar un competidor. No solo ellos dictaban la pauta, *El Diario…* se había colado en la fiesta y convertido en un referente y una presencia imprescindible. O por lo menos así lo sentíamos nosotros. Y yo estaba orgullosa de pertenecer a ese equipo, de participar en primera fila.

No podía estar en mejor época, repito; pero en mi mente crecía otro asunto, construía y añoraba otra cosa. Sumida en sentimientos encontrados, codiciaba escribir algo que fuese más allá del dato duro o la cifra exacta. Imaginaba aventurarme en un proyecto diferente a lo que estaba haciendo. Un texto que me permitiera abordar la realidad –el país– de una manera distinta.

Pero, había muchos peros…

Porque en el año de 1990, además, acababa de divorciarme y arrullaba la ilusión de beberme el mundo por entero. Quería desplegar las alas y vivir un reestreno.

¿Cómo abstraerme para pensar en un proyecto profesional distinto? ¿Cómo alejarme para ver y percibir el país, la vida misma, desde una pers-

pectiva diferente? ¿Cómo hallar tiempo? ¿Cómo envalentonarme? Sobre
todo eso: cómo encontrar valor para arriesgarme.

El tema siguió martillándome durante siete años más y no fue sino
hasta después de encontrar al amor de mi vida (hoy, mi marido) que hallé
también la estabilidad y el valor suficientes para retomar mi antigua idea:
escribir crónicas distintas a las que viven y mueren en un solo día. En 1997,
hice un primer intento, pero fue un año después, siempre gracias al abrigo
emocional de mi marido —y a que mis cuentas pasaron a ser suyas— que
decidí encarar a tiempo completo lo tantas veces demorado. Y durante los
tres siguientes años eso fue lo que hice. Dedicarme a entrevistar, investigar
y hurgar en la memoria propia y ajena para construir un texto que reuniera en ocho capítulos las historias de nueve venezolanos comunes. Nueve
seres generosos que me dieron el permiso de contarlos y, de pasada, me
ofrecieron el pretexto para contar la vida del país en que viven, vivieron o
querrían vivir.

En enero de 2001 creí poner el punto final a esa empresa y guardé
en un cajón el legajo de hojas. Lo engaveté arguyendo excusas, esgrimien-
do argumentos difusos. Sin cambiar una sola coma, lo saqué en contadas
ocasiones —y con mucho miedo— solo para enviarlo a un concurso o enseñarlo a un potencial candidato a editor. Nunca corrí con suerte. Entre
tanto, los años iban pasando. Un amigo quiso leer el manuscrito, y me
hizo una sugerencia; sin embargo, para entonces yo estaba enfrascada en
otro proyecto y seguí dejando en la gaveta las doscientos y pico de páginas escritas. Y los años siguieron transcurriendo, pero el texto engavetado
poco a poco comenzó a cobrar otro significado.

Cuando arranqué a escribir estos relatos no tenía idea de que al
terminarlos —enero de 2001— el país que conocía habría comenzado a
desdibujarse. Mucho menos que años después también me mudaría de
país, y que entonces el texto cobraría otro sentido para mí. Otro significado. A finales de 2006, en un descanso que me di entre lecturas y
transcripciones de entrevistas para *La rebelión de los náufragos*, me puse a
hojear el viejo volumen, y me arriesgué a seguir el consejo que me había
dado mi amigo. En ese momento, ya vivía en México y acababa de regresar de un viaje a Venezuela con un dolor punzante entre pecho y espalda.
Estaban próximas las elecciones presidenciales, y los análisis más agudos
daban cuenta de que nos seguiríamos hundiendo en esa especie de hoyo
negro sin fin en el que ya estábamos. Las encuestas y el olfato me decían

que no había vuelta atrás. Fue por eso que retomé con afán la revisión de lo escrito. Porque esa tarea me devolvía mi pasado en el momento en que la nostalgia y el sentimiento de pérdida eran enormes.

A lo ya escrito, añadí un hilo conductor, ingresé una nueva voz que, narrando en primera persona, enlazara y a la vez presentara los cuentos y los distintos personajes que los protagonizan. Fue entonces cuando, sin querer, las vidas que se cuentan dejaron de ser nueve para transformarse en diez.

Las historias no tienen parecido alguno con *La rebelión de los náufragos*, el libro por el que algunos me conocen. Son trabajos diferentes, solo hermanados tal vez por el objetivo común de hurgar en el pasado de mi país. Son historias sencillas, sin autoridades, funcionarios, personalidades de primera plana o interés noticioso. Textos que fueron escritos cuando aún no se me había «soltado la mano». Por eso los quiero tanto. Porque con ellos me arriesgué. Con ellos aposté. Y con ellos (y con las personas que me contaron su vida) tengo una deuda, una cuenta pendiente.

Lo que sigue son relatos que, hoy más que nunca, me recuerdan de dónde vengo, de dónde soy. Son relatos para leer de noche. Cuentos sencillos, de seres también sencillos que vivieron la Venezuela del siglo XX. Todos ellos –en conjunto o por separado– recogen costumbres, andares cotidianos, comportamiento colectivo. Vivencias que forman parte de mi equipaje. Es la historia menuda de un país que ya no existe.

Monterrey, 15 de marzo de 2011

¿Cómo podremos vivir sin nuestras vidas?
¿Cómo sabremos que somos nosotros si no tenemos pasado?

JOHN STEINBECK, *Las uvas de la ira*

HISTORIA MENUDA 1

Siempre he dicho que soy urbana. Nací, crecí, me hice mujer y madre en la capital de la República, y no me hallo sin las ventajas de una ciudad: servicios, cine, librerías, autopistas, televisión. Soy caraqueña y, como colofón, de la primera generación de venezolanos de apartamento. Me llenaba la boca diciéndolo. Y es que si bien el viento modernizador había comenzado a soplar en Caracas en 1936, tras la muerte de Juan Vicente Gómez —el mandamás de la hacienda que era Venezuela hasta entonces— y los primeros edificios para viviendas se empezaron a construir a principios de los cuarenta, no fue sino hasta la mitad del siglo pasado que las casas hacia arriba comenzaron a ser aceptadas por la gente común y corriente. Desde entonces fue que vivir en edificios —o en palomares, como los llamaba mi abuela— pasó a ser mucho más que un proyecto aislado. Mucho más que el empeño urbanizador de un gobernante (llámese Eleazar López Contreras, Isaías Medina Angarita o Marcos Pérez Jiménez). Desde entonces, mediados de la década de los cincuenta, vivir en apartamentos además de moderno comenzó a ser casi normal. Yo vine al mundo por esos días, y desde que tuve conciencia me vi montada en uno de esos palomares.

Nací en Caracas en la madrugada del último lunes de enero de 1956, poco después de que mis papás regresaran de una función de cine. Habían ido a ver una película de Cantinflas —*Abajo el telón*—, pero muy bien pudo ser una de Pedro Infante, Tin Tan, María Félix, Marga López u otra estrella del cine mexicano, como también pudo ser alguna con Frank Sinatra, Sofía Loren, Gina Lollobrigida o Tony Curtis, que eran los artistas que inundaban las pantallas caraqueñas de entonces. En esos días ir a comer pollo a la brasa, ir a las plazas públicas o al cine eran las salidas de las parejas que con las lochas y las puyas contadas iniciaban una vida en común. Los espectáculos teatrales o las idas a clubes y *cabarets* eran distracciones costosas, y a la televisión aún le faltaba para enseñorearse de las casas de familia.

Ese día de enero de 1956, al terminar la última gala del Teatro Continental –el segundo más grande de la ciudad–, a mi mamá le empezaron unos dolores de barriga y aunque era madre primeriza y «no era tiempo» para mi debut en la escena, ella supo lo que venía en camino. Tras caer el decorado de Cantinflas en el cine, en un hospital de la parroquia Santa Rosalía en vez de bajar, subía un telón, y yo lloré por primera vez.

El hospital que escuchó mis primeros gritos era una sencilla construcción de dos plantas con piso de granito y paredes inmaculadas de blanco. Era una clínica privada que quedaba –y sigue quedando– a orillas de la avenida Roosevelt, al sur de la ciudad, y a una cuadra escasa de la avenida Nueva Granada, que mucha gente seguía llamando por su antiguo nombre: la carretera de El Valle, pese a que ya no era carretera.

A la luz de la distancia, nacer en una clínica privada puede parecer como lujo o tal vez desvarío de un matrimonio que ni siquiera tenía techo propio. Pero la verdad es que aquello no era fausto ni ostentación, y no lo digo por las líneas simples de la clínica. Lo digo porque los trescientos bolívares que costó mi función de estreno no fueron pagados por mis padres, tampoco por un alma caritativa o algún especulador en calidad de préstamo. Nada de eso. El primer parto de mi mamá –y los otros tres que después vinieron– lo canceló el instituto público en donde trabajaba mi papá. Y es que en aquellos años de pesadilla para el movimiento sindical, que fueron los del régimen de Pérez Jiménez, los beneficios de un contrato laboral le permitían a un modesto empleado público que su mujer pariese en un centro de salud privado. Con más atenciones y más tranquilidad que alumbrar en la maternidad o en un dispensario. Y ese contrato de trabajo siguió amparando a mi papá y a su familia, luego de irse la dictadura y llegar eufórica y esperanzadora la democracia.

En enero de 1956 todavía faltaban dos años para que cayera el gobierno militar, mas el país, pese a la cárcel y la represión a los disidentes, vivía en una carrera desarrollista. Era el Nuevo Ideal Nacional que el general dictaba desde el Palacio de Miraflores, y por el que se construían monumentales obras públicas –autopistas, puentes, edificios, urbanismos enteros– que generaban empleo y dejaban la impronta del régimen –empezar y terminar en las fechas pautadas–, cambiando para siempre la silueta de la ciudad capital.

De la clínica de la avenida Roosevelt (en esa época no era mal visto poner nombres de gringos a las calles; al revés: daba caché), me llevaron a vivir a un apartamento del que solo guardo los cuentos que me contaron. Estaba en La Puerta de Caracas, al pie del cerro Ávila, en La Pastora. Era modesto, era chiquito y era alquilado. Pertenecía a un hombre somnoliento que vivía en el primer piso y que con su perenne cara de borrachera ahuyentaba a los vecinos. Con el tiempo se supo que la mirada turbia y perdida de nuestro casero –que mi mamá pensaba libidinosa– no era por trasnocho ni por embriaguez sino por enfermedad. Una diabetes mal tratada y en fase terminal le comía el brillo de los ojos y la vida que le quedaba en el cuerpo.

En La Puerta de Caracas no nos quedamos mucho rato, y si lo hicimos no recuerdo. Ya lo he dicho: no tengo memoria de ese tiempo. De lo que sí me acuerdo es del tiempo que vivimos en el edificio Últimas Noticias, a pocos metros del Panteón Nacional. En el mismo lugar en donde en 1959 funcionaba –y todavía cuarenta y siete años después sigue funcionando– la redacción del tabloide. Era un inmueble pequeño, distinto al que ahora alberga a la Torre de la Prensa. En los sótanos se hallaban la imprenta y los laboratorios de fotografía; en el piso inmediato, las oficinas del matutino, así como las de las revistas *Élite* y *Páginas*, y las del vespertino *El Mundo*, que Miguel Ángel Capriles había fundado recién salido de la cárcel al caer la dictadura. Y arriba de la redacción y de los periodistas estaban los apartamentos. Unos más grandes que otros, pero todos rentados a través de anuncios que se publicaban en el propio periódico. El nuestro era uno de dos habitaciones desde donde, si se miraba hacia la izquierda, se podía ver el histórico Panteón, que se emperifollaba en los días de fiestas patrias y, más atrás, como marco de una escenografía, el cerro Ávila verde y brillante.

Era muy niña pero creo retener, como en un sueño, el alboroto de las camionetas en la madrugada cuando salía la edición del periódico, y las discusiones destempladas que se dejaban colar por el pasillo, y de las que nada podía entender en ese momento pero de las que ahora es fácil presumir que fueran por los acalorados días que se vivían. Se estrenaba la libertad de expresión, el derecho a la crítica y, encima, a la vuelta del mapa estaba la Revolución cubana, que en la sala de redacción bajo nuestros pies tenía a sus defensores y sus detractores. Unos y otros apasionados en sus discursos, pero todos embarcados en la misma lancha, que debía levar anclas y zarpar todos los días a la misma hora, a la hora en que estaba listo el diario para entregarlo a los pregoneros.

Al evocar aquellos ruidos pienso que ya en ese entonces me llamaba la atención el ambiente que llegaba hasta mi casa. No sé si de aquella temporada viviendo sobre la sala de redacción de *Últimas Noticias* haya nacido mi interés por el periodismo. No tengo la menor idea de si es por eso o por algún misterio bioquímico que me gusta empujar las teclas de una máquina. Lo que sí puedo afirmar, sin ninguna duda, es que de aquel entonces son los primeros tres hechos noticiosos de los que guardo registro: el día en que enseñé a chupar dedo a mi hermana Paola –porque yo no podía ser la única a la que señalaran por el mal hábito–; la vez que a mi hermana y a mí nos rescataron –saltando desde balcones vecinos– porque nos habíamos quedamos encerradas, y la noche en que me intoxiqué y terminé en un hospital por comerme, yo sola, una fuente de sardinas.

De Últimas Noticias nos fuimos a vivir a la parroquia San José, a un edificio con fachada de ladrillos rojos, equidistante de la plaza Candelaria y del cine Anauco. El inmueble tenía cuatro plantas y siete apartamentos, todos propiedad de unos portugueses. A los apartamentos se llegaba después de atravesar un corredor ancho y oscuro y subir una escalera igual de ancha y oscura, con piso de granito verde y pasamanos de hierro y madera, que terminaba en una puerta de vidrio esmerilado que convertía en sombra a la figura que tocara el timbre. El nuestro era un hogar cómodo sin vista al frente, pero con unas ventanas amplias y luminosas abiertas en la retaguardia que dejaban entrar al Ávila, y permitían ver las azoteas y los patios traseros de las viviendas de la manzana. De allí, a lo mejor, venga mi interés por conocer el fondo de las casas, de las cosas, la historia de todo más allá de la fachada. El patio de atrás de las vidas. Tenía cuatro años cumplidos cuando llegué y comencé a dibujar en las paredes de aquel apartamento.

En la planta baja del edificio había una panadería en donde unos portugueses, sin la excusa de la Navidad, horneaban durante todo el año un exquisito pan de jamón, del tamaño y la forma de un bollo. Un verdadero manjar que de enero a enero le aguaba la boca al más exigente, por la masa delicada, el relleno generoso y la piel que se despegaba al instante si se presionaba con los dedos. Así era de divino: lo que perdía en tamaño lo compensaba en sabor. Por desventura, esa delicia duró hasta el día en que mi madre –la más ferviente defensora del pan de los lusitanos– asomada a la ventana descubrió que los panaderos se lavaban los pies en la misma batea en donde fregaban las bandejas de los panes. ¡Y hasta ese día se comió pan de jamón en esa casa! Todavía lamento la pérdida.

Al lado de la panadería, caminando hacia el oeste había una frutería, una ferretería, una heladería y, en sentido contrario, una escuela de primeras letras que recibía a niños entre cuatro y ocho años de edad. La escuela y los negocios eran iniciativas familiares avecindadas en las propias casas de familia que contaban con zaguán, sala, antesala y patio central. Subsistían sin aparentar apremio ante el empuje transformador que había empezado a hacer acto de presencia.

A pesar del tráfico, era un sector tranquilo, de calles estrechas con carros estacionados a cada lado. Se podía ir a pie a misa, al cine o al parque público que corría a orillas de la quebrada Anauco. Sin embargo, para mí y mis dos hermanas —otra se sumó al desfile mientras tanto— no había posibilidad de ir solas para ningún lado. La máxima aventura que podíamos emprender consistía en ir a comprar el real de pan salado o la guanábana o la lechosa para el jugo del almuerzo («pide que te la den madura»). Para comer helados había que cruzar la calle, y para eso nos faltaban centímetros de estatura. La única forma de salir era a través de los cuentos que nos echaba la televisión. Y es que para eso servía el modernismo: además de autos, avenidas y teléfono, servía para retener a los hijos viendo las comiquitas de Popeye y el gato Félix, los *shows* de Víctor Saume y Renny Ottolina y las historias de charros y cómicos que traían las películas mexicanas. La pantalla en blanco y negro de un televisor de tubos era la mejor defensa ante los riesgos que insinuaba Caracas, la ciudad que había dejado de ser aldea y en donde, al contrario de antiguos días, se ignoraba quiénes eran y en qué parte estaban los buenos, los malos o los rocheleros. Comenzaba una nueva década y la capital de la República pasaba del millón de habitantes. El bululú y la bulla iban ganando terreno para acomodarse —definitivos— en la existencia cotidiana.

Gobernaba Rómulo Betancourt, el primer mandatario electo tras la salida de Pérez Jiménez. Atrás quedaba la era de los militares; pero la recién nacida democracia necesitaría de muchos arreglos si quería sobrevivir. Desde el gobierno se hicieron malabarismos para sellar acuerdos y amarrar voluntades, pues en los cuarteles no estaban todos ganados para el nuevo proyecto de nación, y en los partidos políticos comenzaban a surgir voces y —de modo especial— acciones disonantes. Hubo desacuerdos, deslindes, atentados, intentonas golpistas, protestas laborales. Pero sobreponiéndose y hasta desplazando a la disconformidad, hubo también en el ánimo colectivo sensación de comienzo, de nueva etapa. En las calles se ensayaba el debate público, la opinión y la oposición abierta, y nada más por eso, para la mayoría de la población los albores de los sesenta fueron vividos como días de inicio, de estreno. Se ejercitaba y disfrutaba la democracia. A pesar del descontento que pudiera haber y de la guerrilla que pronto explotó en el horizonte.

El país dejaba atrás su pasado rural, y yo –igualándome– también me creí urbana. Y me lo seguí creyendo. Porque aprendí a ver las calles y la gente desde arriba, a través de una persiana metálica y entre paredes de ladrillos que rápido pasaron a ser de concreto cuando nos mudamos y nos volvimos a mudar a edificios de más y más pisos. Soy urbana porque nací, crecí, estudié, trabajé y he vivido dentro de los linderos de una ciudad. Soy caraqueña. Citadina. Siempre lo dije, siempre lo sostuve… pero no es del todo cierto.

Aprendí a vivir y a leer los códigos de la ciudad que me vio nacer. Es verdad. Pero también soy del mismo pueblo de donde vienen mis padres y mis abuelos. De donde son mis afectos más remotos. Mis primos, mis tíos, mis primeros amigos. Soy de Tejerías, en el estado Aragua.

Tejerías es un pueblo pequeño que, empezando por el principio, no se llama así. Su nombre oficial es Las Tejerías, con el artículo por delante, pero nadie que yo conozca lo nombra así. Se encuentra a una hora de Caracas, en la puerta de los valles que sirvieron de asiento a las más ricas haciendas de los mantuanos caraqueños, y sus orígenes se vinculan a la construcción del ferrocarril Caracas–Valencia a finales del siglo XIX; pero hay, sin embargo, quien sostiene que ya para el año 1846 aparece registrado en la historia por la revuelta de peones y esclavos que allí se sumaron al primer alzamiento del general Ezequiel Zamora.

Al pueblo lo rodeaban plantaciones de caña, pero con el correr de los años la caña fue cediendo su puesto a fábricas y talleres. Al principio, las industrias llegaron con timidez; primero la huesera que fabricaba peines y botones, y que a las cinco de la tarde, y durante sesenta minutos, bañaba con su perfume rancio los solares desguarnecidos; luego, la ensambladora de camiones y más tarde la de los *jeeps*. Después fueron llegando más y más fábricas. Y las plantas se afincaron con descaro, con la arrogancia que da el saber que se llega ofreciendo empleos. Pero todo ese movimiento sucedió más tarde. Al comienzo de los sesenta, a las afueras de Tejerías no había fábricas ni talleres y, en honor a la verdad, casi tampoco quedaban cañaverales.

En el año 1960, Tejerías podría parecer un pueblo detenido. Crecía a partir de la iglesia y la plaza Bolívar, en torno a cuyo eje se ubicaban seis de las siete familias más importantes (la otra vivía sobre la calle real en un caserón inmenso que ocupaba casi toda una cuadra). No había más que ocho calles, doce manzanas y tres o cuatro callejones que terminaban en acequias secas que llevaban a pequeñas barriadas en donde se establecían los habitantes más recientes, los que venían de otros lados. Las casas eran de bahareque con frisos de cal, techos a dos aguas de zinc o tejas y patios grandes en donde sembraban cayenas, crotos, uñas de danta y sobresalían copas espesas de tamarindo, tapara, almendrón, guayaba o mamón. Los adelantos modernos se desconocían: las caraotas, el arroz y las tajadas se cocinaban en estufas a querosén, las arepas se hacían con el maíz desgranado que en la madrugada se había llevado al molino, y como no había acueducto, tampoco había agua de grifo y los platos sucios se lavaban en el patio en dos ollas inmensas –una para remojar y otra para enjuagar– y el baño era un excusado minúsculo, dominio exclusivo de los mayores porque los niños, aunque ya camináramos y no lleváramos pañales, utilizábamos bacinillas –primero de peltre, luego de plástico–. Faltaba tiempo para que llegara el agua corriente, y con ella la poceta, la regadera y el fregador. Faltaba todavía más para las cloacas.

Era un poblado caliente, pequeño, modesto. Mi abuelo usaba liquiliqui a diario, los muchachos bailaban trompos, las misas se decían en latín, los policías vestían de caqui, en el dispensario del doctor Rodríguez recetaban gotas de aceite de hígado de bacalao y en el número siete de la calle Sucre, bajo la sombra frondosa de un mamón, vivía mi abuela. Y en la casa y en el pueblo de mi abuela yo jugaba al aire libre.

En Caracas no se podía hacer algo semejante. Por un lado, porque «es Caracas, y a quién se le ocurre». Por otro lado, porque la calle estaba reservada para los varones. A ellos sí se les podía ver volando papagayos o corriendo por las aceras. A las niñas, no. Las niñas no debían hacer eso. Y nosotras, mis hermanas y yo, hijas de un matrimonio de provincia, ni soñar con brincar a la intemperie citadina. Al salir del colegio nos enclaustrábamos en la casa para hacer tareas, ver televisión, rayar las paredes y jugar a la casita debajo de la mesa del comedor.

El desquite lo tomábamos cuando llegaban las vacaciones. Sobre todo en diciembre y agosto. En esos meses salíamos del encierro y nos llevaban a Tejerías, al abrigo de mi abuela –la mamá de mi mamá– y de un árbol de mamón. Ahí éramos las dueñas del mundo, las reinas de la cuadra y las consentidas de una casa que llenábamos de muchachitos de todas las edades y en número suficiente para jugar a la familia –con mamá, papá, hijos, abuelos y tíos incluidos–, o para formar un conjunto de aguinaldos que tocara de puerta en puerta en las noches decembrinas. Porque en Tejerías no teníamos límites de horario: a las seis de la tarde, después de cenar –arepa, caraotas refritas y una taza de guarapo de café– corríamos hasta la esquina para jugar matarile, laere, el escondío –nunca el escondido– en una explanada de tierra ancha y larga que quedaba al doblar la calle. Tampoco pedíamos permiso, era un derecho ganado a punta de zalamerías. Solo necesitábamos autorización, y escolta de adultos, si queríamos ir en excursión al río Morocopo. Para allá nos acompañaban los tíos, que conocían el territorio porque era el mismo en donde ellos cazaban pájaros –que luego encerraban en jaulas– y buscaban iguanas preñadas para sacarle los huevos. Ese era el único paseo que requería aprobación previa. De resto, andábamos sueltas. Realengas. Oyendo cuentos de fantasmas y aparecidos. Barriendo con la barriga la acera lisa y encerada de la casa de Margarita Santana, las tardes en que nos bañábamos bajo la lluvia. Haciendo papagayos y bailando gurrufíos. Jugando hasta las nueve o diez de la noche, cuando, rendidas, dormíamos en un cuarto largo y oscuro donde se colaba el sonido del viento chocando contra las hojas del mamón y la música de la rocola del bar de Esteban –el Bar Morocopo–. La televisión no había llegado al pueblo, las noches eran largas y los días, eternos.

Soy caraqueña –es obvio–. Caracas es la ciudad que extraño: con su verde, su caos, su geografía, su gente. Pero también soy de Tejerías. Del pueblo chiquito y tranquilo que era a mediados del siglo XX, del pueblo en donde pasé mis mejores días de infancia, de donde son mis modismos, mi forma de hablar, mis primeros juegos, mis primeras canciones y de donde son, también lo dije, mis afectos más antiguos.

Y porque soy también de un modesto poblado del interior del país, casi enseguida me sentí vinculada con los cuentos que me echó Oswaldo Romero, el primer protagonista de las historias que vienen ahora. Quizá porque soy de Tejerías, de inmediato me sentí conectada con su humor particular y también con la forma llana con que él aborda y cuenta la vida. Por eso escuché encantada sus chistes y su relato, e ingresé maravillada –y agradecida por la deferencia– a los aposentos que lo vieron nacer a principios de la década de los veinte en la capital del estado Bolívar. En 1923, año en que nació, Ciudad Bolívar era una ciudad vibrante, más adelantada que Caracas o que Maracay –que entonces era la capital oficiosa del país porque desde allí mandaba Juan Vicente Gómez–; sin embargo, mucho del ambiente que me refirió Oswaldo me pareció conocido.

Pero llegar a Oswaldo no fue fácil. Tuve que pagar mi peaje. Cuando ya habíamos acordado una reunión, un torrencial aguacero en Caracas y una consecutiva tranca en la autopista Caracas–La Guaira (vivía sus últimos años el viaducto que construyó Marcos Pérez Jiménez) hicieron que perdiera el vuelo que me llevaría hasta el estado Bolívar. Llamé desde el aeropuerto para excusarme y postergar por unas horas el encuentro, pero desde el otro lado de la línea me advirtieron que él no estaba en casa, que ese mismo día en la mañana había viajado a Upata y «no se sabe cuándo regresa». A los dos días volví a llamar desde Caracas, y luego al otro. Al final saqué la promesa de que me iba a esperar y a recibir, pero aun así el día fijado para la entrevista me dejó esperando una hora. Después intuí la razón de sus largas. Él creía que yo me iba a cansar y desistiría de mi empeño. Comprendí también su reticencia. A pesar de que le había explicado mis intenciones y de que algunos amigos habían cabildeado a mi favor, Oswaldo Romero no terminaba de entender las razones que me llevaban a hablar con él, a escribir sobre él, a contar su historia. *¿Por qué?* –me cuestionó cuando por fin nos sentamos a conversar por primera vez–. *Si mi criterio es más barato que un pocillo de peltre. Yo soy un elemento que no tiene ni el primero de instrucción primaria.*

EL HOMBRE AL QUE LE SALEN BUENAS TODAS LAS CUENTAS

> No soporto el escandaloso silencio de la soledad
>
> ni el fragmentado desparpajo de los tumultos.
>
> ELISEO ALBERTO, *Esther en alguna parte*

El otro día se molestó con una secretaria *(una secretaria bruta)*. Ella le preguntó el nombre, para escribirlo en una planilla. Él le dijo: «Señorita, ponga ahí: Oswaldo Julián Romero». «¿Y qué más?», exigió la joven. Él reclamó: «Cómo que qué más, no hay más; yo soy Oswaldo Julián Romero, y soy bastardo». Ella escribió: Oswaldo Julián Romero Bastardo. Y él explotó: «¡Pero señorita! ¿No entiende? Que yo soy bastardo, que tengo un solo apellido». Salió refunfuñando de aquella oficina porque cómo es posible que exista gente que con bachillerato aprobado no sepa lo que quiere decir la palabra «bastardo».

Si alguien hubiese visto esa escena, quizá se hubiera formado una imagen falsa del personaje. Podría pensar que es un tipo agrio, malencarado. Nada más alejado de la verdad. Bastaría con seguirlo unos cuantos pasos para darse cuenta de que antes de caminar una cuadra, ya Oswaldo cuenta un chiste de lo sucedido. Y es que, al igual que el Alka-Seltzer, echa espuma y luego se vuelve agua. Se queja y critica, pero de inmediato se le pasa. Rezonga porque no durmió bien anoche, porque alguien se le atravesó con el carro o porque un vigilante no le contestó los buenos días. Rezonga y rezonga, pero como la sal se disuelve con el agua, él vuelve a su estado natural: el temperamento jocoso *(no hay que darse mala vida porque uno no sabe si llega a diciembre; si es que ahorita yo estoy en lista de espera. En cualquier momento, desde allá arriba me llaman a abordar el avión: ¡Oswaldo Romero! Y listo, salió el avión y se acabó la vaina)*. Explosiones como la que tuvo frente a la secretaria puede llegar a tener ocho en un día, pero todas son como cartuchos de salva: puro ruido. Es un hombre que ignora lo que significa guardar resentimiento o amargura. Es una persona agradable, de conducta predecible y manías conocidas.

Siempre ha vivido a orillas del río, pero nunca se ha atrevido a meterse en sus aguas *(me he bañado, pero en la orillita y con totuma)*. Le disgusta cargar niño en brazos, recibir visitas en su casa o asistir a fiestas. Tampoco se cuenta entre los que han visitado un cuartel de policía o entre los que piden favores a la puerta de un partido político. Tiene principios muy arraigados con respecto a lo que está bien y lo que está mal y, definitivamente, apropiarse de lo ajeno —una vez recorrió cien kilómetros para devolver quinientos bolívares que le habían pagado de más—, adular al poderoso y faltar al trabajo está muy mal. Siguiendo esos mandamientos vive y deja vivir. Así ha podido conservar amistades por más de sesenta años y mantener el sentido del humor suficiente como para hacer que de las veinticuatro horas que tiene el día, por lo menos quince estén destinadas a la broma y la ocurrencia. El resto lo gasta en rezongar y dormir.

Todos los días al levantarse, después de sus oraciones matutinas, en vez de café toma un trago de brandy *(¡de un solo guamazo!)*, siguiendo al pie de la letra el consejo que hace cuarenta años le dio un anciano para resguardar la vitalidad. Luego comienza su vida metódica: compra el pan en la misma panadería, la carne en la misma carnicería, se encuentra con los mismos amigos, y si es domingo va al cementerio a la misma hora: a las diez de la mañana. Cada tarea tiene ritmo y tiempo estimado porque él la calcula y la cuenta, del mismo modo que hace con las distancias que hay de un sitio a otro *(en diez minutos llego a ver a Carlos Ferrara, porque de aquí allá, manejando, hay cinco kilómetros y doscientos metros; de la puerta de mi casa a la entrada de El Dorado hay cuatrocientos cuatro kilómetros, ni uno más ni uno menos)*. Cumple cabal con sus hábitos, como cuando era vendedor de mantequilla y sopa y se ceñía a un programa de visitas, diligencias y objetivos *(¡compa!: te voy a dejar un cuarto de docena, pero páqueme esos tres potecitos para empezar)*. Con disciplina, pero sobre todo con ingenio, sorteó lo que para otros pudo ser una biografía monótona y aburrida, y la ha transformado en una sucesión de recuerdos amables que lo mantienen aferrado al suelo que pisa *(¿y quién va a querer morirse? ¿Quién va a querer irse de este mundo tan sabroso?)*.

A los setenta y seis años goza de una memoria prodigiosa que le permite contar más de cien chistes —uno tras otro—, recordar las placas de los carros y las fechas de cumpleaños de todos sus conocidos. Viudo y vuelto a casar, en su cartera lleva una foto de su primera esposa. Cree en Dios, reza a sus muertos, pero va a misa solo de cuando en cuando, porque prefiere practicar la religión a su modo: no hacer mal a nadie, no meterse en los asuntos de nadie ni cogerse algo ajeno. Dios dice: con la vara que mides, serás medido.

2

Padre es el que mantiene. El que hace, no. Ese no. Ese lo que hizo fue gozar un rato, y listo. Hacer muchachos es más fácil que pelar mandarinas.

El 12 de agosto de 1923, María Ernestina sintió los dolores de parto y se preparó para parir en el cuarto en donde ya lo había hecho una vez. Momentos antes de sentir la primera contracción, había estado leyendo un ejemplar atrasado de *El Luchador*: se distrajo con la noticia de los vapores que salían para La Guaira, Puerto Cabello, Curazao, Puerto Colombia y Cartagena, con la nota sobre los funerales en memoria de Juancho Gómez y con los avisos de Mentol Davis –calmante sedativo– y Elixir de Leonardi –remedio eficaz en los casos de sífilis, gota, anemia y debilidad nerviosa–. El periódico la entretuvo unos minutos. Ese domingo, como cualquier otro de agosto, era muy caluroso. Salió a tomar aire. Con una mano se arremangó el vestido que le molestaba en el talle ensanchado, y con la otra, se apoyó en el pretil de la cocina que daba al patio, donde llegaba la sombra del merecure. Le pegó en la cara la leve brisa del barinés que anunciaba lluvia, y suspiró. Por un rato diluiría el sofoco.

Agosto, por lo regular, es mes de lluvias y crecidas, pero ese año no había llovido en las cabeceras del río. El pescado tampoco había sido abundante, y los pescadores, que esperaron once meses por la zapuara, se quejaban de la escasez que achacaban al mal tiempo. Era, pues, una temporada de aguas anormalmente bajas. Ese domingo, sin embargo, hubo un chubasco con truenos largos y sonoros. Fue el día en que María Ernestina Romero parió a Oswaldo, su segundo hijo.

La casa en donde vivía estaba en lo que eran las afueras de Ciudad Bolívar. Lo que hoy se conoce como el sector Cruz Verde del Paseo Heres, pero que a principios del siglo XX llamaban La Busca. Una zona que no quedaba ni muy lejos ni muy cerca del casco colonial, porque nada estaba demasiado lejos o demasiado cerca, y la gente iba a pie adonde fuera. En aquellos días solo había unos cuantos carros que hacían sonar la bocina al llegar a las esquinas. La cacería de palomas se consideraba un deporte aristocrático. Los varones llevaban pantalones cortos hasta los quince años. Las mujeres se envolvían la cabeza con paños negros cuando tenían la regla. Y el aire, pese a la seca, estaba impregnado de olor a agua corriendo.

La ciudad –construida sobre piedra– guardaba celosa entre sus muros una reputación de respetabilidad, no obstante el agite que la envolvía. Que se espiaba a través de las celosías de madera. Aislada del resto del país por la falta de carreteras, Ciudad Bolívar, en cambio, estaba abierta al mundo por el río que traía a sus muelles mercancías y personas de muchas nacionalidades. En sus calles se confundían italianos, trinitarios, españoles, corsos, árabes. Inmigrantes de diversas calañas: los que llegaban a establecerse de modo definitivo, los que iban a vender o a comprar y se quedaban justo el tiempo para el negocio, y los que nada más hacían un alto en la aventura que los llevaba más al sur, al intrincado territorio del diamante, la sarrapia o el balatá. Toda la ciudad miraba entonces al Orinoco: las casas principales que estaban en el centro y lucían cielorrasos de madera, corredores con columnas y ventanas de romanilla; las casas que había en La Busca, y que tenían techos de moriche, pisos con lajas de arcilla y ventanas de dos postigos.

Según mi mamá, con quien me hizo fue con un tal Matías Aguilera. Él y la familia de él son, lo que aquí llaman, de sangre azul. De la sangre azul de aquí, pero mi mamá no se casó con él. No. Ni con él ni con ninguno.

3

Matías Aguilera, un educado y próspero español de primera generación, quiso casarse con María Ernestina y darles apellido a sus hijos, pero ella no lo aceptó. María Ernestina, o Ernestina «a secas» como le decían todos, rechazó el compromiso porque no andaba en busca de protección. No era lo que pretendía al meterse en la cama con un hombre. Lo que pretendía era una hija, y una hija no se hacía firmando papeles o andando con un mismo hombre o quedándose encerrada en la casa. Ella no había nacido para esas cosas y tampoco había nacido el hombre que la obligara. Independiente, liberada, iba para donde quería a la hora que se le antojara, y jamás alguien consiguió detenerla. Ni siquiera cuando se hizo anciana. Con ochenta y pico de años encima, apenas despuntaba el sol, se levantaba de la cama, tomaba un jugo de naranja con zanahoria y agarraba el garrote para salir a caminar durante tres horas seguidas.

Tenía amistades en todos lados y en todos lados la querían porque poseía una extraordinaria habilidad para descubrir los problemas y aconsejar soluciones. Si un marido se convertía en dolor de cabeza, Ernestina sugería el mejor remedio para quitárselo de encima. Si alguien se enfermaba de verdad, estaba pendiente de las medicinas; si había que hacer algún mandado, se ponía a la disposición; y si se necesitaba un voluntario para ir a Caracas, no faltaba más. En una época en que trasladarse a la capital constituía una verdadera travesía, Ernestina, en un santiamén, se alistaba para la marcha. Cuando nadie entre los suyos pensaba en viajar –porque nadie viajaba–, ya ella había ido a San Félix, Upata, El Tigre, Barcelona, Puerto La Cruz, Puerto Cabello, Coro y Maracaibo *(era una caminadora, que no es igual a lo que ahora llaman caminadora. La caminadora de ahora es la que vende el producto que tiene debajo del ombligo).* Fue una andariega que aprovechó las oportunidades que se le presentaron para andar, para conocer y alternar con personas de regiones distantes. Por eso la apreciaban y respetaban. Tenía ascendencia sobre quienes la rodeaban, y la utilizaba. Decidía y aconsejaba: a las mujeres para que dejaran a los hombres y a los hombres para que dejaran a las mujeres. Y le hacían caso.

Tuvo cuatro maridos, y a los cuatro los botó después de parirle a cada uno un hijo. Cuatro hijos –Tomás, Oswaldo, Julio y Sobella– en cuatro tipos distintos porque no le paría dos muchachos a un mismo hombre. Para ella, los hombres solo eran necesarios mientras buscaba la hembra, y cuando la tuvo no quiso más nada con ellos.

Como no quiso ser mantenida, practicó muchos oficios. Cosió, tejió, bordó, hizo turrones, lavó y planchó lencería para los barcos grandes que cargaban pasajeros –el Guayana y el Bolívar–, y trabajó como camarera de a bordo. Rendida y entregada nunca estuvo, porque no era su talante. Solo se le veía disminuida y atribulada cuando se le aparecía enfrente Sabás Núñez con su sombrero alón. Cuando eso sucedía, Ernestina perdía la compostura. Le empezaba una angustia y le entraba una temblequera. Sabás había sido el dueño original de la casa construida al lado del merecure, y una vez que dejó esta vida nadie más supo de él, como era de esperar. Hasta el día en que Ernestina llegó a La Busca a finales de 1800, y Sabás reapareció con su habitual sombrero de ala grande. El muerto se presentaba –no se pudo precisar si llegaba porque era un alma en pena o porque quería avisar de un entierro de morocotas–, y en cuanto Ernestina distinguía su silueta contra el muro, el cuerpo entero se le llenaba de espanto. Para que recobrara sus cabales había que quemar plumas, cepillarle las plantas de los pies y ponerla a oler botellitas de cuerno 'e ciervo. Y aun así. Nada parecía volverla en sí. En toda la existencia de Ernestina, Sabás Núñez fue el único, el único hombre que consiguió agitarla. Pero él no era de este mundo.

Se desconoce quiénes fueron los padres de Ernestina y cuáles los pormenores de su nacimiento. Se ha dicho que nació en la ciudad de Barcelona y que entre sus antepasados hubo una abuela alemana, pero ninguna persona viva puede ratificar ese cuento. Tampoco se conserva registro escrito de su origen, y por su apariencia es difícil sacar conclusiones sobre ancestros: todos la recuerdan vieja, con el pelo blanco y la piel curtida –empezó a parir pasados los treinta años–. Igual permanece en el más completo misterio la forma y los motivos por los que se crió con una familia ajena. Un día –imposible precisar fecha– la dejaron en la casa de La Busca, al amparo de una mujer –Vidal Lara– y allí se quedó medio siglo.

También se ignora el número de años que vivió, pero se da por descontado que pasó de los cien *(dura y curvera; murió el 6 de octubre de 1989)* porque entre los cuentos de su adolescencia narraba la batalla que por más de cincuenta horas se peleó en Ciudad Bolívar *(pensé que era un embuste de ella)*. Aquello sucedió en 1903, y cuando eso –aseguraba– tenía entre trece y catorce años.

4

Los primeros tiros se escucharon en la madrugada del 19 de julio, pero esa guerra era una guerra avisada. Desde hacía una semana en Ciudad Bolívar no esperaban otra cosa.

El día 12, el vicepresidente Juan Vicente Gómez había desembarcado por los lados de Santa Ana: llegó con tres mil soldados, tres vapores y una cañonera para enfrentarse a los últimos dos mil hombres, seis cañones y tres mil fusiles que le quedaban a la revolución.

El 13, el obispo de Guayana y el cónsul de Alemania –por encargo del rebelde general Nicolás Rolando– trataron de negociar una rendición, pero el esfuerzo resultó en vano porque Gómez pidió a cambio la cabeza de Cecilio Farreras (el presidente del estado que se había ido con el bando revolucionario). El 15, los gobiernistas llegaron a Cañafístola. El 17, para detener ese avance, los rebeldes volaron el dique y las aguas inundaron las tierras bajas. El 19, a las tres de la mañana, se oyó el primer cañonazo en la ciudad.

Durante todo ese día y el siguiente se peleó sin taima. El humo y la pólvora llegaron a todos lados. Ninguna zona escapó de la batalla. El Dique, La Alameda, La Aduana, Ojo de Agua, El Convento, Los Morichales, San Isidro, El Zamuro, El Capitolio, La Esperanza, Mango Asado, El Cementerio, La Busca. Casa por casa, calle por calle, las tropas de Gómez fueron ganando terreno. El 20, cayó el cuartel que estaba en el cerro El Zamuro y el desánimo cundió entre los insurrectos. El 21 de julio de 1903, a mediodía, dos de los barcos del gobierno remontaron el río y cañonearon la ciudad. Ahí se acabó la Revolución Libertadora. El general Rolando se rindió, y con él la mayoría de sus generales. Solo Cecilio Farreras pudo escapar, pero apenas por unos días: lo capturaron disfrazado de mujer cuando buscaba embarcarse en un bote que iba para Trinidad.

Entre los escombros quedaron regados mil doscientos muertos, y una partida de hambrientos y necesitados –Ernestina, uno de ellos– se lanzó a las calles a registrar los bolsillos de los difuntos. Un centavo fuerte o una barretica de añil era, si acaso, el único botín que sacaron de aquella, la que se creyó la última poblada.

5

Oswaldo Romero tendría trece años el día en que se presentó emocionado a la Casa Liccioni y colocó veinte bolívares en el mostrador. Había reunido las monedas haciendo mandados, cargando agua, lavando chiqueros, barriendo patios, recogiendo basura. Tareas –todas– desagradables para él, pero la recompensa bien valía el sacrificio. Al cabo de varias semanas juntó el capital para llegarse al almacén del paseo Falcón. El propietario, un veterano comerciante descendiente de corsos, no mostró sorpresa por la demanda del jovencito que iba con otro de su misma edad (*mi llave:*

Antonio Bolívar, Bolivita). Muchos clientes se acercaban pidiendo la misma cosa: un rifle de aire. Cambiar la honda por el arma era la moda de aquellos días *(todos los hijos de esa gente con plata tenían uno).* Oswaldo y su amigo eligieron el modelo de los balines más pequeños. Lo probaron –abrir, cargar, cerrar– y tomaron rumbo al sur, hacia Quita Calzón, un lote apartado en Los Morichales.

Eso era monte y culebra, y nosotros nos metíamos por ahí hasta llegar a un charco –una lagunita entre dos morichales– y nos poníamos a esperar a las palomitas. Uno esperaba, esperaba, esperaba... y las mataba a traición. En lo que ellas bajaban a beber agua: ¡pstch!!... y después nos las echábamos al bigote... ¡Divinas!

De pequeño se movía en la calle sin dificultad. Independiente por herencia, se adentraba con desenvoltura por los recovecos de la ciudad. Conocía los rincones de todos los muelles –adonde atracaban los barcos grandes y adonde llegaban los cumacos–. Asistía a los remates de plátano, cochino, patilla y verdura que se hacían en las playas de descarga. Paseaba curioso por delante de las cantinas, a las que la policía no lo dejaba entrar, y desembocaba en las trillas de arena fina –que hacían las veces de calles– para asustar a los burros que todavía llevaban angarillas. No había cumplido diez años y ya sabía lo que era trabajar para ayudar a sostener la casa: entre las nueve de la mañana y las tres de la tarde se la pasaba pegando gritos para vender los turrones que Ernestina cocía. ¡Turrón! De coco. De leche. De semilla de merey. Y cuando quedaban pocos dulces en la bandeja o tal vez cuando le daba la gana, jugaba un partido de picha «a locha» contra Inocente Lamillo o contra Bolivita con tanta destreza para hacer retruques y ruchar metras como pericia para confundir y distraer a los adversarios con su conversación.

En la tardecita, al regreso de sus expediciones lo esperaba la casa del merecure. La casa de los Lara. Su propia casa. Y una familia bulliciosa y estrafalaria que también era la suya.

Por eso es que mi mamá parió cuatro de cuatro hombres distintos, porque ella tenía la facilidad esa: ella paría, y dejaba el muchacho ahí, en la casa de mi papá Esteban, de mi mamá María y mi abuelita Vidal. Vidal Lara, que fue quien la crio a ella.

6

La casa de los Lara aún conserva vestigios de lo que fue su pasado.
Mejor dicho, allí todo sigue siendo pasado. El corredor a un costado que
marca la entrada, las fotos rucias en las paredes, los recortes de periódicos a punto de ser comidos por las polillas, el polvo bailando en el aire
cuando se abre una ventana, el olor a guardado en la habitación de Ana
María, el horno de leña sin leña, y los árboles –el anón, el tamarindo culí,
el naranjo, el níspero, el merecure centenario– en el patio de tierra. No
hace falta abrir una gaveta para encontrar el tiempo almacenado en un
cuaderno. Basta entrar.

El caserón guarda casi los mismos espacios que Oswaldo conoció de
niño, y se podría asegurar que quedan residuos de la atmósfera de entonces. Una atmósfera extraña y caprichosa que impregnó con sus vapores a
todos los que ocuparon esos aposentos. Solo un aire arbitrario y fantasio-
so podría justificar los excéntricos comportamientos que se multiplicaron
en ese lote de terreno. Como la porfía del ánima de Sabás Núñez en venir
desde el Más Allá. La benevolencia infinita de Vidal para acoger a Ernestina y después a sus cuatro hijos. La inexplicable desaparición de Pancho.
El arrebatado empeño de Ana María por ser la heredera exclusiva de esos
muros desconchados. La estampa iluminada y feliz de Argio, vistiendo
enormes pantalones blancos con doble ruedo de cuarenta centímetros. El
voluntarioso propósito de Paula Antonia en barrer los patios vecinos. La
virtud de María Inocencia quien, haciéndole honor a su nombre, jamás
conoció lo que era novio. La inteligencia superior de José Antonio que sin
escuela formal discute cual erudito asuntos de la Segunda Guerra. El genio
despreocupado de Jesús Alberto, quien no mantiene mujeres porque prefiere
a las mantenidas por otros. La sagacidad de Ernestina para identificar los
deseos de la gente. Los sueños premonitorios de Tomás. Los ejercicios de
brujería elemental a los que se entregó Sobella. El don de Oswaldo para
adivinar cuándo una mujer es doncella o cuándo ha dormido en diversas
camas. La paraulata realenga que silbaba insistente *por un capullito de alhelí.*

Una cadena de personalidades deslizándose en esos rincones. Confor-
mando una sola tribu. Un universo encantado debajo de un mismo techo:
el que albergó desde finales del siglo XIX a Vidal Lara y a toda su parentela.

Vidal tuvo dos varones, ambos de un hombre que no ha trascendido
en la crónica. Pancho y Esteban se criaron con Ernestina. Pancho un día

se paró y se fue –con los años averiguaron que vivía en Coro y se supone que allá murió– y Esteban se puso a vivir con María Romualda, hija de Paula Bersigut, una inmigrante trinitaria que chapurreaba el castellano. De esa unión nacieron seis criaturas: Ana María, Argio, Paula Antonia, María Inocencia, José Antonio y Jesús Alberto. Tres hembras y tres varones que crecieron a su vez junto a la prole de Ernestina. Con la diferencia de que los descendientes de Ernestina, de grandes, levantaron tienda aparte; en cambio, los Lara siguieron viviendo en la misma casa. No pudieron alejarse del nido. No se sabe por qué razón. Ni siquiera José Antonio, que tuvo mujer y familia –pero que los tuvo en otro lado– ha logrado separarse.

A lo mejor, siguieron viviendo juntos por el cariño que se tienen –cariño que, por cierto, no manifiestan en público–. O por flojera de irse para otra parte. O –quién quita– por el profundo respeto que rinden a la memoria de sus padres: Esteban y María Romualda, dos seres silenciosos y modestos, moderados y previsibles que se afanaron por mantener en pie la casona del merecure.

Esteban Lara era un individuo tranquilo. Aparte de su baja estatura –medía un poco más de 1,50– nada había en su apariencia o proceder que pudiera calificarse como inusual. A menos que fuera su dedicación. Se levantaba a las cuatro de la mañana para amasar la masa y derretir el papelón de los dulces que hacía para la venta. A las nueve, llenaba los azafates –con bizcochuelo, suspiro, cagalera, besitos, cucas–, despachaba a los dulceros y se marchaba con el burro y un garabato a cortar leña: para el horno propio y para vender por cuartillo. Regresaba en la tarde, y a las ocho de la noche preparaba la levadura que usaría a la mañana siguiente. María Rumualda Bersigut, por su lado, seguía idéntica rutina: se levantaba con él, encendía el horno –era la encargada– y ayudaba con los dulces. A las nueve iba para el río a lavar la ropa que le habían confiado los Rossi *(con una tusa limpiaba y con un tolete le daba a los pantalones)*. Lavaba hasta las tres de la tarde, y a las cinco se dirigía a los talleres de *El Luchador* para recoger los periódicos que vendía de puerta en puerta hasta las siete de la noche. Ambos, en definitiva, eran dos almas comunes y corrientes. Centradas. Prudentes. Muy diferentes a lo que fue su descendencia.

Esa es mi familia, no de sangre sino de crianza: porque nos criamos juntos y porque ahí hice mi casa. Yo todavía no paso una semana sin visitar-los. Nos tratamos como primos, y yo a mi papá Esteban lo quería mucho. Lo quiero. Lo quiero más que al que me hizo. Y a mi mamá María, a ella también la quise mucho, y ella a mí me quería bastante: si cuando yo me fui de la casa y me metí a colector, era ella la que me lavaba la ropa y me la mandaba ¡limpiecita!, sin que yo le pidiera nada.

7

De su propia sangre, Oswaldo tiene tres hermanos: Julio, el alma generosa que hasta le cedió una novia; Sobella, la hembra que pasó a convertirse en la única con la que él no ha podido –o no ha querido– entenderse, y Tomás, el hermano con dotes de clarividente y mañas de prestidigitador –marcaba con saliva las piezas del dominó–. Los tres, como Oswaldo, poseedores de una especial visión del universo que los rodea. Y los cuatro en conjunto, tan parecidos o tan dispares como pueden ser los hijos de una misma madre y distintos padres.

Julio es el más apacible de todos. El más quieto. El más conforme. Lleva cuarenta y dos años de casado y solo se le han conocido esporádicos arranques provocados por el alcohol, que es lo único que le inyecta la osadía que de ordinario no tiene. La bebida fue su debilidad, aunque no llegó a ser su perdición. Todavía –con sesenta y nueve años y doce hijos– le gustan las copas, pero ya no protagoniza los episodios de antes, cuando alternaba los tragos de ron y las bravuconadas con su trabajo como chofer en Sanidad –llevando tratamiento para enfermos de lepra y tuberculosis–.

Sobella es el punto de quiebre: nació en 1934 del que fue el último compañero de Ernestina *(un tipo bruto, de esos que escriben mojón con x)*, y llegó a ser su mayor ilusión pero también su más grande desencanto. Cuando aún no cumplía diecisiete años, se fugó de la casa persiguiendo a un fulano que se iba a trabajar en las minas de hierro. Desde entonces ha andado por un sinnúmero de pueblos, enamorándose mucho y ejerciendo de alcahueta, comadre y hechicera, recetando pócimas y yerbas raras, acomodando inyecciones y consejos a quien se los pueda pagar. De carácter espinoso, se distanció de los suyos pero más de Oswaldo, quien todavía no le perdona el desapego y la malasangre.

Tomás, el mayor, es conocido por sus sueños premonitorios y por dormir –cuando quiere– en un pretil de quince centímetros de ancho. Destaca además por su desenfado para jugar con la buena fe de quien se deja enredar en el ovillo de su labia. Se divierte engañando, sea en una partida de dominó o en la venta de terrenos invisibles. No le importa la cárcel. No procura beneficios ni quiere bienes materiales. Persigue el goce que le da la treta. El engaño, la trampa en sí. La oportunidad de imponerse por la picardía.

Esos son los tres hermanos de Oswaldo, y a ellos está unido por la sangre y por el ingenio que demuestran para manejar sus vidas, por la forma en que aprovechan sus talentos naturales.

Mi mamá sabía leer, pero ella no se preocupó por ponernos en la escuela: en ese tiempo los padres no tenían el sentido de la responsabilidad de ahora. Empezando desde ahí. Además, era muy pobre. Lo que conseguía era para medio alimentarnos... En la escuela me puse yo mismo, ya grande, cuando ya sabía lo que era mujer y todo. Y eso fue porque me le presenté al maestro de una escuelita de noche. Yo fui y le dije: «Mira chico, quiero aprender, pero yo no quiero saber que si Cristóbal Colón, que si Simón Bolívar, lo que quiero es sacar cuentas». Y él me dijo: «Cuando se vayan los alumnos, yo limpio el pizarrón, te pongo unos problemas y te los dejo ahí; voy a empezar con los de sumar y cuando me saques eso, te pongo los de restar». Y todas las noches, él me ponía tres, cuatro problemas, y yo venía por la mañana, cogía mi tiza y ¡psf, psf, psf!!... los sacaba. Él me decía: «¡Eres un artista!...». Porque yo siempre tuve esa ligereza para la matemática. De otras cosas no sé, pero a mí, sacando cuentas no me gana nadie. Todas me salen buenas... Después me puse a multiplicar y a dividir, y ahí me pulí... A leer aprendí también por mi cuenta. Yo cogía un libro y me ponía a ver y a ver... B-U: BU. RR-O: RRO. BU-RRO. BU-RRO. BURRO...

Ciudad Bolívar, en ese entonces, se acostaba en medio de un concierto de grillos y ranas y recibía el año nuevo con el cañonazo del Fuerte El Zamuro. Contaba con veinticinco mil pobladores, calles de macadam y cinco equipos para jugar partidos de pelota de goma. La radio se oía con rumor de estática y las telas se vendían por varas y no por metros. Se pagaba una locha por un turrón, un real por cinco tiques de autobús, tres bolívares por una botella de ron y dos por los favores de una cortesana.

A mí las mujeres me encantaron desde tempranito. Yo probé mujer como que fue de once años. Y después que probé: ¡Ay, Dios mío!

8

La primera vez que se acostó con una hembra fue hace sesenta y cinco años. Lo hizo sobre un colchón flaco y en una pieza pequeña y oscura, una más de las que por esos días abundaban en Ciudad Perdida, una manzana entera llena de voces y risas femeninas ubicada a una cuadra del río y a una cuadra también de los botiquines de la calle Bolívar. Vendiendo turrones se había internado en los predios de casas, casitas y cuartuchos que se levantaban alrededor de la pila de agua y había espiado por debajo de las batientes de los bares en donde se emborrachaban los marineros. Conocía de conversaciones procaces y no le eran ajenas las imágenes de mujeres con faldas cortas que bailaban —con los ojos transparentes y un cigarrillo en la boca— al ritmo de la música que salía de la vitrola fabricada en Camden, New Jersey. A la vitrola la hacían funcionar dándole cuerda *(rum, rum, rum... con la palanca)*, y a medida que la cuerda se iba acabando, se iba debilitando el volumen de la música y las bailarinas rebajando la velocidad de su baile.

Me encantaba meterme a ver. Ya era una costumbre. A toda hora había baile, y se armaban ¡unas vaqueras! A carajazo limpio. Casi todos los días había pelea. Las mujeres se peleaban por cualquier vaina. Cualquier cosa era motivo para entrarse a golpes. Se iban al suelo y yo les veía las pantaletas y —¡ay!— esas piernas... Unas no cargaban pantaletas, y cuando se caían le enseñaban la máquina de fotografía a uno... ¡Una gozadera!

El día que Oswaldo decidió hacerse hombre se acercó a una figura pequeña *(no me gusta mujer altota)* de brazos gruesos, recostada a un portillo. No hicieron falta palabras. La mujer le agarró la mano y lo llevó a una habitación desnuda en donde sobresalía un banco a manera de mesa, que tenía encima un vaso con agua. Había también una repisa con varios frascos y una cama con jergón y una colchoneta arropada por una sábana *(un nido de arrendajo: uno se metía ahí y ¡pum! se iba para abajo de tanto güiquigüiqui)*. El corazón le danzaba en el pecho. Sudaba antes de entrar y sudaba también al salir.

Después de esa primera vez, muchas más regresó a Ciudad Perdida, pero no siempre para la misma pieza. En Ciudad Perdida tenía de dónde escoger. Altas, bajas, flacas, gordas, negras, blancas, morenas, indias y bachacas. Complacientes, retrecheras, dulces, secas, mandonas, mudas y parlanchinas. Para todos los antojos, de todos los olores y con los apodos más extraños. La Negra Muñí, Recoge Pollo, Pata 'e Catre y, sobre todo, María La Mina, la apureña simpática y retaca que anotaba en la pared los favores que fiaba: Antonio debe dos, Inocente debe uno, Pichón debe tres.

Cuando me metí a colector de autobús, me salí de la casa. Me fui y me mudé de un todo para el garaje. Me mudé más que todo por la rochela. Allá, entre todos comprábamos una botella de ron, y ¡a gozar se ha dicho!... Había veces que, cuando estaba de guardia, esperando a que saliera la película del cine América, se aparecía María La Mina y ella solita era la que me decía a mí. Ella era la que me proponía. Y yo: «Pero no tengo real». Y ella: «No, hombre, fiao; después me lo pagas». «Ah... sí es así —le decía— passssse para acá...» ¡y ahí mismo mataba!

Mientras llegaran barcos al puerto –y llegaban todos los días–, entre las calles Piar y Roscio, Venezuela y Zea, los bares permanecían abiertos y las putas dispuestas.

Ciudad Perdida hoy no existe, desapareció en 1943 por mandato expreso del entonces presidente, general Isaías Medina Angarita, después de que ese año barrió la creciente. Cuando pasó la inundación, ordenó demolerla y que en su puesto se levantara una escuela inmensa que se adueñara de toda la cuadra. En esa fecha se empezó a construir el Grupo Escolar Estado Mérida, y los burdeles tuvieron que irse para otro lado.

9

Una tarde –entre enero y marzo– de 1943, se encontró con sus amigos en el lugar convenido del paseo Falcón, cerca de la vía que llevaba al alambique. Todos los días al terminar el trabajo, se reunían a conversar y a ver a las muchachas que con pantalones recortados se bañaban en el río, poco antes de que el sol cayera y convirtiera al Orinoco en un torrente dorado que chocaba contra las lajas negras de la orilla. Era la rutina de las tardes: juntarse para hablar y florear a las bañistas. A todas y a ninguna en realidad, aunque en aquella ocasión, el atardecer sorprendió a Oswaldo observando a una muchacha en particular. Una jovencita rellena y de pelo negro –casi una niña– que se lanzaba atrevida desde las piedras más altas. Oswaldo se echó hacia atrás el sombrero de paño, se rascó la cabeza y achinó los ojos: esa estampa la había visto. Era la misma que pasaba orgullosa casi todos los días por el frente del garaje de la ARC, la línea de transporte colectivo donde él trabajaba.

Oswaldo andaba en los diecinueve años y desde hacía unos cuantos meses era personal fijo de una empresa de transporte que cubría las rutas de Ciudad Bolívar. No había sido fácil conseguir empleo porque nada más al verle la pinta, opinaron que no tenía tamaño para el compromiso: ser colector de autobuses. En 1942, el importe del pasaje urbano no se pagaba al chofer sino a una persona especialmente dedicada a eso: el colector. Él se encargaba de cobrar, de dar el vuelto y de ordenar que se detuviera o que se pusiera en marcha –¡dale!– el autobús. Todos los colectores, por lo tanto, debían ser hombres hechos y derechos con más de veinticinco años, pero Oswaldo, cuando solicitó la plaza, si acaso tenía tres pelos como barba *(me dijeron que si estaba loco)*. Pero lo que le faltaba en estatura o edad le sobraba en desenvoltura y buena disposición. Echó unos cuantos chistes al administrador de la empresa y logró convencerlo de que lo probaran *(y di la talla)*. Se ganó entonces un empleo y un sobrenombre.

Cuando reconoció a la bañista en el río ya lo llamaban Pichón –por pichón de colector–, mas ya no andaba montado en un autobús, cargando con un paquete de tiques y una mochila con lochas y puyas. Para entonces había ascendido. Seguía ganando tres bolívares diarios, pero como responsable del terminal de la ARC, terminal que –de paso– convirtió en casa, porque ahí colgó su chinchorro de moriche.

El estacionamiento de la ARC se encontraba en la parte baja de la ciudad, en un recodo de la callejuela La Carioca en las inmediaciones de la laguna. Era un vecindario humilde, donde habitaba la moza rellena y de pelo negro que resultó llamarse Ana y ser hija de Félix Lamar Torres, un hombre receloso y suspicaz. La moza vivía con su padre y con su abuela, pero casi todos los días visitaba la casa de su mamá, que tenía nuevo marido. En su camino, Ana pasaba cerca de la compañía de autobuses, y no transcurrió mucho sin que Oswaldo la abordara *(hice mi inventario: la vi bien, y calculé)*. Enseguida se hicieron novios de esos que se ven a escondidas, hasta que a Félix Lamar le fueron con el chisme y decidió intervenir, llevándose a su niña para el Bajo Orinoco. Ana era la mayor de sus hijos y no iba a dejar que la malograra el primer bicho raro que le hiciera carantoña. No le gustaba el carajito avispado que trabajaba en el garaje: por más bonito que se lo pintaran, no terminaba de caerle en gracia. Por eso se la llevó río abajo, hacia las islas del delta, y por eso, al regreso –mes y medio después– aceptó de buena gana cuando la muchacha le dijo que se iba a la casa de su madre, que estaba esperando parto.

Como yo le caía bien a la mamá, Ana le inventó ese cuento a su papá. En casa de su mamá, yo le hacía mis visitas tooodas las noooches, y salíamos juntos... Pero vino la inundación... En lo que reventó ese borbollón de agua, todo el mundo lo que hizo fue poner sus vehículos a la orden y empezaron a sacar gente, a sacar gente. Yo me fui a buscar a la mamá de Ana, para ver en dónde estaban, pero no las encontré. Cuando llegué no había nadie. Todo aquello estaba desolado. Las casas vacías. Las trochas llenas de agua. Empecé a preguntar y preguntar hasta que supe que habían ido a parar a Los Morichales. Me fui hasta allá... ¡Y ahí fue donde yo aproveché!... Es que yo creía que ese día el mundo se iba a acabar ¡y me la llevé!

10

En la noche del 28 de julio de 1943 el río arremetió contra las casas de La Carioca. Fue una de las crecidas más grandes que Ciudad Bolívar vio en varias generaciones. Desde la inundación de 1892 no se había vivido algo semejante. La magnitud de las aguas se presintió en la madrugada del lunes 26, cuando comenzaron a hacer gárgaras los albañales del lado norte de la ciudad. Durante ese día colocaron embudos en las alcantarillas, taparon los boquetes del malecón, revisaron los refuerzos de cemento en el dique, auxiliaron a las familias atrapadas en las islas de Orocopiche, y en el garaje de la ARC amarraron a las vigas los autobuses que estaban en reparación. Llevaba varios días lloviendo en las cabeceras del Orinoco y lloviendo también encima de los ríos grandes y de los ríos pequeños que desaguaban en él. Había noticias de los mundos de agua que traía el Uribante desde las montañas, de que el Apure se había desbordado antes de llegar a San Fernando y de que Caicara estaba anegada por completo.

Los comerciantes del paseo Falcón cerraron entonces las tiendas y pusieron a resguardo las mercancías, y los residentes de los barrios bajos montaron los corotos sobre las sillas, las mesas y las camas. Ciudad Bolívar estaba acostumbrada a la temporada de lluvias, pero las noticias que se iban conociendo anunciaban gravedad. El Orinoco siguió subiendo: en cuarenta y ocho horas creció treinta y seis centímetros, penetrando El Pueblito, Barrio Loco y Polanco, e inundando –en las afueras– los sembradíos de plátano y de naranja, las cochineras y los trapiches. Ordenaron suspender el tránsito de los carros, empezaron a vaciar las casas de la orilla del río y cuadrillas de obreros –como hormigas trabajando a la orden de una reina invisible– se volcaron a tapar huecos y filtraciones, cimentar muros y cerrar bocacalles.

De repente, los viandantes tenían el agua a las rodillas, y los ciclistas, también con el agua en las corvas, se devolvían cargando a cuestas sus bicicletas. La radio empezó a dar la voz de alarma para que la población se preparara para días peores, que llegaron más rápido de lo que se pensaba.

El agua invadió las calles Dalla Costa, Piar y Los Corrales y comenzó a deslizarse hacia Venezuela y Bolívar para desembocar poco a poco en la laguna. El Paseo se inundó, así como Santa Ana, Perro Seco y vastos sectores de La Alameda. Los colectores de cloacas rebosaron y las bocas de visita empezaron a explotar como fuentes. Un espectacular chorro de ocho metros de ancho corrió impetuoso por las cercanías de la plaza El Abanico atravesando casas y llegando hasta la laguna. La creciente fue filtrándose a los patios y amenazaba con desbordar el dique y derrumbar las construcciones de los alrededores. La noche del miércoles 28, las aguas arribaron a La Carioca desalojando a sus vecinos. También arribaron a Ciudad Perdida, Mango Asado y El Hipódromo Viejo. En los días siguientes el Orinoco continuó escurriendo: tres centímetros hoy, nueve centímetros mañana. Ya no se veían vehículos a las riberas del río sino barcos anclados frente a las ventanas, y curiaras transportando personas y animales. En las zonas altas armaron campamentos de socorro en donde repartían pastillas de quinina y aplicaban la vacuna contra el tifus. Mientras, seis mil damnificados vagaban hambrientos buscando un sitio seco y seguro para pasar el sereno y acomodar sus pertenencias.

11

Veintidós días después de que Oswaldo creyera que había llegado el fin del mundo, el mundo no se había acabado. El 19 de agosto de 1943, el mundo, con ojos de jefe civil, lo vio firmando un acta de matrimonio. En esa fecha se casó con Ana García, la adolescente bajita, cabellera abundante, figura rellena y cara definida *(chiquitica pero macicita)* que había aceptado irse a dormir con él la noche misma de la inundación *(la mamá de ella malició la cosa, y me casaron)*. Ana, envalentonada por sus catorce años, entró decidida a la jefatura. Se presentó con su mamá, porque el padre se negó a escoltarla: Félix Lamar enfureció al enterarse de que el mandado ya estaba hecho, y de puro coraje, tomó su falca, y tardó tres años en regresar.

Ana era la niña consentida de Félix. La primogénita. Nació justo a los nueve meses de que él conociera a Teodosia García en el transcurso de uno de sus viajes por el río cargando gente y negociando víveres. Al ver a Teodosia, se prendó de su porte recio y se empeñó en llevarla consigo. Félix, agradable y emprendedor, era un modesto comerciante de origen extranjero –corso, gallego o vasco–, de piel blanca, ojos claros y facciones finas, que navegaba por el Orinoco haciendo dinero en muchas ocasiones y arruinándose en muchas más. Teodosia, complaciente y tolerante, era una india fuerte e independiente que había recibido de sus ancestros la firmeza y la resistencia necesarias para sobreponerse y sobrevivir en los caños a la subida de las aguas. Se conocieron en la isla en medio del río en donde ella vivía, tuvieron cuatro hijos y permanecieron unidos siete años, al cabo de los cuales cada uno agarró por su lado. La mitad de los hijos –Ana y Marco– se fue a vivir con él y la otra mitad –Isabel y Pancho– se fue con ella. Después, Teodosia se consiguió otro marido –Timoteo– con quien vivió el resto de su historia y con quien tuvo cuatro hijos más, y Félix tuvo otras mujeres y otros hijos, pero Ana, la primogénita, continuó siendo su preferida.

Ana heredó de su padre los rasgos perfilados y el espíritu emprendedor, y de su madre el orgullo y el estoicismo indígena. En cuanto se casó con Oswaldo, empezó a bregar para tomar las riendas y convertirse en el centro de la casa: a bregar con el marido –un hombre que todavía no había conocido a todas las mujeres que quería conocer– y a bregar con la suegra que se le instaló en la alcoba de al lado, empeñada en criarle a sus hijos y en terminar de criarla a ella también. Luchó, y obtuvo su premio. Logró encargarse de su familia y logró imponerse a las mujeres que alguna vez pretendieron sonsacarle a su esposo. Y todo lo que hizo y todo lo que consiguió, lo hizo y lo consiguió sin vehemencia: sin arrumacos, sin discusiones. El silencio fue su arma más poderosa. En silencio aceptó a Ernestina –la suegra– que llegó para quedarse, y en silenció esperó a que Oswaldo recapacitara y le jurara arrepentimiento. Fuerte y determinante, no necesitaba la ayuda de nadie –porque se tenía a sí misma– y consiguió detentar el control y el mando incluso en sus años finales, cuando la consumían los dolores y se la llevaba la enfermedad. A nueve años de su muerte, Oswaldo conserva una fotografía de ella en la cartera y usa en la mano derecha el anillo de su primer matrimonio.

Yo no sé si seré bueno, yo sé que yo la quise bastante y la recuerdo con mis oraciones.

12

Desde que Oswaldo se recuerda soñando, soñaba una casa decente, hijos limpios y bien vestidos, comida en la mesa y un carro en la puerta. Era lo que más deseaba, y así se lo dijo a Ana –en 1950– en una ocasión en que llevaban a los niños a pedirle la bendición al abuelo Félix *(el viejo ya había entrado en razón, y nos había vuelto a hablar)*. Eran como las diez de la mañana. Caminaban por la acera, uno adelante y otro atrás. Cuatro manos para atender a cinco criaturas –el mayor de seis años y la menor de unos cuantos meses–, la calle empinada, el sol picando en la cabeza y el calor pintando mariposas de agua en la ropa *(cualquier día vamos a tener, pero eso sí: primero, la casa y después el carro)*. En esa época vivían en Mango Asado, una barriada situada al este de la laguna, en un rancho estrecho con un techo de palma larga que dejaba colar los aguaceros. La vivienda no estaba orientada hacia la calle sino que se levantaba atravesada en el terreno pedregoso. En el patio estaban los baldes para cargar el agua porque no había acueducto, y estaban también la letrina, la batea para lavar la ropa, las gallinas que ponían los huevos, las dos matas de anón y los tres arbolitos que botaban una fruta amarilla. Era una construcción sencilla y pobre entre otras más sencillas y más pobres *(y empecé por ahí)*.

Oswaldo se iba al trabajo y Ana disponía del gobierno de la casa. Los papeles definidos: él se encargaba del sustento y ella del oficio cotidiano. Si había que pagar la cuenta de la luz, comprar una nevera o mandar a cambiar la cerca, Oswaldo decidía. Si había que hacer el mercado, arreglar las tablas del gallinero o manejar a los muchachos, Ana mandaba. Él jamás estuvo dispuesto a resolver las cuestiones domésticas y ella tampoco estuvo dispuesta a cederlas. Era el acuerdo tácito. Oswaldo veía crecer a los hijos y Ana los hacía crecer de la manera que a los dos –o a los tres, porque Ernestina también contaba– les gustaba: hacendosos, aplicados, respetuosos y, sobre todo, en la casa. Si algo quedó sobreentendido desde el principio, era que para criar niños lo primero que había que hacer era no malcriarlos: con besos y muchos abrazos podrían echarse a perder. Lo segundo, era impedir que anduvieran realengos: en la calle nada bueno se aprende, y menos en una vecindad de pobres. Mucho antes de que la casa de Mango Asado tuviera agua corriente y paredes de bloques, Oswaldo levantó una empalizada. Una barrera tejida en red que en vez de marcar su espacio sirviera para proteger a la prole, para apartarla de la gente mala. Ninguna de sus nueve crías jugó en la calle o intimó con los vecinos. De la escuela pública para la casa, y en la casa se hacían los deberes, se comía a la hora y no se decían groserías.

Oswaldo, Ana, y por supuesto Ernestina, se ocuparon de guardar a los suyos. Aislarlos. Esconderlos del arrabal. Al comienzo, los encerraron en la casita de bahareque y techo de palma. Luego siguieron encerrándolos en la vivienda que cambió la palma por unas planchas de zinc y, con los años, el zinc por unas tejas *(en el Banco Obrero me prestaron veinte mil bolívares y me hice una casa mejor: tumbé el ranchito, hice una obra de plata-banda, con reja, garaje, teléfono y de todo. Ahí estuvimos hasta el 13 de agosto de 1970, que nos vinimos para Negro Primero)*. Las condiciones mejoraron, pero las normas se mantuvieron. Mortificaba la mala conducta que se pudiera copiar del ocioso, el pendenciero, el mentiroso, el jugador o la buscona que viviera cerca.

Ana y Oswaldo fueron tan celosos con eso casi tanto como con su intimidad. Era notorio que a él no le gustaba hacer visita ni recibir visita en su casa, y ella iba por el mismo sendero. Ambos, además, se cuidaban de revelar sus sentimientos: si bien nadie puede dudar del amor que se tuvieron, nadie recuerda una muestra física de afecto, una caricia o un beso. Ni Ana besando a Oswaldo ni Oswaldo besando a Ana. Igual se puede decir de los desacuerdos: jamás los vieron pelear. En cuarenta y siete años de matrimonio, las caricias –que las hubo– y las peleas –que debió haberlas– ocurrieron, todas, dentro de las cuatro paredes de la habitación matrimonial. Los muchachos no cayeron en cuenta de que Oswaldo a veces llegaba tarde, oliendo a ron –y quién dice que no a perfume– *(yo era un sinvergüenza, muy sinvergüenza)*. Tampoco imaginaban cosas raras cuando él avisaba que se había accidentado la camioneta. Mucho menos supieron lo que aconteció en el cuarto la vez que Ana le dijo a Oswaldo que ya se había enterado de que la barriga de Julia era de él *(el colmo de mi sinvergüenzura)*.

13

Entre 1956 y 1957, a pocos meses de haber parido su tercera hembra –en su séptimo parto–, a Ana le llegó la noticia: Oswaldo había embarazado a Julia, la que a su vez, tenía entendido, era novia de Julio. Avergonzado, él pidió perdón; pero Ana, con la mirada llorosa, parecía que no lo perdonaría nunca.

Llevaban trece años casados, y él había logrado salir airoso de todos sus trances: Ana desconfiaba, pero no sabía que ya tenía un hijo por otro lado –Leobaldo, uno que hizo con Carmen Aray–. Los amoríos, bien escondidos, estuvieron bajo control hasta que se le ocurrió preñar a Julia, y eso fue el acabose. El colmo de todos los colmos. Cuando el enredo brotó a la luz Oswaldo habló de las tentaciones, de la debilidad de la carne, del verdadero amor de su vida. Ana no abrió la boca ni para decirle que se fuera. Él explicó y siguió explicando, y ella continuó callada. Desesperado, salió como un loco y por poco derriba el portón de la entrada. Quiso irse y no regresar, pero pensó mejor y regresó. Humillado *(me le arrodillé)*, mantuvo su ruego y le hizo nuevas promesas. Ana permaneció sin hablar, y así estuvo por muchas horas; pero finalmente entró en razón *(le dije que yo: borrón y cuenta nueva, y que me iba a portar bien. Y desde esa vez me porté bien: me retiré de circulación)*.

Pícaro y simpático en el trato, despierto e inteligente, Oswaldo siempre ha sabido cómo relacionarse con el sexo opuesto. Con la sola excepción de Ana –y ahora, es probable, de Esther, su segunda esposa–, la mayoría de las mujeres termina haciendo lo que él dice. Intuye cómo caerles en gracia. Adivina lo que están pensando, lo que les gustaría hacer y adónde quieren llegar. Ha logrado desarrollar una capacidad de observación que le permite predecir, con sobrado acierto, la verdadera esencia de un cuerpo femenino. Posee ese don. La manera en que una hembra llamativa y de pantalones ajustados avanza en medio de la acera o el modo en que mueve la cadera le avisa sobre su genuino carácter: la mujer no es tan fácil como se cree. Fueron muchos años viviendo en los entretelones y pasajes del juego amoroso y aprendiendo a ocultar las señales que ese juego dejaba en su rostro, como para no reconocer esos signos en la gente que lo rodea. De ahí, tal vez, su sabiduría.

Después de que Ana le perdonó la barriga que le puso a Julia, él asegura que no hubo otro desliz en su vida *(yo me juramenté ese día)*. Por lo menos no dejó huellas que lo desmientan, y a ningún pariente cercano le habló de esas experiencias. Con ninguno tuvo intimidad o confianza como para tratar el tema de los escarceos más allá del chiste.

Algo parecido ocurría cuando le tocaba encarar la pubertad de su descendencia. Cuando eso se presentaba, la actitud de Oswaldo era la obligada por el tamaño de la circunstancia *(yo los alumbraba)*. Con las hijas hembras fue todo lo claro que pudo para que ellas mismas velaran por su honor *(no vayan a creer en pendejadas: abran los ojos y cierren las piernas)*. Con los hijos varones fue más preciso: al cumplir quince años los conducía –asustados– al burdel, les daba en la mano veinte o cincuenta bolívares y los encomendaba a una prostituta con experiencia. A la salida, el asunto no se volvía a tocar *(ya sabes cómo es el procedimiento)*. No había más comentarios. Por eso, él nunca se enteró de que Beto compartió los cincuenta bolívares con la mujer que le tocó en suerte para que dejara el asunto así. Por eso, jamás mencionó el caso de Alfredo, a quien lo traicionaron sus nervios y terminó perdiendo el billete con que iba a cancelar los servicios del prostíbulo. De ese tema no se hablaba.

Sus hijos no guardan de él la imagen de un hombre infiel o mujeriego, porque para ellos no podía serlo. ¿Cómo iba a ser? Oswaldo no hacía alardes, y aún no reconoce aventuras. Salvo las que tuvo tras la muerte de Ana y antes de casarse con Esther: esas sí, todas.

Esa es la eterna vaina: la bicha esa. Si hasta a los grandes hombres los joden por eso. Ahí está Napoleón: Josefina lo agarró y ¡psfsifpfiiií!... Ahí está Bolívar, que lo agarró Manuelita Sáenz, que fue la última, y lo puso a lavar pantaletas... según dice la historia. Simón Bolívar tuvo cuarentiocho mujeres y murió por eso, porque eso fue lo que lo mató... Mientras los carajos estaban por allá peleando, ese hombre estaba por aquí peleando otra cosa. Eso fue lo que lo acabó a él. Ese güiquigüiqui...

14

La etapa final de Ana fue muy penosa. La artritis que se le había declarado cinco años antes había ido confinándola poco a poco. En cuerpo y alma. En medio de fuertes dolores se entregó, primero a la silla de ruedas, y más tarde a la cama del hospital. El orgullo indígena, que la había salvado de tantos aprietos, no le sirvió para sufrir menos. Al contrario: el dolor la llevó a los límites del delirio. Se le antojaba comer pollo asado a las dos de la madrugada y cuando Oswaldo regresaba con el antojo, se le habían quitado las ganas de comerlo; la mataba la amargura de dejar este mundo, pero no aceptaba ayuda para desahogar esa amargura; la agotaba la rutina cotidiana, mas no cedía el control de mando. Sufrió mucho, y con ella Oswaldo sufrió también. Si él cometió faltas, las purgó –todas– con la enfermedad de Ana. Esa fue su penitencia. Contemplar, impotente y servicial, la agonía de su esposa.

Pobrecita, que Dios la tenga en donde la haya puesto. Que Dios la tenga, y en paz descanse.

Detrás de la muerte y el entierro, asomó –de frente– la soledad. A cuarenta y ocho años de haber montado casa y fundado familia, Oswaldo se percató de que la casa se hallaba vacía y la familia, íntegra, se había ido. En menos de veinticuatro meses, Ernestina y Ana estaban muertas, y los hijos, acabado el llanto y los velorios, regresaron a seguir con lo que les correspondía: la vida propia. Acostumbrado a estar rodeado de gente, se encontró solo. De verdad–verdad. Y tuvo que aprender a llenar los huecos. Como fuese. Ante hechos consumados, no vale rumiar las penas. Las cosas que no tienen solución –la muerte, la más grande– se dejan en manos superiores *(con Dios no hay quien pueda)*, y las cosas que tienen solución se solucionan enfrentándolas. Y eso fue lo que hizo: entre la vida y la muerte, Oswaldo optó por la vida porque ser feliz es sufrir menos.

Me pegó, me pegó bastante; no lo voy a negar. Tuve momentos malucos… pero se atravesó por ahí una… y se me acabó la soledad.

El 19 de agosto de 1991 Oswaldo conoció a Esther Léon. Se la presentó una vecina empeñada en relacionarlos, pese a que Esther, ese día, había ido al barrio con intención de despedirse: se marchaba de Ciudad Bolívar. Sus primeros tres hijos ya eran hombres, y a su edad –cuarenta y cuatro años– quería otro paisaje para ella y para su hija pequeña. Entonces, se iba. Las maletas las tenía listas, y se le ocurrió presentarse en Negro Primero. Estaba decidido: se iba.

Se iba, pero no se fue, porque Oswaldo, enamoradizo y galante, no la dejó.

Cuando Oswaldo y Esther se conocieron la historia cambió de rumbo. A ella se le desbarataron los planes de irse y a él se le acabó su cuarto de hora: no recibió más visitas nocturnas. En enero del siguiente año resolvieron amancebarse y diez meses más tarde –22 de octubre de 1992– se casaron.

15

Oswaldo ya estaba cansado de probar candidatas *(por aquí habían desfilado unas cuantas, pero nada más que toma lo tuyo, toma lo tuyo, toma lo tuyo)*. En ocho meses de viudez, más de una había puesto sus pies en el escalón de la entrada número 12, de la calle Santa Elena. Unas llegaron por su propia cuenta y riesgo, y otras invitadas por el dueño de la casa. Todas fueron muy bien recibidas pero ninguna logró entusiasmar a Oswaldo: entraban *(toma lo tuyo)* y salían después de hacer lo que se esperaba. Esther fue la única a quien él le pidió que se quedara a dormir. Por el físico, recuerda un tanto a Ana y a todas las mujeres que a él le han gustado *(pequeñitas, llenitas: porque tengo dónde agarrar)*. De ánimo, es franca y desenrollada. Igual para enamorarse que para declararse brava, Esther actúa más que todo por impulso, por intuición. Tal y como aprendió a hacerlo desde que era una niña y vadeaba ríos y corría picas.

Proviene de una región despoblada al sur del estado Bolívar: Icabarú, un caserío minero –hoy reducido a vecindario– a orillas del río Uaiparú, casi pisando la raya con Brasil. Su madre es Teresa Eugenia León y su padre es Juvenal Alvarado. Ellos dos se conocieron en Santa Elena de Uairén en el año de 1945. Teresa era una minera fogueada en tierras del Alto Caroní: tenía tres lustros viviendo alrededor de las bullas, de yacimiento en yacimiento. Juvenal era un cabo de la Guardia Nacional destacado en la Gran Sabana: había llegado en 1941 con la primera misión oficial que cruzó la sabana, explorando territorios y abriendo sendas y trochas. Ella contaba con treinta y cinco años y un hijo, y él alcanzaba los veinticinco y no tenía novia. Desde un comienzo se gustaron y se avinieron a andar pegados. Santa Elena, La Colonia, El Polaco, La Escalera, Santa Ana, Paraytepuy, Icabarú. Teresa cocinaba para los mineros que buscaban las piedras brillantes, y Juvenal levantaba puestos militares y controlaba el tráfico de brasileños y de aguardiente. Dormían en chozas de palma con paredes de corteza trenzada, acomodaban la ropa en morrales de bejuco que tejían con los indios y caminaban decenas de kilómetros orientándose por los cerros cuadrados. Pareja errante. Provisional.

A mediados de 1947, Juvenal se fue para la capital de la República y Teresa, embarazada, se quedó en Icabarú: Esther nació el 25 de septiembre. Fue la segunda persona nacida en el caserío –la primera, otra hembra, nació el día anterior–. A principios de 1948, Juvenal retornó a la Gran Sabana, pero Teresa ya dormía con otra pareja y se dejaron de ver. Esther se quedó con su madre y con el marido de ella, un minero llamado Pedro María Guzmán, quien hizo de su papá. Con ellos recorrió Hacha, Río Claro, El Merey, La Paragua. A modo de campamento. En 1953, Pedro se murió de un infarto, y Teresa, temiendo que el muerto se llevara a Esther *(estaba muy pegada, y después que él se murió, lo veía en todas partes)*, decidió mandarla para Caracas en donde terminó de crecer y se hizo señorita.

Esther no volvió a saber de las minas sino hasta quince años después: en 1968, casada y con hijos se enganchó como cocinera para San Salvador de Paúl. En 1970 vivió en Ciudad Bolívar, y entre 1971 y 1977, separada ya de su esposo, pegó en los yacimientos de Guaniamo. En 1982 retornó a los campamentos: trabajó en El Valle, Santo Domingo, El Aguado. Se enamoró de un minero, salió en estado y al año esperaba parto en Ciudad Bolívar. Allí aguardó hasta que su hija –Danitza, sonrisa de luna llena– estuviera fuerte como para llevársela a la brega, y en 1984 partió de nuevo a la selva. Durante cuatro años más anduvo por los dominios de El Foco. Cuando Oswaldo la conoció –en 1991– hacía tres años que se había despedido para siempre de la minería, porque su niña necesitaba ir a la escuela. Dijo adiós a la existencia itinerante, pero en su vida sedentaria continuó orientándose por el sexto sentido. Confiando en sus instintos, guiándose por corazonadas.

Por instinto, aceptó la propuesta que le hizo Oswaldo para que empezaran a vivir juntos. Y por instinto, un buen día agarró a su muchacha, recogió sus cuatro trapos y –agotada por el recelo que le mostraban las hijas de él– se fue *(recién mudado yo con ella, casi todos le cayeron encima; pero a mí no me interesa de dónde viene ella, sino para dónde va)*. Pero también por instinto volvió. Un pálpito la hizo reconsiderar y tomar en serio la oferta de matrimonio.

16

El 19 de abril de 1993, el Concejo del Municipio Heres distinguió con la Orden Buen Ciudadano a algunos viejos habitantes de Ciudad Bolívar. Oswaldo fue uno de esos ciudadanos. Le comunicaron la noticia por teléfono *(yo me sorprendí)*, le llegó la carta con la invitación, y él: «Sí, cómo no, muchas gracias». Pero el día del acto de imposición –esa misma mañana– inventó un viaje para Barcelona. A la hora que debía estar recibiendo la condecoración, atravesaba la población de El Tigre. No entendía –aún no entiende– para qué participar en un número como ese. No sabía –todavía no sabe– cómo manejar situaciones así. Y como no sabía, mejor tomar distancia. Literal.

¿A quién se le ocurre que yo merecía eso? No sé por qué me la dieron, porque este que está aquí nunca ha ido a la puerta de una prefectura, ni de un sindicato a pedir... Nunca ¡nada!

Le luce exagerado –sería mejor decir que le choca– todo lo que tenga que ver con fiesta, alabanza. Reconocimiento y halago, a su juicio, por lo regular se mezclan: halago le suena a adulación, y adulación a cosa prestada, falsa. En toda su historia laboral nunca compartió con sus jefes algo distinto al trabajo, no se fueran a confundir. Ni ellos ni los demás *(nada de ser jalabola, mi currículum es trabajando)*. Su máxima preocupación era ganarse lo que se iba a comer. Sin faltas. Sin trampas. Sin lisonjas.

Echando mano de los recursos que tuvo –dedicación, perspicacia, habilidad con los números y sentido del humor– a lo largo de su vida ejerció diversas ocupaciones para sobrevivir de manera decente. Hizo de repartidor de películas para los cines. Trabajó como mandadero y fiscal de cobranzas. Cargó pasajeros para San Félix ganando diecisiete bolívares diarios *(a la semana eso era... setenta... siete por siete: cuarenta y nueve. Eso eran ciento diecinueve bolívares... mal calculado)*. Manejó carros libres y por puesto. Fue administrador de una línea de transporte y controlador de estación. Obrero de pico y pala en los días en que la Orinoco Mining construía el terminal de embarque en la boca del Caroní. Cajero. Cobrador. Gruero *(faltó gente para las grúas, y el musiú pegó un grito: «¡What?! ¿ninguno chofer?». Y yo me le paré enfrente: «Yo soy, aquí está mi título». Y el musiú me dijo: «Venir conmigo»)*. Fue también supervisor de partida y durante catorce años recorrió los estados Bolívar y Delta Amacuro, sacando facturas con descuentos y vendiendo leche de pote, sopa de sobre y mantequilla que se licuaba con el calor, porque lo que él vendía no era cebo sino ciento por ciento grasa fina.

Yo llegaba a Tumeremo y le decía a uno de los bodegueros: «Yo sé que tú no me vas a comprar un carajo, pero ahí te traje esta vaina». Le dejaba un paquete de barajitas pornográficas con mujeres en traje de baño, y me iba a visitar a otro cliente. Cuando iba saliendo del pueblo él viejo me llamaba y me compraba un poco de cosas.

Desde hace varios años Oswaldo no trabaja. En nada. Sus hijos lo hacen por él. Entre todos decidieron pasarle una pensión *(yo no se lo pedí a ellos, ellos mismos me dijeron: «Usted no tiene que trabajar»)*. Lo mantienen a él, a su nueva familia y le costean los vicios que pueda tener: brandy para los tragos matutinos, whisky para uno que otro vespertino y gasolina para quemarla manejando el carro a toda velocidad por las calles descuidadas, despobladas y desoladas de Ciudad Bolívar.

17

Como es enemigo de cabildeos, no es partidario de meterse en honduras de política. Para él, la cultura es la del trabajo, y si no hay trabajo las cosas no pueden funcionar bien. No se mete a divagar sobre virtudes y defectos de sistemas de gobierno *(yo vine a saber que había dictadura después de que Pérez Jiménez se fue)*, ni sobre las bondades o beneficios de más o menos libertades. Para él, los hechos concretos, y lo que observa a su alrededor es una verdad más grande que un templo: una ciudad en la que nadie trabaja, porque no hay Estado que mande y porque a nadie le gusta trabajar. Una ciudad detenida. Paralizada. Que no se mueve ni para responder al saludo de buenas tardes que él lanza desde su carro. Una ciudad inmóvil. Muda. Que ha escogido enchinchorrarse por bochorno, modorra y flojera.

Uno va a un pueblo, ahorita, y vuelve a los seis meses y lo encuentra distinto, cambiado. En Ciudad Bolívar, no. Y no todo es culpa del gobierno. Aquí uno pasa y viene en tres años, en cinco años y es el mismo Ciudad Bolívar. Y si llegan a hacer otro puente por allá, por Los Barrancos, como lo tienen planeado, Ciudad Bolívar va a quedar peor todavía. Eso sí será una puñalada. Nadie va a venir por aquí. Nadie va a coger por este puente. Todos van a venir por Monagas directo, y Ciudad Bolívar: adiós. ¡Chao, contigo!

El mundo en el que Oswaldo creció y se hizo hombre no está lleno de cuentos de aventureros que iban tras la fortuna que aseguraban las piedras preciosas, el caucho o la almendra amarga. Él no conoció lo que –a principios del siglo XX– era la calentura por la riqueza, que dejaba los ojos vidriosos y las manos cuarteadas, y a sus oídos no llegaron las anécdotas que narran las novelas costumbristas *(yo leí esa vaina de la sarrapia, pero yo no me acuerdo de eso)*. Era muy joven cuando se vivieron los mejores días de la goma y nunca fue ducho con los trabajos manuales. De habérsele presentado la oportunidad, no hubiese escogido la selva y el azar. El mundo que él eligió –y que recuerda– es tajante, claro y sencillo. Y la Ciudad Bolívar que él guarda es una capital viva, llena de la energía que le concedían los muelles. La gente salía a la calle, saludaba al encontrarse y caminaba con tranquilidad. A pesar del calor y la humedad.

Yo me iba para El Nueve, que queda en la carretera que va para San Félix, y me venía con los reales entre los bolsillos. Nunca me asaltaron. Nunca. No se sabía lo que era un choro. Nadie era malandro... ¿Y la democracia, para qué sirvió?... ¿Para qué? Porque esto se ha vuelto una sampablera. Todo el que quiere un puestico –y yo lo he oído– dice: «Ponme donde hay, que yo me encargo de lo demás». Eso es una sinvergüenzura.

Hoy, la ciudad que Oswaldo recorre a diario es una ciudad desierta. Temerosa. Vive resguardada detrás de rejas y árboles frondosos, por el miedo a que roben hasta la vajilla que se está secando en el fregadero. Una ciudad encerrada, silenciosa, que solo se atreve a conversar –o mejor, chilla y chismorrea– en el pasaje sucio y atiborrado de comercios en que se ha convertido el paseo Orinoco, antiguo paseo Falcón. Allí, paralelo al río padre, corre un río artificial formado por carros, camionetas viejas, taxis destartalados, vendedores de oro y de lotería, y buhoneros que ofrecen pantaletas y tortas bañadas de rosado químico. Ese es el único espacio en donde se ve gente a la intemperie, en donde se oye ruido. El ruido de los escapes y las cornetas de los vehículos, de los altavoces de los equipos de sonido y de las gargantas de los vendedores ambulantes. Pero la estridencia y la actividad de ese estrecho cordón urbano no alcanzan para devolver a Ciudad Bolívar la antigua categoría de población principal. Categoría que comenzó a perder en 1950 cuando grandes contingentes de trabajadores se asentaron en la boca del río Caroní atraídos por la explotación del hierro, y que perdió de modo definitivo a partir de 1961 con el nacimiento de Ciudad Guayana y la expansión de la industria siderúrgica. Ni siquiera el puente sobre el Orinoco –que se estrenó en 1967– le restituyó la majestad. Hoy, Ciudad Bolívar continúa siendo la capital del estado más grande de Venezuela, pero capital nada más de nombre.

Ese monstruo que está aquí al lado se lo está comiendo: Ciudad Guayana. Puerto Ordaz no existía antes: eso era puro monte y cochino alzao. Cuando reventaron esos trabajos y reventó ese plan vinieron nosecuántas compañías contratistas. Vino la que tiró la vía férrea, la que tiró la carretera de asfalto hasta Ciudad Piar, y vino un gentío. De todas partes. San Félix, que era un pobre pueblito a la orilla del río, se llenó de gente. De Monagas, Anzoátegui, Caracas, Maracaibo. Y mucho musiú: italiano, portugués. Eso se llenó, ahí mismo, de toda vaina; lo que menos había era gente de Ciudad Bolívar, pero aquí había mucho real y había trabajo y había real ¡y había respeto! Todo el mundo trabajaba. No había ese poco de manganzones. No se oía hablar de que yonosecuántos hombres sin trabajo.

La que fue capital y puerto importante es ahora una ciudad venida a menos. Quedan las casonas del casco histórico –otrora blancas, ahora pintadas de amarillo y ocre–, los cascarones que se resisten en los alrededores del Paseo, las calles empedradas, los árboles espesos, el río que se angosta al pasar por el frente y la casa de La Busca, al pie del merecure.

Antiguamente, el río tenía su validez, y aquí había movimiento por-
que había barcos. Esos barcos venían uno tras otro, uno tras otro, pero cuando
vino el asunto de la unión de las carreteras, esto ya no tuvo demanda y quedó
completamente nulo. Y cuando vino el puente fue peor. Se acabó todo. Y se
acabaron los bares ¿qué iban a hacer?... Se acabaron. ¡Pero no se acabaron
las putas!... Ni que lo quiera Dios: ese es un artículo de primera necesidad.

18

Cuando Oswaldo se sienta a mediodía en el porche de su casa, a veces
le da por sacar cuentas de lo vivido. Hace memorias, y de vez en cuando
esas memorias le aguan los ojos. La muerte le ha tocado cerca. Primero se
fue Ernestina, casi enseguida Ana, y un poco después –en marzo de 1995–
se fue Judith, su hija mayor *(era muy chévere, muy echadora de lavativa,*
y conmigo era demasiado apegada). Judith se murió un domingo como a
las nueve de la noche, justo a la misma hora en que Oswaldo la estaba
nombrando: al día siguiente, por la mañanita, irían a ver cómo seguía.
Pero a Oswaldo no le alcanzó el tiempo. Sonó el teléfono y era Xiomara,
la segunda de sus hijas hembras: Papá... No hizo falta que le dijera más,
ya él sabía lo que tenía que saber.

Tengo mis altos y mis bajos, más si me pongo a recordar eso... Pero es que yo
también, a pesar de que no soy instruido, yo digo: Dios nos da y Dios nos quita.

Las pérdidas han sido importantes, pero ni aun así se siente tocado
por la amargura. No está marcado por la tristeza. A los setenta y seis años
es viudo y vuelto a casar con una mujer que lo quiere y lo respeta; tiene
casa, tiene carro y, sobre todo, tiene hijos honestos por los que ha valido
la pena vivir.

Yo soy muy echador de vaina, pero yo rezo antes de acostarme y al levan-
tarme –es una costumbre de muy muchacho–, y todos los días le doy gracias a
Dios por los favores recibidos, porque yo me hallo que soy feliz. Levanté nueve
muchachos y ninguno de ellos me vio en la policía, y ninguno de ellos tampoco
se ha visto. Y eso es una felicidad, no todo el mundo puede decir lo mismo. Mis
hijos, ahí están. Mi mujer y yo criamos nueve hijos, y toditos salieron gente útil.

Por ello, Oswaldo tiene que ser un hombre agradecido. Una vez más, las cuentas le han salido buenas.

Estoy diciendo la verdad, y solo la verdad. ¡Juro! con la derecha.

Ciudad Bolívar, 1999

HISTORIA MENUDA 2

Aprendí a leer en la escuela que la señorita Borges había montado en una sala de su casa, entre las esquinas de Esmeralda y Pueblo Nuevo, a escasas dos puertas del edificio en donde yo vivía en San José. Una escuela particular, como se le llamaba entonces, que cobraba veinticinco bolívares mensuales de septiembre a julio, porque agosto, por ser mes de vacaciones, no se acostumbraba a cobrar. Era una más de las muchas escuelas minúsculas que estaban regadas por todo el país, que llegaban donde las instituciones del Estado no habían podido llegar. Estaban en cualquier esquina, barrio o pueblo perdido, y existían gracias al esfuerzo y la iniciativa de particulares (de allí el nombre) que, inclinados a la docencia, decidían abrir las puertas de su hogar y hacer espacio en su entorno íntimo para colocar escritorio, pizarrón, pupitres y niños ajenos. De eso vivían. Y de esa forma, durante los primeros sesenta años del siglo pasado, muchos venezolanos aprendimos a leer.

Haciéndole honor a las dimensiones del local y al cuento de los hermanos Grimm, mi colegio se llamaba Pulgarcito y funcionaba en una habitación que alguna vez debió ser recibidor, cuarto de estar o biblioteca, pero que en los años cincuenta se convirtió en aula para niños de cuatro a ocho años de edad. Al frente del salón estaba una señora amable y firme que vestía siempre de falda gris y blusa blanca, tenía cabello cano, labios delgados y cara perfilada. Era la señorita Borges, que aunque casada y con el pelo canoso era «señorita», porque en Venezuela, en ese tiempo, a las maestras de escuela primaria se les llamaba así y se les trataba de usted, no como ahora que se les llama por el nombre de pila y hasta se les puede tutear. La señorita Borges era oriental –de Barcelona, si no me equivoco–, pero desde hacía no sé cuántos años vivía en Caracas junto con su esposo –el señor Borges– y sus hijas, y desde entonces se había dedicado a lo que más le gustaba y lo que mejor sabía hacer: enseñar.

Para la primera mitad de la década de los sesenta recibía en su casa de doce a veinte alumnos que estudiaban kínder, preparatorio o primer grado. Todos en un mismo cuarto. Al lado izquierdo, junto a las ventanas y frente al escritorio de la maestra, se sentaban los más pequeños en sillas miniatura. Eran los más numerosos. Al lado derecho, cerca de la puerta y en pupitres –dando a entender su jerarquía– se acomodaban de dos en dos los más grandes de los más pequeños, que eran los que andaban en primer grado y ya sabían leer y escribir, y por eso tenían que hacer tareas todos los días de la vida. A los dos grupos los separaba un corto pasillo, de manera que no hubiese la posibilidad de mezclase ni confundirse, mucho menos de molestarse.

En mi primer día de colegio, además de llegar tarde, me incorporé a destiempo, porque cuando me inscribieron el período escolar ya había comenzado. Al entrar, me sentaron en una de las sillas enanas, pero como era medio montuna –en la cara se debía ver mi miedo– para ambientarme me pusieron al lado de la maestra, al frente de los demás niños, en el mismo lugar en donde, después me enteré, se tenían que sentar los que no habían hecho los deberes o se habían portado mal. Pronto me acoplé a la rutina diaria y, por brejetera, a ser una de las primeras del grupo. Siempre estaba dispuesta a dirigir los juegos en el recreo y a tomar la iniciativa a la hora de conformar el programa para los actos culturales que se montaban en una tarima en el patio.

Mis compañeros eran niños que vivían en apartamentos y casas alquiladas de los alrededores. Uno que otro era inmigrante, descendiente de portugueses –los más– españoles o italianos. Pero todos éramos hijos de gente que pujaba por ser clase media, gente que todavía no alcanzaba a inscribir a sus niños en las escuelas públicas que comenzaban a multiplicarse con la democracia, y que tampoco conseguía pagar la matrícula de un colegio privado, más grande, más formal y más caro.

Al aprobar el primer grado me inscribieron en otro colegio –ya no particular–, que al contrario de Pulgarcito era grandísimo, y de acuerdo a las normas estrictas impuestas por las dos maestras canarias que lo habían fundado en los cincuenta, a la vera del paseo Anauco, obligaba el uso de uniforme y exigía que los asientos de los alumnos se asignaran por orden alfabético. Por eso, durante un año eterno usé camisa blanca, falda azul atachonada, medias hasta las rodillas y –por eso también– me vi confinada a los pupitres de las últimas filas en un salón inmenso con cuarenta condiscípulos que solo podían hablar en voz alta cuando recitaban en conjunto las horrorosas tablas de multiplicar. El confinamiento, sin embargo, duró lo que aquel año escolar. Al finalizar el segundo grado me pasaron a un colegio público, y de ahí en adelante el resto de mi vida estudiantil la hice en planteles del Estado, que también exigían uniforme, pero en compensación no me condenaban al fondo del aula ni al voto de silencio, y si bien seguí recitando en cambote las tablas y, además, las conjugaciones de los verbos, las escuelas en donde estudié a partir de entonces no se parecían a un circunspecto internado y la bulla, las carreras y los juegos tampoco eran mal vistos, por lo menos en la media hora que duraba el receso.

Estudié en institutos públicos desde el tercero de primaria hasta el último semestre de la universidad, y al igual que mis hermanas fui beneficiada con la expansión de la instrucción oficial que empezó a verse durante el trienio adeco –de 1945 a 1948–, y luego cobró nueva vida con los gobiernos democráticos, preocupados en los años de arranque por «masificar» la educación. Por ello, durante casi dos décadas estudiar en un colegio público en Venezuela además de bien visto, daba prestigio. Todavía recuerdo cómo –a principios de los setenta– mirábamos de manera lastimosa a los compañeros de aula que no pudiendo superar los exámenes de lapso se inscribían apresurados en liceos privados –malos y piratas, decíamos, aunque suene redundante– para «salvar el año».

Tiempo más tarde lo que miramos con lástima y tristeza fue el rumbo que llegaron a tomar las escuelas estatales. Veinte años después de que llegara la democracia, la educación pública comenzó a decaer. Al igual que la fe y la voluntad democrática.

En la escuela de la señorita Borges aprendí a reconocer las letras y a juntarlas hasta formar sílabas y palabras. Escribiendo con tiza sobre un pizarrón negro repasé la manera de escribirlas. Supe que *mamá* y *papá* llevan acento en la última «a», que *Venezuela* se escribe con zeta, y que el presidente de la República tenía por nombre *Rómulo*, con acento en la primera «o», y se apellidaba *Betancourt*, terminado en «ourt» que no es lo mismo que Betancur, terminado en «ur».

Cuando pienso en esos días, me veo sentada en primera fila repitiendo la lección de la maestra: eme con a, ma; eme con e, me; eme con i, mi; eme con o, mo; eme con u, muuuuu. Me veo también escribiendo en un cuaderno doble línea que tenía un indio en la portada o sacando cuentas de sumar en una libreta cuadriculada. O jugando al gato y el ratón en el recreo o cantando *Los chimichimitos* en un acto de carnaval. Me veo haciendo muchas cosas, pero a cuarenta y cinco años de aquello, no me puedo acordar de lo que sentí –si es que sentí algo– la primera vez que leí en voz alta. Imagino que debí emocionarme, y sonreí satisfecha. Pero eso es lo que especulo, porque no puedo estar segura. Lo único que podría asegurar es que mi emoción no debió ser tan fuerte ni tan grande como la que sintió Caridad Santamaría –el personaje del próximo cuento– el día en que usando el suelo como pizarra pudo reconocer las letras y armar su primera palabra. No sé cuál fue la primera palabra que ella compuso; en cambio, si sé cuál fue la mía. Guiada por la señorita Borges, y siguiendo con el dedo en el libro primero de lectura, yo leí: m con a, ma; m con a, ma. Mama. Mamá. También retengo la primera frase que escribí de corrido –mi mamá me ama– y cuando la evoco, pienso de nuevo en Caridad Santamaría y en lo doloroso que hubiera sido para ella aprender a leer en un libro de texto: mi mamá me ama, mi mamá me mima.

Entablar conversación con Caridad Santamaría no fue difícil. Es una mujer sencilla que se abre y se ofrece sin remilgos. Llegué a ella por casualidad. Andaba buscando a alguien que viviera cerca del mar. No me importaba que fuese hombre o mujer, joven o viejo, que su vida fuese triste o alegre; solo quería hallar una persona para quien el mar fuera una referencia. Un panorama diario. Sentía que mi trabajo lo necesitaba, porque hasta ese momento no tenía ningún relato en donde lo marino fuese el paisaje de fondo. Y eso no podía ser. Venezuela tiene más de dos mil kilómetros de costas, y en esas costas vive mucha gente y hay muchas historias.

En mi búsqueda, una prima que vive en el oriente del país me habló de ella: «Creo que te puede servir». No quise saber más; si la señora estaba dispuesta y, además, vivía en Barcelona, era la indicada.

Pero Caridad no es una mujer de mar, aunque para el día en que aceptó hablar conmigo –agosto de 1998– ya llevara más de cuarenta años viviendo en una ciudad tocada por el Caribe. Caridad es una mujer de monte, de tierra adentro. Es de un caserío perdido en el noroeste del estado Anzoátegui, en donde aprendió a leer apoyándose en la Biblia de un feligrés evangélico. Vino al mundo en una región desolada y despoblada que aún no había sido sacudida por la producción petrolera. Para el año 1936 –año en que nació– la explotación de los pozos de petróleo en el oriente apenas estaba comenzando y la zona (la mitad oriental del país) vivía como en los tiempos de la dictadura gomecista: condenada al rezago. En 1936, dieciocho años después de la epidemia de gripe española, el estado Anzoátegui no había logrado recuperarse de la peste que se llevó a por lo menos la cuarta parte de su población. Contaba con ciento treinta mil habitantes, por debajo de los ciento treinta y cinco mil que tenía en 1891, cuarenta y cinco años atrás.

Caridad Santamaría no es una mujer de mar, es verdad, pero su historia merece la pena contarla. Eso me dije al término de nuestra primera conversación, y lo ratifiqué cuando en nuestro segundo encuentro ella me recibió confesando: *Yo no le he dicho toda la verdad*, y entonces me refirió pasajes oscuros que hasta ese día no le había contado a nadie. Y Caridad se abrió y me habló, no porque yo se lo estaba pidiendo, sino porque le había llegado la hora de contar: *La historia de mi vida es lo único que le dejo a mis hijos. Esa es su herencia.*

EL ABRAZO

De ella me quedó una piel cansada antes de tiempo.

Una mano atajando unos cabellos

y el deseo inmenso de un abrazo.

M.R., *Herencia*

Dicen que cuando se sueña con una persona muerta es cuando, por fin, llega la resignación. Cuando el deudo se conforma y encuentra consuelo, supera el dolor. Caridad Santamaría quiere hacerlo. Quiere encontrar calma. Sosiego. Pero no lo consigue. Caridad no puede soñar con su mamá. Por más que quiera. Por más que se lo proponga. Por más que se invente cuentos bonitos. Y no sueña, porque ni siquiera consigue dormir. Desde hace tres años pasa las noches en blanco. Recorriendo la casa que está en su cabeza y la casa que está bajo sus pies.

La madrugada se la sabe de memoria. Se hunde en el colchón. Siente los resortes en su espalda, el crujido del jergón cuando lo vence el peso, el zancudo que baila en la oreja. Oye los ladridos del perro y los conciertos de la gata en celo. Decide levantarse. Se despega la bata mojada por el sudor, busca los lentes a oscuras y sale. A tomar fresco. Con la excusa de un hijo que no llega se asoma a la ventana, tanteando la luna que se esconde o las flores de la mata de santamaría que sirven para curar la gripe, pero que no ayudan con la fatiga del alma.

Mi papá: ya él no me duele... No. Yo no lo sentí a él, pero esto de mi madre... Tengo un mes que no voy al cementerio, y eso me tiene mal, muy mal. Yo quisiera ir todos los domingos, comprarle sus flores que a ella le gustaban, pero es que me estoy proponiendo no ir al cementerio. No ir por un tiempo, para ver si no yendo se me va pasando esto.

Siento como que me estoy consumiendo...

No me acostumbro a que ella «se murió», y no puede ser. Yo sabía que ella estaba enferma, que no se iba a alentar. Sabía todo eso, pero igual: sigo igual... No sé lo que es, no sé lo que me pasa. Yo me digo: si a todo el mundo se le muere gente, y sigue viviendo. Si a todo el mundo se le pasa...

A Caridad no se le quita. La vigilia no escampa. Contra la vigilia no puede ni el té de hojas de guanábana que le trajo Pablo ni las pastillas que recetó el médico. El desvelo es una angustia que se le mete por los ojos abiertos, llega hasta la barriga, se reparte por los brazos y las piernas y vuelve hasta la frente. Y de ahí no sale, ahí se queda.

Con el desvelo, agarrada de la mano viene la tristeza. Es una tristeza honda que no deja rastro de ojeras, pero que agua la mirada y cansa la voz. Tristeza vieja que no encuentra reposo. Que duele en el pecho, en el estómago, en todo el cuerpo. Como deseo insatisfecho. Hambre remota. Cuenta por saldar.

En las noches lloro sola. Lloro mucho... Solita... No me gusta que me vean, porque, además, nadie me va a remediar nada...

2

El día en que Caridad nació, su papá no estuvo para conocerla. Mejor dicho, no quiso estar. Un miércoles de ceniza, él salió de mañanita a buscar casabe y se le perdió la ruta de regreso. Tardó siete meses en encontrarla, y enseguida la volvió a perder.

Desde chiquitica, desde que yo aprendí a tener conocimiento, empecé a hacer preguntas sobre mi padre. Yo estaba enredada. No entendía. Yo le decía «papá» a un hermano de mi mamá, pero empecé a preguntar cómo era que si yo le decía a él «papá», él le decía «mamá» a mi abuela... ¿Cómo es eso?

Ahí empezaron a responderme. Empezaron a hablarme de mi papá, y me contaron cómo era que se había ido. Así fue como supe de él. Por mi mamá, y por mi abuela.

Por ellas y por los que pasaban por el camino real fue que me enteré de la historia para yo venir al mundo.

A veinte kilómetros de Guanape –en el noroeste del estado Anzoátegui–, un aviso de Cerveza Polar anuncia el arribo a Guanapito; en sentido contrario a Guanapito y al cartel, hay una trocha salpicada de asfalto que recorren vendedores ambulantes ofreciendo camisas y medias a descuento, y en un punto cualquiera en la orilla izquierda de ese camino se encuentra un tanque de cemento al lado de un portón de tablas viejas y una cerca de alambre vencido. Hay también una construcción rosada y fea, fea por lo abandonada. Y más atrás, la casa en donde se crio Caridad. No la casa en donde nació. Esa quedaba justo detrás del tanque, pero hace mucho que desapareció: se la comió el abandono y el monte cerrado que crece por todos lados. Monte de cují, jabillo y guatacaro. Monte que raspa. Que hinca. Que puya. Que hiere. Que teje una tela de palos y enredaderas. Monte que acabó con la casa en donde Caridad Santamaría lloró por primera vez un lunes a las tres de la tarde, monte salvaje que devoró las paredes amarillas que por escasos dos años ocupó una pareja de adolescentes. Monte tramado. Impenetrable. Una sola masa verde. Ese es el monte de Maracual.

Mi papá llegó por Maracual con Agustín Marcano, un señor que cargaba un arreo de burros. Mi papá trabajaba con él. Ellos llegaron por allá porque mi abuela tenía casa de posada para los arrieros, y las veces que pasaban, posaban en la casa de mi abuela. Ahí estaba mi mamá, que era una muchachita, y su hermana que se llamaba Amalia Alicia.

Amalia Alicia, después, se casó con Agustín Marcano, y mi mamá... mi mamá se enamoró de mi papá.

A comienzos de los años treinta, Maracual era un espacio despoblado, atravesado por quebradas y recuas de burros y mulas que llevaban y traían mercancía. Un paraje perdido en medio de la nada, en la mitad del país que no encontraba dolientes en la era de Juan Vicente Gómez. En el oriente venezolano. Era una comarca plana y olvidada, antiguo territorio de rancherías indígenas desperdigadas, como lo fue toda la región antes de que unos blancos venidos de Europa pusieran límites y nombres nuevos.

En el principio, los lugares se llamaban de un modo distinto.

Araveneicuar: sitio de los árboles. Guaimacuar: sitio de las lagartijas. Guorianocuar: sitio de la ceniza. Chiguatacuar: sitio de los caracoles. Aguaricuar: sitio del cascarón. Cuacuar: sitio de los cangrejos.

El significado del vocablo Maracual se perdió en el tiempo. Tal vez la verdadera voz no sea Maracual, sino Maracuar: sitio de...

Y en ese sitio de origen perdido, una familia creyó perder también la calma, cuando la menor de las hijas –la penúltima de sus hijos– perseguía con la mirada una fila de animales arriados apenas por un niño.

Mis abuelos no gustaban de mi papá porque era muy muchachito y muy rebelde, pero mi mamá insistió, insistió y se fue con él. Ella tenía quince años y él tenía catorce. Al final, mis abuelos terminaron por aceptarlo, pero no quisieron que ellos se casaran porque y que no lo conocían a él. Pero sí les dieron una casa y un pedazo de tierra para su conuco. En esa casa fue donde mi papá, después, dejó a mi mamá...

Ella tenía dos meses de embarazada cuando él salió. Dijo que iba a buscar una carga de casabe para la Semana Santa, y se fue. Así no más. La dejó engañada... Y mi mamá con el tiempo terminó yéndose para la casa de mis abuelos.

Valentina –la cuarta entre los descendientes de Josefa Acevedo y Ramón Santamaría– se regresó con el desconsuelo en el rostro y Caridad en la barriga. Se devolvió con sus crespos hechos y con la pena prendida al cuerpo, como un vestido ajustado que no se volvería a quitar más nunca.

En los días en que mi mamá estaba esperando hora, se presentó mi papá una madrugada. Mi mamá no se lo imaginaba porque él más nunca se comunicó con ella. Él se había ido una mañana, y más nada... Pero un día, llegó y le dijo a mi abuela que iba por su mujer:

–Yo vine por mi responsabilidad que tengo con ella. Me la llevo porque sí, y a nadie le importa para dónde la voy a llevar. Valentina no necesita nada, donde le den ganas de parir, ahí pare –dijo mi papá.

–¿Y qué pasa si a mi hija se le presenta parto en el camino? –protestó mi abuela.

–A usted no le importa eso porque ese niño es mío. Y si es en la pata de un palo adonde le toca, ahí ella tiene a su hijo, yo lo recojo y sigo.

Pero mi abuela no dejó que se la llevara, y ahí termina todo. Nunca más se supo de él.

3

Valentina –la mamá de Caridad– debió saber sonreír. Debió hacerlo la primera vez que ordeñó una vaca o tejió una alpargata o tal vez cuando se bañó en un río. La sonrisa, seguro, también adornó su cara cuando conoció a Francisco Hernández, el arriero que le robó el corazón. A él le sonrió con los labios, con la mirada rayada y el ademán atrevido de una quinceañera. Esa debió ser una sonrisa grande, llana, espontánea. Que por momentos se convirtió en risa, igual a aquella que sacaba a pasear los 28 de diciembre de su infancia cuando perseguía la comparsa de los locos que se robaban corotos de las casas. Así debió ser. Valentina debió saber reír. Alguna vez tuvo que expresar su contento. Mostrar su emoción. En algún momento tuvo que ser feliz.

Pero Caridad no lo recuerda. La Valentina que ella dibuja se asemeja más a una criatura retraída, a un espíritu frágil. Casi una figura de arcilla. Diminuta, no por su aspecto sino por su ánimo. Delicada, no por estampa sino por genio. Una muñeca de sombras. Un ser indefenso y quebradizo que veía y callaba, con un silencio de ojos mojados.

Mi mamá era la cuarta de los cinco hijos que se le criaron a mi abuela, porque a ella –a mi abuela– se le murieron un pocote. En total, mi abuela tuvo dieciocho muchachos. Anteriormente, contaban, había una enfermedad que llamaban «la peste española», que pegó mucho en el sitio donde ellos vivían y por eso se moría una cantidad de gente.

Ellos vivían en un lugar que llamaban El Toco, que yo no conocí sino de nombramiento porque eso era un caserío que se perdió, que lo eliminó esa peste.

Valentina nació en 1918, el mismo año en que la epidemia de influenza sembró muertos por todas partes, después de una agonía de vómitos y fiebres altas. Ella sobrevivió a la peste; luego lo haría al trabajo duro y a los malos tratos.

Yo fui tan apegada a mi madre, porque yo veía que era una mujer que no se dependía. Ella me dijo que quiso a mi papá, que lo quiso bastante, que lo quería demasiado… pero le era imposible porque, para esa época, era una mujer que no se dependía ella misma. No siguió con él por eso. Ella dependía de los demás.

Así mismo le pasó con ese hombre que vivió con ella después, con quien tuvo sus otros hijos.

Como si fuera una maldición. Como si estuviera pagando el pecado de otro, Valentina cargó encima con la cruz que la llevaba al abandono en cada embarazo. Lo mismo que le hizo Francisco –el papá de Caridad– lo repitió más tarde Andrés Cacharuco, su segundo marido. Ella anunciaba que estaba preñada y Andrés Cacharuco se iba, y solo volvía cuando el niño ya había nacido. Así se lo hizo durante cinco embarazos. Cada vez que se embarazaba, se quedaba sola.

El fundo donde vivíamos era de mi madre, pero ella no podía disfrutar de eso sin autorización de él. Ella no podía disponer de nada. Porque ella era sumergida a él, y hasta el final mi mamá tuvo frustramiento por esa vida que llevó con ese hombre. Él la maltrataba, le decía muchas groserías y llegó a pegarle.

Pero con todo y eso, con todo lo mal que él se portaba, ella seguía callada porque él la amenazaba con que le iba a quitar los muchachos. Por eso ella le tapaba todo.

Nada más en una ocasión, Valentina pudo levantarse por encima de sus miedos. Imponerse a su propio susto.

Él era un hombre muy recio y muy bruto que le pegaba a todos sus hijos. Una vez le estaba dando una paliza tan fea a Oscar, su hijo mayor, que hasta yo me puse brava y dije algo. Él se volteó, y trató de pegarme, pero mi mamá no lo dejó. Esa vez se lo impidió. Lo amenazó con decírselo al tío mío, al que yo llamaba «papá».

Fue la primera vez que él quiso pegarme y, cosa rara, mi mamá no lo dejó.

Por un instante Valentina se salió del escaparate adonde ella misma se había metido. Fue una explosión momentánea. Una nota tímida y a la vez estridente en medio de ese concierto apagado que ejecutó durante toda su vida. Después de eso, de ese sorpresivo —y único— arrebato de protesta, regresó a su encierro. Volvió a esconderse. A enconcharse. Hasta que se le acabaron las reservas: el miedo se las había ido consumiendo. Y cuando no pudo seguir escondiendo sus sentimientos, Valentina se escapó. Se desenchufó del mundo. Rompió con la realidad que le era tan árida. La muñeca de arcilla se quebró, y no hubo manera de pegar los pedazos.

A ella le llegaron con la noticia de que le habían matado un sobrino. Se asustó tanto que se cayó al suelo, y de ahí fue que se enfermó. Cuando volvió en sí, estaba en el dispensario en Guanape. Eran las doce del día, y desde el pueblo se vino a pie hasta Maracual, y cuando llegó a su casa ya estaba como

dislocada. Se le destaparon los nervios: cogió miedo, se escondía, no dormía...
Eso le pegó de cincuenta años.

  Yo, como ya vivía en Barcelona, la iba a buscar. Me la traía para mi
casa, le hacía su tratamiento que le mandaba el doctor, y cuando se mejoraba,
la llevaba de vuelta. Pasaba tres o cuatro días en Maracual pero enseguida tenía
que ir a buscarla porque estaba mal otra vez...

  Una noche fui porque me avisaron que el cuarto de ella estaba sucio y
hediondo. La encontré encerrada, con un candado pegado en la puerta. Era que
el señor —Andrés Cacharuco— la trancaba y se iba. La dejaba sola y encerrada. Él
regresaba cuando se iba a acostar... Esa noche me la traje de una vez por todas.

  Ella estuvo en cura de sueños y mejoraba un ratico, pero poco a poco se
fue enfermando más. Decía que la perseguían, que la buscaban. Una vez estuvo
veinticuatro horas parada detrás de una puerta, escondida. Ahí comió, se orinó,
ahí la tuve que bañar. No quería salir.

  No se alentó más.

  La cuidé veintisiete años, los últimos diez ya no caminaba.

4

  Caridad no sabe lo que es celebrar cumpleaños. Perdió la costumbre. O no la tuvo. Cuando era pequeña, cada 2 de noviembre, las únicas
velas que había en su casa eran las que prendía su abuela para alumbrar el
camino a las ánimas, y los únicos regalos que veía eran las ofrendas que
les ponían a los difuntos.

  La gente acostumbraba poner un bote grande de madera: lo llenaban
de carato y alrededor ponían bastante cambur maduro, casabe y batata. Todo
el que llegaba iba bebiendo de ese carato y comiendo esos cambures. Eso era en
honor a los muertos, pero el que llegaba de visita, iba bebiendo y comiendo.

  Siguiendo una práctica vieja, se repetían cultos. Ceremonias que ya
no existen. Que quedaron para el recuerdo.

  Se hacían velorios para los santos. Para pedirles cosas. Por lo menos,
cuando no llovía, cuando había un verano muy cerrado, se hacían promesas a
la Virgen del Carmen y al Santo Niño de Sabana de Uchire. Y se iba en pro-

cesión por todos esos potreros cargando con el santo... Entonces, daba la casua-
lidad de que llovía, y decían que eran los santos, que los santos habían hecho
que lloviera. Y en honor al santo se celebraba. Se mataban cochinos y se comía.

Revolviendo hábitos y creencias, mezclaban la tradición religiosa
sembrada por los primeros sacerdotes católicos que llegaron a la zona con
las costumbres y los ritos mágicos heredados de los primigenios pobladores.
Combinando el culto con la comuna, en Maracual vivían todos juntos.
Padres, madres, hijas, yernos, nietos. Como si la vida y la gente no hubiese cambiado en los últimos cuatrocientos años. Como si todo fuese una
práctica remota: los hombres a trabajar en el campo y las mujeres en la
casa, hilando hamacas, preparando comida, trayendo leña y buscando agua.

Cuando yo tuve uso de razón, ya dormía en chinchorro. En un cuar-
to grandote dormíamos todos. Nos acostábamos a las seis de la tarde y nos
levantábamos a la una de la noche. Desde que era una mujercita –tenía
once años– me levantaba junto con mi mamá. A la una de la mañana ella
se iba a ordeñar su corral, y yo me ponía a moler, a freír frijol amanecido y
asar cataco seco para los peones que trabajaban allá. Siempre había quince
o veinte hombres trabajando.
Todo el día estaba haciendo oficio, ayudando en lo que me pusieran a hacer.

Vivir era rutina de lo básico: llenar las horas con tareas elementales
para despertar y dormir a la misma hora. Las cosas simples, pero no por
eso la existencia menos complicada.

Yo nací en 1936, y en 1939 mi mamá se puso a vivir con el que fue
mi padrastro. Su nombre es Andrés Cacharuco, le decían Mito.
Mientras mi abuela estuvo viva, mi mamá vivió con ella. Y él también.
En esa época todo era diferente. ¡Claro!, porque mi abuela siempre estaba por el
medio. Cuando mi abuela murió, yo tenía nueve años, y ahí terminó mi felicidad.

De pronto, Caridad cayó en cuenta de la tierra dura que estaba bajo
su pie desnudo, de las lluvias copiosas que se metían a la casa y había que
achicar, del fruto del cují que se pilaba para los animales. De la escuela
que no había. De la madera resistente del cedro que se usaba en las bateas
para lavar y en las urnas para los muertos.

Me crie en un ambiente de riqueza. Riqueza porque todo lo había por bastante, por abundancia. Tenían ganado, había bienes, había de todo. Pero reflejado hacia mí: una pobreza inmensa.

Para qué decir que tuve por lo menos una vida de juventud, como lo tiene la gente, como vine yo a criar a mis hijas, que, con pobreza, se divertían y podían visitar a sus amistades. Yo no gocé de tener lo que tiene una niña, una señorita de la casa: unos vestidos competentes, unos buenos pares de zapatos.

Después de que se murió mi abuela, yo comía de última porque Mito decía que yo no era hija de él: tenía que comer después de todo el mundo. No me pusieron en el colegio, porque él decía que las mujeres que iban a la escuela iban a estudiar para putas. No tenía amigas, porque no me dejaban... Los juegos en la casa eran el pilón para pilar, la taparita para llenarla de agua y llenarle el tanque a los cochinos. Eso era todo.

El recuerdo bonito que puedo tener es haberme criado con mi madre y con mis hermanos, pero lo demás no cuenta. Yo me crie sumergida en la casa... Hasta el momento en que me fui.

5

Lee pero no escribe. A lo más que llega es a firmar, y eso porque lo aprendió apurada para poder recibir el sobre del pago de una semana. Al dueño de la fábrica de pastas donde la emplearon no le gustaba que se firmara con la huella: el que no sabía leer ni escribir, no tenía trabajo. Y en 1970 la necesidad tenía una cara muy fea: el marido sin empleo y ocho hijos que alimentar, dos de ellos enfermos.

—Cómo es eso de que usted sabe leer y no sabe escribir —me preguntó el jefe de Personal.

—Bueno, que yo leo pero no escribo.

—Pero explique.

—Yo aprendí a leer de una manera que no fue en un colegio, yo no he tenido maestro, yo no he tenido escuela.

—Yo estaba muy conmovido para darle su trabajo, por lo que me ha contado, pero a usted no la van a aceptar si ni siquiera sabe firmar —me siguió diciendo—.

–*Mire, señor... ¿cuándo se cobra aquí?*
–*Si usted empieza a trabajar hoy –era lunes–, usted va a cobrar el sábado.*
–*¡No hombre! Yo aprendo a escribir de aquí al sábado. ¿Qué tengo que escribir?*
–*Su nombre.*
–*Eso lo aprendo yo por mí. Se lo prometo.*

Esa misma noche le pidió a su hija mayor que le enseñara a poner las letras de su firma. Una por una. Tal y como figuraba en la partida de nacimiento: María Caridad Santamaría. Pero se le hacía muy largo y decidió eliminar el segundo nombre.

La primera vez que firmé no puse Santamaría, me equivoqué: puse Sartamaría. María Sartamaría. Después fue que me di cuenta. Pero no importa, cobré. Aprendí a poner mi nombre, y cobré. Ahora no firmo así, ahora firmo: María de Marcano. Más fácil.

A los treinta y cuatro años aprendió a firmar. No fue tan difícil. Ignoraba que ya sabía escribir. Desconocía que la escritura estaba almacenada en su memoria junto con los dibujos que, hacía mucho, había ensayado en la tierra. Era una escritura espontánea, llena de palabras sencillas, de oraciones cortas. Bastaba recordarla.

Yo aprendí a leer en la portada de una Biblia. Era una Biblia que tenía un señor evangélico que iba a la casa a tejer tabaco de mascar. Yo siempre lo veía que él leía y leía, y que pasaba mucho leyendo.
En la casa, había otro señor que me ayudaba a pilar, y que leía también. Él se llamaba Encarnación Conoto. Una vez me robé la Biblia del evangélico y le pregunté a Encarnación: «¿Cómo hacen para leer aquí?», y le puse el libro en la mano. Él empezó a decirme las letras, y me las iba diciendo y me las ponía a escribir en el suelo. Esta se llama así y esta así, y yo las iba poniendo en la tierra. Él me decía cómo las iba a componer: qué decía una letra con la otra, y yo las iba haciendo con el dedo en el suelo... Y así fue...
Cuando yo tenía chance de robarme la Biblia, llamaba a Encarnación y agarraba otras letras en el suelo. Así fue como yo aprendí a leer pero no a escribir, y hoy yo leo cualquier cosa. Hasta la letra de los médicos.

6

El territorio en donde Caridad creció, amplio y solitario, ha cambiado muy poco desde los días en que misioneros capuchinos y franciscanos se aventuraron a pacificar naturales y fundar pueblos, marcando el origen de casi todos los asentamientos en lo que hoy es el estado Anzoátegui. En Maracual no hubo mayor alboroto, porque no había gente ni casas suficientes para formar un caserío, y desde entonces –hombres más, vacas menos– Maracual fue lo que siguió siendo después. Un vecindario alejado y silencioso. Hoy un vecindario del municipio Guanape, compuesto por fundos aislados entre sí. Hace cincuenta años, la autoridad la ejercía un comisario que intercedía en peleas y recogía los nombres de los que iban naciendo y de los que iban muriendo. No había iglesia o escuela, tampoco había militancia ni caudillos políticos.

Así era el escenario en donde Caridad aprendió a moverse y defenderse. Hablando con quien se atravesara en el camino, fisgoneando al que llegara, preguntando lo que se le ocurría. De esa manera se enteró que era tan aindiada de rasgos como lo era su papá de verdad. Así supo de Dios y de los hombres. Conoció lo que estaba bien y lo que estaba mal.

Cuando chiquita, yo era muy curiosa, muy jodedora. El padrastro mío decía que era «una salía», pero lo que pasaba era que yo no iba a ninguna parte y por eso entablaba amistad con quien fuera por allá. Le sacaba conversación a quienquiera que llegaba. Eso no le gustaba a él, que se ponía bravo y me decía que iba «a terminar mal». Él no quería entender que a mí me agarraba confianza solo quien yo quería.

Por lo menos: allá en la casa había muchos hombres trabajando, y yo tenía que lidiar con todos ellos porque había que atenderlos, tenía que darles desayuno; pero eso no quería decir que yo iba a dejar que esos hombres se metieran conmigo o que me entraran en la cocina cuando les daba la gana. No, señor. A la hora de comer, cada uno me hacía una fila y cada uno iba cogiendo su pescado y su arepa, y se iba yendo. Yo los trataba a ellos como unas personas que estaban trabajando, y ellos no tenían por qué tener confianza conmigo. Y así mismo era con todita la gente que iba allá. Y así soy con hombres y así soy con mujeres, porque yo sé distinguir las personas. A mí no me gusta todo el mundo.

No porque alguien le dijera cosas bonitas, iba a bajar la guardia. No porque a ella le gustara hablar con la visita, iba ser trapo de mesa o a consentir que le calentaran el oído. No porque no tuviera papá, iba a dejar que otro de mampuesto le dirigiera la vida. Por eso se le encogió el corazón cuando descubrió que diligenciaban por ella. Que decidían por ella.

Mito —mi padrastro— quiso hacer algo conmigo que no debía. Quiso imponerme un hombre que no era de mi gusto, y aquello fue algo muy grande... Eso pasó como a la fuerza...

Ese hombre era un señor casado que tenía esposa y cinco hijos en Barcelona. Pero iba para la casa de nosotros, y regalaba cosas y los sacaba a pasear a ellos: a Mito y a mi mamá... Y Mito nunca fue opuesto a él, al contrario: se llevaba a mi mamá, y me dejaba sola con ese hombre. Le abrió las puertas de la casa, nada más porque el otro tenía carro y llevaba todo por bastante.

Yo tenía trece años en ese tiempo y ese hombre tenía treinta y cinco...

Eso fue como un trauma. Ese hombre quiso hacer uso de mí. Y ellos pretendieron entregarme a él como se entrega un objeto. Mejor dicho, me entregaron. Teniendo ganado como tenían en la casa, mi padrastro aceptó cuatro reses por mí. Me cambió por cuatro reses. Como si yo fuera un perol, como si no contara... entregarme...

Y casi lo logra. A no ser por una mano divina que decidió intervenir cambiando el curso de este cuento que parecía ya escrito. Caridad lo tiene grabado. Se acuerda muy bien de lo que sucedió la noche en que dejaron que se la llevara quien había pagado cuatro vacas por ella. Tiene presente el momento en que el camión en donde iba empezó a saltar y a dar tumbos en la carretera.

El carro se salió del camino. Se le fueron los frenos, brincaba como una bestia y cayó por un voladero pa'bajo. Se volcó, y en uno de los banquinazos que dio, el hombre ese se salió, y como una cosa al propósito, como de un instinto, el carro se volteó sobre de él y le cayó encima. Yo quedé adentro con el asiento atravesado, todo desbaratado, porque el carro se paró cuando quiso. En cuanto pude, me salí, y ya él me estaba gritando, me llamaba. Cuando llegué adonde él estaba, me dijo que llamara a mi mamá, que llamara a Mito, que

tenía que hablar con ellos. Estaba todo lleno de sangre, con la pierna volteada
y un poco de vidrios aquí en la barriga...
    Me decía: «No me dejes morir».
    ... Cuando ellos llegaron, ya estaba muerto.

    Detrás de Valentina Santamaría y Andrés Cacharuco llegó gente
de la inspectoría de Tránsito, de la prefectura de Guanape y del dispensario. Pero no pudieron hacer mucho. Cuando terminaron de levantar
el cuerpo era de noche. Una uñita de luna se asomaba en el cielo, y el
aire húmedo y agradable hacía pensar que había llovido y escampado. A
Caridad se le escapó un suspiro. No pronunció palabra, no hizo mueca,
pero quien la vio aquella noche se dio cuenta de que le habían quitado
un peso de encima.

    Al poquito tiempo —yo andaba en catorce años— otra vez tuve pro-
blemas con mi padrastro. Mito quiso hacer lo mismo con un trabajador de
la casa. Pretendía hacer con este lo mismo que con el otro: pero yo no se lo
acepté, y nos agarramos a pelear y a discutir. Él me fue a pegar, me zumbó
con un mandador, y yo agarré un machete con que abrían taparas y se lo
puse en el pie... Él salió, se montó en el jeep y dijo que al regresar no quería
encontrarme ahí.
    Cuando yo fui a hablar con mi mamá, ella lo que hizo fue ponerse a
llorar y decirme: «Hija, tendrás que irte...».
    Eso lo hallé muy grande. Yo no le moralicé nada a ella... No tomé nin-
guna represalia contra mi madre, pero todavía yo me acuerdo de eso y a mí
me da mucho dolor...
    Yo me fui de la casa. Me fui a trabajar en una casa de familia que
quedaba por allá mismo por Maracual, pero en verdad lo que yo quería era
irme, irme lejos. Perderme. Que no supieran más nunca de mí.

7

    Aunque le mande a rezar misas a sus familiares muertos, Caridad no
cree en los curas. Dejó de hacerlo incluso antes de que el nombre de un
sacerdote ocupara las páginas rojas del diario *Antorcha* acusado del asesinato de su propia hermana o que en la radio comentaran lo del escándalo

en el convento de Maturín, en donde un hombre durante trece años se hizo pasar por monja.

Cuando yo era pequeña, a Maracual iba un cura de Clarines. Él llegaba, y toditos le iban a pedir la bendición y a mí me ponían a besarle el anillo, porque mi abuela era muy creyente. Ella me decía que había que respetarlo porque él era un representante de Dios aquí en la tierra. Yo estaba criándome bajo esa creencia, y así estuve hasta que una vez conseguí al cura orinando, y le vi toda su perolera. ¡Pues salí corriendo! Fui a buscar a mi abuela:

—El cura tiene pipí y tiene bolas como tienen los toros, y como tienen todos los hombres.

—Es que él es un hombre —me dijo mi abuela—.

—¿Y por qué usted me dice que él es como un santo?

—Porque ellos no pueden hacer lo que hacen los otros hombres.

—¿Cómo que no hacen lo que los otros hombres? Ellos hacen pipí como lo hacen los otros, y tiene todo eso.

—Pero ellos no pueden tener mujer, no pueden tener hijos...

Mi abuela me dijo aquello, pero a medida que yo fui creciendo siempre me imaginaba en mi mente que no podía ser posible eso. Desde ese momento empecé a no tomarlos a ellos como santos sino a tratarlos con respeto; como se respeta a un abogado, a una persona mayor. Porque comencé a ver que ellos eran como los demás. Abrí los ojos y me di cuenta de que eran como un ser humano, que eran hombres, tal y cual como los otros hombres... Y cuando pasó lo del Padre Biaggi, que por celos mató a su hermana, ahí sí bastó para mí. Eso me terminó de desilusionar.

A partir de 1961 comenzó a espaciar sus visitas a la iglesia. Antes, siempre se robaba un rato y pasaba por el templo para estar sola y hablar más tranquila con Dios. A eso era a lo único que iba, porque ella no venera santos, o por lo menos no a todos los santos y no de la manera como lo hace todo el mundo. Dios está por encima de todo. Por eso ha llegado a pensarse evangélica. Una evangélica particular, porque le gusta regirse por lo que dice la Biblia, pero —no puede ocultarlo— respeta la creencia en José Gregorio Hernández y es devota de san Celestino, el santo papa que conoció por los cuentos de su abuela.

A ellos dos, a José Gregorio y a san Celestino, los distingue del muestrario de figuras de yeso que hay en los altares. Ellos dos se salvan, pero ni por eso les enciende un cirio. Hace veinticinco años acabó con esa costumbre, y eso se lo agradece al Altísimo.

Mi abuela acostumbraba a que el 1.º y el 2 de noviembre, día de los santos y día de los muertos, le prendía vela a todos sus muertos. A cada uno su velita. Y siempre me decía que cuando ella se muriera, yo me quedaba con ese encargo. Ella se muere, y ya yo me sabía de memoria los nombres de todos sus muertos, y prendía mis velas haciendo todas las morisquetas que ella hacía.

Cuando soy una mujer, sigo con eso, pero me pasaba algo muy raro: yo podía tener mis realitos todo el año, y justamente esos dos días tenía que ¡arar! el mundo, hacer cualquier sacrificio, vender lo que fuera para poder comprar las velas. Porque nunca tenía real. Justamente esos dos días. El 1 y el 2 de noviembre… Pero, igual, a mí no me importaba. Yo seguía. Al principio no se me hacía tan difícil porque en el campo tenía mis gallinas, mis cochinos, y me resolvía: podía vender para comprar la luz de las velas. Después, cuando vivo en Barcelona y tengo este poco de hijos, es que las cosas cambian. Pero tenía que seguir haciéndolo, porque ya me había sucedido que cuando no prendía velas, no podía dormir. Era un azoro que se me metía por dentro, y al final tenía que salir de noche a buscar aunque fueran unos cabitos de cera.

Así fue, hasta que me llega un día de los muertos trabajando en una droguería. Yo era obrera de las que cobraban los sábados, y ese primero de noviembre caía sábado. Cuando yo veo eso, me digo: «Gracias a Dios que este año no tengo que andar con esa corredera, tengo para comprar mis velas».

Pues vino el sábado y veo que la taquilla por donde se cobraba está cerrada. ¿Qué pasará? A media mañana nos dicen que pasemos por la oficina del señor Torres, que era el amo de la compañía. Ahí, todavía, creo que es él quien nos va a pagar. Mayor fue mi sorpresa cuando el señor nos dice que, por motivo ajeno a su voluntad, la señora encargada del pago tuvo que viajar y no había pago… ¡Ay! Yo me iba a morir…

Cuando llego a la casa fui derechito a vender una gallina, pero la bodega estaba cerrada; quise pedirle prestado a una comadre, pero no estaba; busqué el préstamo con otra, pero no tenía. Se hizo tarde ¡y nada! Viendo eso, llego yo —brava— y me digo: «No voy a prender un carajo», y me acosté.

Y acostarme y empezar a dar vueltas en esa cama fue lo mismo. Me paraba, y me volvía a acostar. Me iba al chinchorro, me acostaba con las muchachas y no me quedaba dormida. ¡Pendiente de las velas! Para mí, eran los muertos los que no me dejaban dormir. Cosas que se le metían en la mente a uno... Y cuando dieron las doce ¡no aguanté más! Me paré, salí al patio y me hinqué de rodillas: «Dios mío, si esto es un pecado lo que voy hacer, perdóname, pero desde este momento yo renuncio. No voy a prenderle una vela más a los muertos, y ellos que vayan a su lugar que tú le hayas destinado y que me dejen en paz».

Hice eso, me fui a dormir y me quedé dormida. Eso fue en 1973 ¡y hasta hoy! No prendo velas.

8

Hace mucho que dividió su casa para que los hijos que no tuvieran techo, construyeran –adelante, arriba, a los lados– un rincón propio para vivir. Como una gallina, rodeando y arropando con sus alas, les da a sus pollitos todo el maíz que a ella le negaron. Todo el que puede y el que no. Cumpliendo un juramento secreto, se quita el pan de la boca para que el día de mañana sus hijos no tengan quejas. No lloren ausencias. Si de cariño se trata, por ella, ninguno se morirá de mengua.

Fue un pacto con Dios: yo le dije que me iba a quedar conforme de todo lo que había perdido, y que Él se diera por satisfecho y me dejara criando a mis hijos.

Como no tenía calor de hogar y no quería un hogar ajeno, Caridad decidió formar uno propio. Buscar la manera de llenar el hueco que sentía en el pecho. Tratar de quitarse el frío que traía por dentro, trayendo niños al mundo para arroparlos. Arroparlos mucho. Arroparlos siempre.

Muy temprano empezó su tarea y para compañero escogió a Pablo, el peón agradable, tranquilo y despreocupado que la sigue desde entonces, por donde ella diga y para donde ella disponga.

A los quince años me ajunté con él, y a los dieciséis tuve mi primer hijo. Fueron doce hijos en quince años. Estuve pariendo casi todos los años sin descansar, pero los cuatro mayores se me murieron. La primera duró dos años y los otros se me morían al nacer, a los ocho meses. Con la quinta fue que empezaron a salvárseme. Tenía veinte años cuando eso, pero en el hospital me puse de veintiuno porque me daba pena que supieran que ya llevaba cinco muchachos.

Todos los que se murieron los tuve en Maracual, pero cuando fui a parir la quinta se me presentó aborto y me vine para Barcelona. Estuve hospitalizada noventa y tres días. Después que nació la niña, ya no quise regresar a Maracual porque ella era prematura y las condiciones que me ponían no eran adecuadas para irme al campo. Decidí entonces quedarme por aquí. Quedarnos. Total, no tenía nada por allá. Nos quedamos en Barcelona, pasando trabajo...

En 1956, la más antigua villa del estado Anzoátegui era una población tranquila, con más sol que árboles para guarecerse. En contraste con el verde de Maracual, Barcelona era desvaída. Se llenaba de fango con las lluvias y de polvo con la sequía, como sigue sucediendo ahora y como sucedía hace trescientos veintisiete años, en la fecha de su séptima fundación a la orilla del río y a tres kilómetros del mar. En todo ese tiempo, ni el río Neverí ni el mar Caribe han podido darle colorido. No han logrado prestarle lozanía. A mediados del siglo XX, Barcelona era –aún es– pálida. Era también una ciudad pequeña que atraía a los pobres de los alrededores. El petróleo –que manaba de los pozos de Anzoátegui, Monagas y Guárico y que había encontrado dique en la vecina ensenada de Puerto La Cruz– comenzaba a ser promesa para los desplazados por el hambre.

Cuando nos quedamos aquí, de algo teníamos que vivir, y nos pusimos a trabajar. Yo lavaba, planchaba, hacía arepas, hacía mandados, hacía de todo para que me pagaran. Pablo se puso a trabajar de ayudante de vendedor de hielo. Se ganaba un sueldo maravilloso: ¡seis bolívares diarios!, trabajando desde las tres de la madrugada hasta las tres de la tarde.

Vivíamos rodando por ahí: alquilando casitas o cuarticos, pero no importaba, la vida era más o menos. A pesar de las cosas, era muy maravilloso.

En medio de la carestía, Caridad estrenaba familia. Dando para recibir. Hijos para sacarlos a pasear, limpiarles los mocos, bajarles la fiebre, llevarlos a la escuela. Para regalarles por montones lo que a ella le habían negado: consentimiento hasta llegar al empacho. Hijos para alimentarlos, para protegerlos. Hijos seguros y confiados de que su madre –eterna sombra– siempre estaría ahí. Vigilante, comprensiva. Tolerante. Alcahueta. Ella saldría de un lado, de abajo, de donde fuera para guardarlos, ampararlos.

Malcriarlos si era preciso. Pero sobre todo para quererlos. Hijos para querer, para que la quisieran.

Yo conocí el mando de Marcos Pérez Jiménez y lo viví inocentemente porque las cosas que pasaban no las tomaba como se toman ahora. Para ese entonces, se conseguían las cosas más fáciles porque en cualquier parte uno iba y trabajaba, y se ganaba algo. Era poquito pero alcanzaba. Iba a la carnicería Monagas y compraba un bolívar de recorte, y me daban ese pocote de carne. Yo la echaba a sancochar y hacía sopa, le daba a los vecinos, comíamos nosotros, y en la tarde guisaba esa misma carne. Y cuando no tenía el bolívar completo, compraba un real de hueso 'e pecho y comíamos. Esa época la vivía yo bonita. Tenía un solo hijo. Tenía a Marlene.

Después de Marlene, vinieron Gregorio en 1957, Ana en 1959, Pablo José en 1961, Carmen Otilia en 1962, Signencia en 1963, José Ángel en 1965 y Hernán José en 1966. Hijos que venían en serie, y en serie los presentaba en el registro civil. Para no estar a cada rato en la Prefectura, dejaba que se juntaran dos o tres y entonces los iba a inscribir con el apellido Santamaría.

Yo no lo obligué a él a que se casara conmigo, pero tampoco quise que reconociera a sus hijos. Su papá de él siempre me lo reclamaba:
—Vamos a presentar los niños con el apellido Marcano —me decía el señor.
—¿Y por qué? Si ellos no son Marcano —le contestaba.
—El hijo que no es reconocido no tiene papá —me insistía el viejo.
—Pues, ellos no tendrán papá.

Lo que yo pensaba —pero no se lo reflejé nunca, y a nadie se lo dije— era que si yo no era merecedora de un apellido, mis hijos tampoco. Mis hijos tenían que ser merecedores del apellido mío.

En leguaje cifrado, Caridad guardaba los sentimientos disfrazándolos de altanería. Era desconsuelo empastelado con orgullo. Rabia con pena. Todo junto. Porque, por lo que fuera, Pablo no había querido firmar el acta de matrimonio. Con el pasar de los años, Caridad terminó casándose, y su prole fue reconocida. Sus hijos son desde entonces Marcano. Cambiaron de apellido. Ella cedió, pero no arrinconó los cuentos.

Cuando nosotros nos ajuntamos allá en Maracual, él quiso casarse conmigo, pero mi suegro, que era muy pretencioso, le dijo que no, porque yo no era digna para casarme con él. Por eso él no se había casado conmigo, como él tenía «papitis»... Después fue que nos casamos, pero yo no le di a entender a él que yo esperaba eso ni que nada.

9

Hace tanto tiempo que Caridad no siente paz que casi se le ha olvidado el color de las cosas bonitas, el sabor del alboroto y del entusiasmo. En sus recuerdos, la felicidad se confunde con las tardes tranquilas y seguras en que había trabajo para Pablo y para ella, y los hijos —aún adolescentes— no sabían lo que eran aguardiente, desempleo o responsabilidades. Eran días de sancocho bajo una mata, de hallacas familiares y música a todo volumen mientras se limpiaba la casa de la calle El Carmen. Días potables, no porque hubiese agua en la llave sino porque se podía beber la vida sin temor a que hiciera daño. Se podía caminar tranquilo y dejar el hogar al cuidado del viento.

Aquí vivo desde 1959. Yo conseguí el terreno en el Concejo Municipal. Lo limpiamos, quitamos tunas y cardones, y paramos el rancho. Cuando yo me mudé no había agua, no había luz, no había nada de eso. En la noche, para llegar, veníamos con una linternita para alumbrarnos. Esto era un ranchito sin puertas, un ranchito de tablas.

La casa está en el centro de Barcelona, cerca de las calles angostas y aceras altas del casco colonial y más cerca de la larga y amplia avenida Pedro María Freites y del cuartel militar que una vez llevó ese mismo nombre. Caridad vive en uno más de los barrios que se multiplican por la ciudad y que, a diferencia del sitio histórico, no tiene legado que resguardar. Es un sector popular formado por viviendas modestas que han ido creciendo y cambiando con el correr de los años y el número de hijos. Una pegada a la otra, compitiendo por el espacio y las comodidades.

En el terreno donde hoy sus vástagos instalan corredores oscuros olorosos a cemento, antes había un rancho escuálido y un patio grande con animales: cochinos, chivos, gallinas, loro y hasta un perro flaco que mató una bala perdida, en el único incidente violento que recuerda de aquellos días.

Eso pasó en el mando de Rómulo Betancourt: a las cinco de la mañana, nos despertamos con un tiroteo. Pasaban las balas por todos lados, una bala pegó en la casa de la vecina y le esfondó la pared, y otra mató al perro que estaba sentado aquí mismo. Todo eso estaba alborotadísimo, hasta aquí cerca se metían los militares, se escondía la gente...
Duró bastante, porque nosotros nos dimos cuenta a esa hora, pero según y que eso estaba prendió desde la noche anterior.

En junio de 1961, entre la noche del 25 y la madrugada del 26, doscientos cincuenta militares y cincuenta civiles –uniformados como militares pero con armas sin munición– se alzaron en la ciudad de Barcelona en un intento por deponer al presidente Rómulo Betancourt. Los insurrectos tomaron el cuartel del Ejército, la comandancia de la Policía, las sedes de Radio Barcelona y del partido Acción Democrática y apresaron con facilidad al gobernador Rafael Solórzano Bruce. También detuvieron al secretario de la gobernación, Carlos Canache Mata. Pero esos fueron sus mayores logros. Pronto, el gobierno nacional envió refuerzos para respaldar a los que aún dentro del fuerte militar no apoyaban la conspiración.

Hubo bastante muerto en el cuartel, ahí mandaron a fusilar a un poco 'e gente, a los que se habían alzado. Según, los que quedaron vivos los mandaron a matar en el paredón. En el paredón del cuartel. También mataron a varios muchachos de por aquí, muchachos sanos que se murieron acribillados por ir a ver lo que estaba pasando.
Decían que los perezjimenistas eran los que estaban alzados contra el gobierno y, justamente, la mayoría de los que hicieron presos eran perezjimenistas y urredistas. Uno no sabe exactamente sí en verdad eran ellos los alzados, pero los comentarios los hubo...
Todo se calmó a las nueve de la mañana. Me acuerdo de eso: yo tenía a Pablo José como de tres meses, porque él nació en marzo.

El Barcelonazo no terminó en un día. Desde el 26 de junio de 1961 hasta octubre de ese año se vivió con sobresaltos. Se oían disparos, se hablaba de allanamientos y la policía a cada rato rodeaba la zona. El alzamiento alteró la paz cotidiana; sin embargo, Caridad lo rememora como hecho aislado. Excepcional. Nada parecido a lo que vino después, a lo que está viviendo.

Ahora las cosas son tan difíciles que yo me pregunto qué es esto. Se habla de Pérez Jiménez, pero ahorita es que yo conozco la dictadura, porque yo no me acuerdo de haber visto estos desastres antiguamente. Si los había, yo no los vi. Eso de matar diariamente a una persona, eso no lo viví y aquí se está viendo eso: en la cárcel todos los días del mundo se muere alguien, y antes, en la cárcel que quedaba en la Calle Cajigal, no se oía eso de que mataran a un preso. Jamás. Lo que sí había era castigo de verdad...

Antes de venirme para esta calle, en el vecindario donde yo vivía, un señor violó a una niña. El señor se llamaba Juan Ramón Armas. Me acuerdo clarito: la niña era una muchachita de dos años que encontraron a los diecisiete días destrozada. Pues a ese señor lo trajo preso la Seguridad Nacional, y a los ocho días se supo que lo habían operado de los testículos y no había aguantado la operación. Hasta ahí llegó Juan Ramón. ¡Ese no violó más!

En los últimos cuarenta y dos años, Barcelona ha crecido hasta casi juntarse con Puerto La Cruz y formar un eje que atrae almas y mueve dinero. La producción petrolera y los complejos turísticos lo han hecho escenario de actores dispares. Hoteles y villas lujosas se pelean la costanera y la periferia rescatada de las aguas. El resto, queda para los desarrollos de clase media y las barriadas humildes. Unos con más suerte que otros, pero todos conviviendo con la transgresión. Enlodados con el crimen que vive a costa de los demás: los que tienen y los que no, los de arriba y los de abajo. Es la violencia que enreja las puertas y encierra las casas condenando a vivir con el sofoco y el ventilador. Es el delito que acosa a los individuos que ni aun cuando llueve descansan, porque los ladrones, cual buzos, aparecen entre el agua cuando los carros se atascan en las calles inundadas. Hampa común y silvestre que circula libre, pese a los ofrecimientos electorales.

Ahora no hay escarmiento. Leemos el periódico y vemos que fulano de tal tiene cincuenta y tres entradas a la policía por violación, por robo o por atraco... ¿y por qué está ese señor en la calle? me pregunto. Yo creo que eso sí es una dictadura...

Caridad no ha votado en las más recientes elecciones y en las próximas no sabe si lo hará. La última vez que votó selló la cara de Carlos Andrés Pérez y, si fuera posible, lo haría de nuevo. No vota por partidos, sino por candidatos que le simpaticen. Por eso votó por Carlos Andrés. Dos veces. La primera, en 1973, porque le gustó lo que decía, y la segunda, en 1988, porque agradece lo que él hizo en su primera presidencia: los días de pleno empleo que le trajeron el puesto fijo como obrera en una escuela. Por eso, para ella, Carlos Andrés Pérez es el único que se salva del desfile de políticos. A él solo redime, aunque lo acusen todos.

Porque yo veo que él nada más no es el corrupto. Hay más corruptos. ¿Y por qué no ajustician a estos otros corruptos y a él lo tienen preso, ahí sentado, ahí en su casa? Eso tampoco es justicia... Ahí en su casa, él lo que está es consumiendo. Eso no es ninguna venganza. Si a él lo agarraron con probabilidades ciertas de lo que hizo, entonces que a él le quiten lo que se robó: que lo pongan a pagar. Quítenselo, y pongan eso donde estaba. Si es que él se robó algo... pero yo no creo.

De los demás dirigentes, sean de cualquier partido, está decepcionada. Porque ella no se apunta en listas de camarillas o en la fila para el reparto de una bolsa de comida. Ella no mendiga.

Eso de los partidos es pura zanganería. Aquí en el barrio no han hecho nada. ¿Qué llaman «hacer»? ¿Venir y dar real? Yo no llamo ayuda eso de que vengan y me vayan a dar cien bolívares o cien mil. Eso no. ¡Que le den trabajo a mis hijos! Para que ellos justifiquen adónde se están ganando sus reales. Eso sí. Que pongan una escuela buena, que haya una seguridad. Para todos. No solo para los que son amigos. No solo para tres personas del partido. En el barrio no viven nada más tres. Denle trabajo a todos. Trabajo, eso es lo que quiero porque yo no salgo a pedir. Yo no voy a hacer una cola donde están repartiendo una hoja de zinc, donde están dando cien mil bolívares. Yo no quiero eso. Porque eso lo gasto ahorita y mañana no tengo nada.
... Cuando yo llegué a Barcelona, uno salía tranquilamente y dejaba la casa abierta. El ranchito sin puerta se quedaba solo, y había esa seguridad. Por mucho tiempo fue así. Ahora no podemos hacer eso. Vivimos con la zozobra de que nos roban, de que nos van a atracar. Ahorita, lo bueno es que hay luz, agua, poceta, teléfono. Pero vivimos asustados, y para remate lo que

conseguimos no nos alcanza para nada, porque ya no puedo decir que ni con mil bolívares voy a hacer sopa de hueso. ¿Cómo la hago?

10

Caridad no conoció a su papá. Solo lo vio en una foto prestada: alto, de frente amplia y cejas pobladas. Más de treinta años estuvo esperando con el corazón en la boca. Vivía cazando noticias suyas y rastreando la familia que no conocía. Hablaba de su padre llenándose la boca con las cinco letras, con el deseo escondido de que viniera a reclamarla. Mil veces deseó encontrarlo al pie del palo de jobo, al frente de una hilera de burros o al cabo de algún domingo de ramos. Quién quita que regresara con la carga de casabe y esa vez viniera a buscarla. Vendría a darle un beso en la frente y una palmada en la espalda. A lo mejor, hasta llegaba a abrazarla.

De él, le hablaron los arrieros que andaban por Maracual, los que visitaban a sus tías, y después, cuando las conoció, le hablaron ellas, las hermanas de él. Las tías paternas le contaron muchas cosas.

Mi papá quedó huérfano de padre y madre siendo muchachito. Antes de que se muriera su mamá, él vivía con su abuela y un tío que le daba muy mala vida: le pegaba y lo gritaba cada vez que le daba la gana. La noche que le estaban haciendo los rezos a su mamá —me dicen que faltaba un solo rosario— él decidió irse. Cuentan que esa noche, se puso a llorar, abrazó la cruz y salió. Todos creían que había salido para acostarse a dormir, pero no, él se desapareció. Era que se había ido con ese señor que cargaba un arreo. Con Agustín Marcano... Y no supieron más.

Se fue de San Miguel sin dejar rastro. De la misma manera que después se iría de Maracual. Se esfumó, huyó. A nadie confesó los motivos de sus partidas, con nadie habló de las razones que tenía por dentro.

Yo tenía treinta y tres años cuando supe fríamente que él vivía, y que vivía en El Sombrero. Él estaba escondido de su familia, de la familia de él y de la familia mía. Cuando yo sé eso, me entero también de que él va a venir a Barcelona, a ver a una hermana suya que está hospitalizada. Me emocioné demasiado.

Mi papá llega al Hospital Razetti y cuando mis tías lo iban a traer a conocerme, él dice que no, que no puede venir a conocerme porque él no estaba preparado para eso, y me pone una cita. Supuestamente nos íbamos a ver el 30 de septiembre de ese mismo año en San Miguel, de donde él era nativo y donde vivían mis tías... pero no llegó nunca.

Viendo yo eso, viendo yo su actuación, mando a redactar una carta con una persona que sabe, y ahí le reflejo todos mis hijos y le digo la ambición que tengo de conocerlo. Mando mi cuestión para que él me conteste, para ver si puedo ir a verlo. La mando y me quedo esperando. Y espero y espero... Al fin, le pregunto al señor con quien mandé el recado:

—¿Usted le entregó la carta al señor Francisco?

—Sí, sí, sí. Sí se la entregué, y la leyó con mucho cariño —me dijo—. Él se fue solito para allá a leerla, y entonces yo le pregunté si le iba a mandar contesta y se me quedó callado, no me dijo nada. A lo mejor será que él va a venir después.

Pasaron los meses y la respuesta jamás llegó. Cuando Caridad se dio cuenta de que no iba a llegar, primero se desmoronó y se echó a morir; después, se le revolvió todo por dentro y se le salió el apellido que no llegó a darle.

Cuando vi que ya él no me contestaba fue como una cosa del otro mundo para mí. Yo lo que hacía era llorar de noche, pedirle a Dios, preguntarle que qué era lo que había hecho tan mal para no conocer a mi padre, para que él me despreciara de esa manera...

Yo viví con la emoción por conocer a mi padre. Cuando el padrastro que yo tenía me maltrataba y me decía las cosas que no debía decirme, yo anhelaba tener papá. Esa emoción la perdí un poco cuando sé que mi papá llega al hospital y no vino a conocerme, y después yo tuve una decepción más grande cuando vi que él no me contestó. Ahí se me terminó la ilusión. De ahí me lo arranqué, y aquello fue curarme yo. ¡De una vez!

Un día —mucho tiempo más tarde— fueron a buscarla porque Francisco, su padre, estaba enfermo. Le dijeron que era una oportunidad para encontrarse, y Caridad se negó. Lo volvieron a intentar cuando él empeoró: precisaba una casa para agonizar. Pero ella también se negó. Después le avisaron que había muerto para que fuera al entierro, y de nuevo dijo que no. Había cerrado de un trancazo el cuaderno en el que no iba a escribir.

Lo cerró y no lo volvería a abrir. Caridad Santamaría no le había perdonado a Francisco Hernández que la hubiera abandonado por segunda vez.

En 1976, el viernes de concilio, se murió él. Mi tía me mandó a buscar y yo dije: «¿Para qué? ¿Qué voy a hacer yo allá? A esa casa no voy, porque ese señor ya se murió y en vida ese señor no me quiso conocer. Y yo todavía no sé por qué. Yo no sé por qué él no quiso ajuntarse a mí. ¡NO! No voy».

Qué voy a hacer con un papá muerto; yo quería tener a mi papá vivo, pero un papá muerto ¿para qué?

11

Caridad no quiere regresar a Maracual. Si lo hace sería recordar todas las cosas de golpe. Se le devolvería la biografía. Junto con el zumbido de las moscas y el olor a leña quemada se le vendrían encima los recuerdos. Por derecho le pertenece una parte de las tierras, pero también por derecho no quiere saber nada de la herencia que de alguna manera sintió que ya le habían quitado. Decidió no reclamar. Prefirió quedarse con los brazos cruzados y no jurungar los recuerdos.

Yo lo que no quiero es ver la casa que era de mi madre. Si yo vuelvo allá, es como echar para atrás. Es como regresar y verlo todo otra vez.

Allá está aún el árbol de guatacaro donde vaciaba la bacinilla de peltre que se llenaba en la noche con la sangre que la abuela, muriéndose, botaba gota a gota a través del moriche. El patio pelado que fue pizarrón de letras. La explanada donde Mito le quiso pegar. El quicio de la cocina donde se sentaba a imaginar un padre. El potrero donde vio por primera vez a Pablo. El marco de la puerta donde se recostó su mamá para verla, el día que se marchó de la casa.

Eso era muy bonito antes. Era un campo pero bien bonito, ahí cosechaban de todo. Cuando mis abuelos estaban vivos, había yuca, topochales, camburales, cañaverales, arrozales... Después quedó solamente para ganado, y después no sé qué les pasó. Mala suerte o mala cabeza, porque quedaron arruinados. El último toro lo vendieron estando todavía mi mamá en cama...

Lo único que quedaron fueron las tierras. Las tierras que están aban-donadas... Y son de mi mamá, herencia de su padre de ella.

Caridad no quiere saber de propiedades o documentos. Tan solo quiere una felicidad chiquita: sacar la silla a la acera y sentarse a ventilar el espíritu, que sus hijos no tomen aguardiente y el marido mantenga trabajo. Que cuando se pase la mano por el cabello sea nada más que un gesto mudo, no las ganas de quitarse los pensamientos que le calientan la cabeza. Un poco de pan, otro tanto de paz. Alegrías pequeñas.

No pide la luna prestada. Solo sosiego. Para poder dormir, y si es posible, soñar. Soñar con una caricia. O con un abrazo.

Mi mamá, al final, no caminaba. Mi mamá hablaba porque uno le preguntaba. Si tú le decías que dijera «sí», ella decía «sí»; si le decías que dije-ra «no», ella decía «no».

Ya a lo último, para que descansara de la cama, yo la cargaba y la para-ba. Como ella no se podía parar sola, yo me apoyaba en la pared, la paraba y la abrazaba para sujetarla, y así estaba un rato, abrazada de ella. Pegada de ella... Así estábamos un ratooote...

Yo sé que nadie me lo va a creer, si hasta fui a un psiquiatra y se lo dije: «Yo todavía siento el calor de mi mamá aquí, aquí en la barriga».

Barcelona, Maracual, 1998

HISTORIA MENUDA 3

No me acuerdo de la primera vez que vi el mar. Cuando me vine a enterar de lo que era, hacía rato me lo habían presentado. No por provenir de una familia del interior del país, el agua salada me era ajena. Al contrario. Mucho antes de dar mis primeros pasos, e inclusive creo que mucho antes de saber que existía un pueblo llamado Tejerías, ya conocía el Mar de las Antillas y me había bañado en sus aguas. Para mí, el mar es un viejo conocido. Una presencia habitual. Como lo es para cualquier venezolano. La ventaja de ser de una nación pequeña asomada al Caribe es que todos los que vivimos adentro, de alguna manera, terminamos familiarizados con el paisaje marino. A la costa llegamos de una forma fácil, casi desde cualquier punto del territorio. Por eso llenamos los balnearios y colapsamos las carreteras en las fechas de fiesta, y en parte también por eso, a principios del año 2006 se desató la histeria colectiva cuando se cayó el viaducto en la autopista Caracas–La Guaira. La molestia y la excitación no eran solo por la desidia y la ineficiencia oficial, o por la incomunicación a la que se condenaba a la ciudad capital. La protesta, la crítica y el malestar eran, también, por encima de muchas cosas, por la veda a las playas de Vargas. En Venezuela, el mar forma parte de nuestra existencia, de nuestra cultura, aunque se viva en un pueblo de los valles aragüeños o en uno al pie de la cordillera andina.

Desde pequeñas, a mis hermanas y a mí nos llevaban con frecuencia al litoral. Un fin de semana sí, y a veces el otro también, nos encontrábamos con el traje de baño puesto, la pelota o el salvavidas inflable entre las manos y la mirada achinada por el sol. Viajábamos a Cata, Choroní y Ocumare de la Costa, en el estado Aragua, o a Naiguatá, Los Caracas, La Sabana y Chuspa, en Vargas. De esos primeros viajes no retengo sino retazos que a lo mejor he inventado a punta de fotos desvaídas: me veo dormitando en el asiento trasero de un carro o cantando boleros de Los Panchos, mosaicos de la Billo's y valses, gaitas, aguinaldos, merengues y joropos. Me veo también al atardecer, en un muelle donde rompían las olas, salpicada de espuma y tomando a la fuerza bocanadas de aire fresco, porque la brisa marina, nos decía hasta el cansancio mi papá –que no podía olvidar los tres meses que pasó en un sanatorio curándose una tuberculosis– es buena para sacar las flemas y quitarse la gripe.

A las playas de Aragua, según las fotografías, íbamos subidas a un Land Rover con techo de lona, que yo presumo verde. En otros carros, cual convoy, nos acompañaban familias amigas de mis papás. En total, éramos como doce o catorce personas, entre niños y adultos, que al llegar a la costa armábamos carpas y masticábamos pan con diablito y arena, mientras esperábamos a que se cociera un sancocho o un hervido de pescado. Eran excursiones en cambote que hacíamos en días festivos, y como todo cambote y toda fiesta traía mucha gente y mucho ruido.

Para ir al litoral central, en cambio, no necesitábamos de comparsa ni de séquito. Tampoco esgrimir la excusa del feriado o la vacación corta que no gastábamos en la casa de mi abuela. A La Guaira íbamos casi que a cada rato, gracias a la ocupación de mi papá. Él, como aforador del Instituto Nacional de Obras Sanitarias –el INOS–, en su sempiterno carrito Skoda debía recorrer a diario los dominios de ese territorio que hoy ostenta jerarquía de estado –estado Vargas–, pero que entonces, como ahora, no era –ni es– más que una angosta franja de tierra, al centro norte del país, entre el cerro Ávila y el mar Caribe.

El INOS había sido creado en 1943 durante el mandato de Isaías Medina Angarita, para llevar adelante la construcción de acueductos y embalses en las principales ciudades del país. Para eso, el instituto debía contar con estudios hidrológicos y estaciones hidrométricas que arrojaran luces sobre el mejor aprovechamiento de las aguas. ¿Cuánta agua hay por aquí? ¿Qué cantidad lleva este afluente? ¿A cuánto sube una creciente? Como empleado del INOS mi papá tenía a su cargo las estaciones hidrológicas del litoral central, y su tarea más importante era medir y calcular la cantidad y velocidad de los cauces de los ríos. Entró a trabajar a principios de la década de los cincuenta, cuando apenas tenía 19 años y –estoy segura– le era imposible distinguir entre hidrogogía –arte de canalizar las aguas– e hidrología –parte de las ciencias que trata de las aguas–. En su primer mes de trabajo lo encerraron en un cuarto para que aprendiera hasta el más mínimo detalle de un oficio que parecía sencillo, pero que en realidad era minucioso y delicado porque significaba supervisar más de quince estaciones y analizar los ciclos del agua de los veinte afluentes del territorio que va desde Carayaca, en el oeste, hasta Chuspa, en el este. A lo largo de toda mi niñez –cuando mi padre nos arrastraba con él a los predios guaireños–, era usual verlo en el medio de un río, con el agua en las corvas, gritando a viva voz las medidas que arrojaba una hélice hundida en la torrentera de agua dulce. Esas marcas lanzadas al viento, que alguien –un asistente o mi mamá que fungía de asistente– consignaba en un cuaderno, junto con los que después se recogían del *limnígrafo* (un tambor que daba vueltas, mientras en la cinta de papel que lo envolvía se registraban los niveles del río), eran los números que, de noche en la casa, mi papá procesaba ayudado por una calculadora mecánica que accionaba dando vueltas a una manigueta: hacia delante, sumaba; hacia atrás, restaba; hacia delante y hacia atrás, multiplicaba.

Toda esa información que se asentaba en unas libretas inmensas debía servir a los ingenieros para hacer estudios y calcular crecientes, proyectar embalses y presas, levantar puentes, diseñar drenajes, trazar carreteras y llevar agua a las poblaciones. Cuando era niña, jamás pasó por mi cabeza la importancia de medir los niveles del agua y calcular la velocidad que llevaba una corriente. Ni falta me hacía. Al igual que el resto de mi familia nuclear, me limitaba a seguir a mi padre de estación en estación y de río en río, aprovechando el caudal dulce mientras aguardaba a que llegara la preciosa hora de bañarme en agua salada y hundir los pies en la arena, recoger caracoles, comer uva de playa, lanzar anzuelos cogidos de hilos de *nylon* y hacer gárgaras de caldo salobre. Así fue como conocí el mar y me presentaron a la mayoría de las playas y de los pueblos de esa costa estrecha, plagada de uveros. Chichiriviche de la Costa, Oricao, Catia La Mar, Maiquetía, Punta de Mulatos, Macuto, Caraballeda, Tanaguarena, Naiguatá, Camurí, Anare, Los Caracas, Osma, Oritapo, Todasana, La Sabana, Caruao, Chuspa. Porque entre río y río había mucho mar. Mucho aire marino que respirar. Mucha sensación que acumular.

El mar de La Guaira, al contrario del que se puede encontrar en Morrocoy, Mochima o en el archipiélago de Los Roques, no es un mar dócil. Menos, un mar transparente. Quizá para mucha gente no tenga encanto; sin embargo, para mí detenta cierta belleza, blande cierto portento. Despliega cierta magia. Al bajar de Caracas, al término del primer túnel de la autopista –el Boquerón I–, se divisa a lo lejos como una pequeña mancha gris, por la calina y la distancia. Luego, cuando se atraviesa el Boquerón II, llega primero su fragancia –ese olor salitroso y penetrante que se pega al cuerpo y al alma– y enseguida viene su estampa: imponente, majestuosa, infinita. De un azul intenso, es un mar abierto, bravo, de lecho profundo y superficie ondulada que se rompe en ruidosas y hermosas olas, a orillas de la carretera que corre solitaria al pie de la montaña, entre Tanaguarena y Naiguatá. Ese es el mar que más me gusta.

Acompañando a mi papá, que estudiaba el cauce de unos ríos, conocí y aprendí a querer ese mar salvaje que se encuentra a veinte kilómetros de Caracas. Aprendí a temerle y a respetarle, aprendí también a comprender que, más allá de lo que dictan los libros de texto, yo provengo de un país caribeño. Caribeño, no por las tribus precolombinas (aunque también) sino por el mar que baña nuestras costas y tiñe nuestro carácter con la misma fuerza con la que hace más de cuarenta años arrugaba los dedos de mis manos y de mis pies después de cuatro o cinco horas bañándome en sus aguas.

Vi el mar por primera vez antes de aprender a caminar. Mi relación con él fue natural y espontánea, pero nunca tan natural, espontánea y directa como la conexión que con él han establecido Pastor Silva y Francisco Villarroel, dos pescadores de Isla de Coche que me prestaron sus vidas para contarlas.

Los conocí debido a esas extraordinarias y asombrosas redes que se tejen por camaradería y afecto. Me los presentó el amigo de un amigo de una amiga. Fernando –el amigo de mi amiga–, durante un par de años había estado trabajando en un programa de la Unión Europea que prestaba asesoría técnica a pescadores artesanales en algunos países de América Latina, y que en Venezuela se desarrollaba –no sé si sigue desarrollándose– en el estado Nueva Esparta. En el tiempo que él estuvo al tanto del proyecto, trabó amistad con muchos lugareños, y entre ellos me habló en particular de Pastor y de Francisco. «Uno de los dos podría dar con lo que estás buscando», me dijo, y acto seguido, me puso en contacto con un amigo suyo que, para aquel momento –abril de 1999–, trabajaba para la iniciativa europea en Coche, una de las tres islas que conforman el estado Nueva Esparta.

La idea inicial era tomar el testimonio de uno solo, pero antes había
que sondearlos para ver quién de los dos estaba de acuerdo. Juan Andrés
–el amigo de Fernando– les planteó a ambos el asunto, y ambos –con el
corazón igual de abierto que el mar que contemplan todas las mañanas–
aceptaron hablar conmigo. ¿Qué podía hacer? ¿Cómo escoger? ¿Con qué
criterio? Terminé escuchándolos a los dos.

El texto que viene ahora trata de Pastor y Francisco, dos seres que
nacieron en la primera mitad del siglo XX en una misma porción de tierra
en medio del mar Caribe: un promontorio de solo once kilómetros de largo
por tres kilómetros de ancho al noreste de la *costa firme* –como llaman al
continente que comienza en Cumaná–. Tiempo y espacio le son comunes, así como el oficio con que se han ganado la vida; sin embargo, hasta
allí parece que llegan las semejanzas. Pastor Silva y Francisco Villarroel
tienen cuentos, temperamentos y caparazones diferentes. Uno es blanco;
otro, moreno. Uno, alto; el otro, bajo. Creo que uno es magallanero y el
otro, caraquista.

SECRETOS DEL MAR DE ORIENTE

El mar es una especie de eternidad. Cuando yo era niño, él golpeaba y golpeaba, pero también golpeaba cuando era niño mi abuelo, cuando era niño el abuelo de mi abuelo.

MARIO BENEDETTI, *La tregua*

Todo el mundo tiene su secreto, dice Pastor Silva apoyando la mano en la ventanilla del carro que está parado frente a su puerta. El carro viene de San Pedro –el primer pueblo– y va hacia El Guamache –el último– pero se detiene un momento en El Amparo porque lleva un mensaje a Pastor: mañana vendrán por él, para oír sus confidencias. Pastor es un hombre de rostro agradable y mirada lechosa, que habla como si cantara, restando importancia a la prisa del mensajero y al sol de mediodía: *Uno puede tener varios secretos, sí, y a lo mejor los dice, pero siempre se queda con algo. Se dice uno pero queda otro; cuenta uno, pero no los cuenta todos. La vida es así. Siempre queda uno, queda uno, queda uno... Queda el más superior por dentro.*

Pastor recoge con la lengua el punto de saliva que retienen sus labios. Fija la vista en un paraje lejano, por encima de la iglesia que está cerca. Da por terminada su charla. Sube a la acera y se despide con la mano.

El automóvil sigue camino hasta la casa de Francisco Villarroel, una casa larga que, a diferencia de la de Pastor, no se encuentra al borde de la carretera sino en el recodo de una callejuela improvisada. Francisco espera en el porche. Él tampoco tiene apremio. Mientras aguarda, sus manos pequeñas, callosas y fuertes se entretienen con el tejido plástico de la silla en donde está sentado. Tiene la camisa abierta, la frente despejada, los ojos brillantes, las oraciones cortas y cuando abre la boca hay que adivinar lo que quiere decir: *Secreto así–así tan íntimo, no tengo... No, que yo sepa.*

Pastor y Francisco son familia, como lo son todos en una isla que después de quinientos años de vida conocida no llega a los diez mil habitantes. Fuera de ese remoto parentesco, no tienen más cosas en común. A no ser por el mar que los rodea y la luz blanca que diariamente se levanta por encima de ese mar que les da sustento. Uno vive en El Amparo y otro en El Guamache. Uno es delgado, espigado y desteñido y otro es gordo, retaco y moreno. Uno posee la gracia para contar su historia y otro cuenta con el silencio roto por palabras que suenan a piedras en el fondo de una lata. Uno no se cansa de almacenar recuerdos tristes en su cabeza y el otro no alcanza a recordar alguno. Pastor siempre tiene un secreto guardado y Francisco, en cambio, ni siquiera guarda su dinero en el banco: ¡¿*Para qué*?!

2

La historia que no se sabe sino que se intuye dice que esa isla es el residuo de un sistema antiguo. Una montaña que salió en el mar. Una roca emergida que con los siglos se fue llenando de piedritas traídas por el viento, hasta llegar a montar un escenario sereno y dibujar un paisaje que habla de épocas remotas. Así debió ser el mundo mucho antes de que hubiese gente: tierras bajas de color ocre, lomas suaves de tonos rojos y acantilados blancos y cobrizos al margen de unas costas que a veces son de piedra y a veces de arena menuda.

Allí no conocen tormentas, huracanes o tiempos borrascosos. Saben, sí, de la brisa constante que sopla de este a oeste moviendo las aguas frías, batiendo los cabellos y moldeando hasta la mansedumbre el carácter de las personas. Saben —además— de claridad, porque en el cielo hay siempre un sol luminoso, y si la brisa lo permite, hay también motas de nubes blancas. Jamás motas grises, menos motas negras de esas que se abren en agua dulce y alimentan ríos, llenan pozos y forman charcos. En esa isla no hay ríos, tampoco llueve. Las lluvias solo se acercan de vez en cuando como para hacer una visita, y cuando eso sucede, cuando la lluvia se acerca a saludar, el suelo —agradecido— se cubre de una pelusa verde, los árboles de guamache se colorean y los chivos saltan sobre las tunas que han parido flores amarillas.

La calma lo envuelve todo, disuelve los ánimos más confusos y los sentimientos más enfrentados. Así es desde que la historia comenzó a ser escrita y los primeros hombres de esa historia desembarcaron en sus playas. Y así continuó siendo después del saqueo del corsario

Preston y del arrebato de la guerra de Independencia que apenas
rozó sus dunas. Desde un principio, Isla de Coche se decidió por la
vida tranquila y sosegada con la poca gente que se quedó para habi-
tarla en cinco pueblos del litoral meridional: San Pedro de Coche,
El Bichar, Güinima, El Amparo y El Guamache. Cada pueblo dedicado a un tipo de pesca diferente y cada pueblo enseñando a sus
hijos, y a los hijos de sus hijos, las artes y los secretos de su propia
pesca: a la sardina hay que asustarla con gritos para que no se salga
del cerco. De noche, si se va a pescar la lisa no se puede prender ni
un cigarro porque el pescado se espanta. Cuando hay carite cerca,
la gaviota –en el cielo– anda toda alborotada.

3

Yo me acuerdo cuando yo gateaba, ¡créame! Pastor Silva retiene intactos
los recuerdos de sus primeros pasos, aferrado a la abuela, dando tumbos
sobre el corral de tierra que era el piso de su casa. No tenía conocimiento
del lugar donde se encontraba porque no tenía conocimiento de nada,
tenía sensaciones. Dos en particular. El frío que llegaba en la madrugada
y un nudo en el estómago que le apretaba todo el día: *Yo gateaba desnudo, con una pierna bajo la nalga, y lloraba. Pero no lloraba por nada, no,
lloraba de hambre. Yo lloraba, y entonces venía la viejita –la abuela– y ponía
la pana con agua en la candela. Le echaba carbón al agua, y nos daba eso.
Como no tenía nada que darnos, nos daba eso por café.*
En las afueras de Güinima había tres o cuatro ranchos, piedras, cardón y silencio. El agua se recogía de los pozos cuando llovía, y si no llovía
lo suficiente se escurría de las tejas. La leña se conseguía caminando hacia
el norte y la comida yendo hacia el este, hacia el pueblo. Comprando fia-
do en la bodega, vendiendo un huevo de gallina por una locha, leña seca
por dos centavos y barro blanco por lo que fuera. En ese sitio, en el año
1931, nació el hijo mayor de Cecilia Silva y el único hermano por parte
de madre que tuvo Esther.

*Mi papá era de esa gente que conseguía una mujer aquí y hacía un
hijo, otra más allá y hacía otro hijo. Y no hizo una familia personal sino que
iba haciendo hijo. Él tenía muchos. Tenía uno aquí y otro más allá y otra*

más allá, y hasta los negaba porque no se daba cuenta de los hijos, sino que iba haciendo, iba haciendo, iba haciendo... Nosotros somos cuarentiocho hijos. Cuarentiocho hermanos por parte de padre. Yo soy único de mamá; ella tuvo una hembra, pero eso fue con otro, con otro más.

Pastor no fue una criatura ruidosa, más bien fue un niño ajeno y taciturno que vigilaba con ojos de agua lo que sucedía: una mujer joven y delgada salía en la mañana a buscar barro para vender; una mujer vieja permanecía cerca, encargada del agua que quedaba en el fogón, y una mujer niña jugaba con el viento. Estaba rodeado de mujeres: *La vida, a los que nacimos sin padre, era muy amarradera. Mucho, mucho, mucho... Si uno no tiene el padre al pie de uno, quién puede ser uno. Uno tiene que coger una vía mala. Yo me hice yo mismo. No tuve una persona que me iluminara, porque mi mamá era un poco ruda, un poco sufrida... Era de esa gente de antes que no tenía aquel entendimiento, y el lugar donde nosotros buscamos vivir, eso era muy solo, muy atrasado. Ahorita eso está lleno de casitas, pero antes era una parte muy lejana del pueblo, y pueblo es pueblo. En el pueblo se introduce uno más, conoce; pero allá, en el cerrito donde vivíamos, era difícil. Figúrese, que uno vino a conocer ropa como a los seis años. Yo estuve muchos años sin pantalón. Sí, sí... sin pantalón, porque con qué me lo compraban. Era que yo iba a hacer un mandao y –allá en Güinima– me decían que con lo que yo compraba la camisa, que mejor me comprara un pantalón para que no andara por la calle con toda mi perolera al aire. Me hacían mucha burla, mucha burla.*

Un día, Pastor supo quién era el hombre alto y blanco que vivía en una punta en El Bichar. Se llamaba Pedro Segundo Marval, un pescador que –según contaban– por asuntos de trabajo llegó de la Isla de Margarita. De Punta de Piedras para ser más precisos: *Yo le tenía un poco de miedo, porque era un hombre que infundía mucho respeto. Como él no me manoseó cuando pequeño, como él no vio por mí, yo le tenía mucho miedo, mucho, mucho... Yo iba allá, a su casa, cuando me convidaba la gente, cuando la cosa estaba muy mala, muy mala. Entonces iba allá, y él me daba una torta de casabe, un papelón.*

Hasta ahí lo que recibió de él. Al contrario de lo que debe ocurrir entre padres e hijos, al contrario de lo que por regla ocurre con la gente de mar. Entre pescadores –es tradición– el arte se trasmite de generación a generación, y se aprende viendo. El hijo aprende viendo al padre y el padre enseña dejándose ver por el hijo. Así es como uno aprende y el otro enseña. A reconocer los peces en el agua, a qué hora comen y a qué hora no, dónde ir a calar y cómo se cala más rápido, cuándo se tiende el tren de pesca y cuándo se debe elevar, hacia dónde va la corriente y qué dice el sol cuando destella. Viendo y dejando ver.

Como no tenía papá, yo me fui con un señor de Güinima llamado Sabino Bermúdez. Él tenía unos trenes, y nos íbamos a mensurar para allá, para las isletas que quedan frente a Píritu, en el estado Anzoátegui. Me fui pescando, pescando. Y ya de ahí me fui haciendo: viendo al señor ese, que no era mi padre, no, sino que yo me fui con él a trabajar, a ver cómo era su forma de pesca. Nos fuimos porque teníamos que buscar la vida. Me fui pescando, pescando, y en una de esas, una vez hicimos una pesca muy buena; me acuerdo yo que me quedaron dos mil y piquito de bolívares, y en aquel tiempo eso era un capitalazo. ¡Eso era un escándalo! Unos compañeros míos salieron a casarse, aprovechando la plata. Yo en ese tiempo tenía como catorce años y le di la plata mía al señor con quien trabajaba, Sabino Bermúdez, y él me dijo para poner un negocio entre los dos. Me quiso aconsejar. Pero entonces yo miraba para otro lado. Él me decía una cosa, y yo miraba pa' los bares que tenían picó. Y el hombre me decía algo, y yo miraba la gente y estaban esos picó... y miraba esos aparatos... y entonces fue que dije: «Voy a comprarme un picó».

4

Reconocer el pez en el agua es fácil si se aprendió a ver. Se conoce cuando es cabaña porque se reúne y deja una poza en el medio. La lisa vuela y es igualita al lebranche; son del mismo tamaño y los mismos colores, pero la lisa se arrisca de otro modo: saca la cola, se voltea y encrespa el agua haciendo ruido. La sardina es un espacio grandísimo, ya uno sabe por lo inmenso del cardumen: aunque sea de lejos se ve la mancha, como un lampazo. El jurel es el que va corriendo, y se banquea para un lado. Y el carite, ese pasó la ardentía y se quedó ahí, tranquilito.

La forma de pesca es distinta. Cada comunidad tiene la suya. En El Guamache se pesca al arribazón o rastrero, así: fondero, que se llama marraneado. Los de El Amparo–Güinima es con filete horcador, que se llama así: al garete. El Bichar, es la pesca de la lisa. Y San Pedro, es la pesca de la sardina, también salen así: fondero, pero más a la pesca de la sardina, más es el tiempo que ellos pasan con la sardina.

5

...dición. Dios me lo bendiga. ...dición. Dios me lo favorezca. ...dición. Dios me lo acompañe. Francisco Ramón Villarroel Silva se dirige al muelle a revisar los trabajos en un bote. Mientras camina con paso sencillo, responde a los muchachos que se atraviesan pidiéndole la bendición. Francisco es una persona respetada.

En El Guamache, como en toda la isla, la gente hace lo que le gusta y lo que le interesa. Y lo que les gusta, lo que les interesa y lo que saben hacer es pescar. El pescador es, en consecuencia, un personaje importante. Más importante si es dueño de tren, porque el dueño de tren es quien tiene más lanchas y emplea a más personas. En El Guamache hay nueve trenes de pesca. Nueve trenes que cuando se juntan pueden alcanzar dieciséis kilómetros de red y reunir a más de trescientas personas para una sola calada. Francisco Villarroel es dueño de uno de esos trenes. Es uno de los nueve caciques que hay en el pueblo. Uno de sus nueve líderes. Uno de los nueve principales, y como a uno de ellos se le distingue; pero él, entre los nueve, destaca: él se hizo solo, empezó de abajo. Él, con la ayuda de su papá.

Le puedo decir sinceramente que yo me acuerdo de toda mi niñez, dice orgulloso. Se acuerda del pueblo habitado por retama, cardón y unas cuantas casas de paredes de barro y techos de teja que se alumbraban con lámparas de kerosén. Se acuerda también de los juegos de escondite, de los recreos con metras y, sobre todo, de los baños en el mar: *Aquí, desde que uno es chirriquitico, ya sabe nadar; no es que a uno lo tiran al agua, es que se aprende por cuerpo. Cuando era muchachito, lo que más me gustaba era ir a la mar a bucear. Me tiraba a las ocho de la mañana y me sacaban en la noche. Iba a calar de noche, a calar de día. Me acuerdo que cuando mi papá se iba para la mar, yo me iba detrás de él. Me ponía a la orilla de la playa, para que él me viera y me dejara ir; en eso él me veía y me dejaba, y entonces mi mamá se peleaba con él, porque ella no quería que yo me fuera para la mar.*

Ana Victoria, trigueña y entera, prefería que su niño se quedara en tierra y fuera a la escuela; pero Ramón, buenmozo y cuadrado, decidía consentir al varón más grande de su familia: *Mi mamá tuvo dieciséis hijos, pero quedamos siete vivos. Los otros se murieron de enfermedades que daban antiguamente, porque aquí había poco médico y las criaturas se morían. Yo soy el tercero, el tercero de todos.*

Francisco Ramón nació en 1943, menos de un año después de morirse Francisco Javier, el hermano que le heredó el primer nombre y quien, tal vez, se llevó con su muerte el dolor y la tristeza que les iba a tocar a los Francisco de su especie.

Contrariando el deseo de la madre, Francisco Ramón interrumpió el primer año de clases y se fue a navegar, acompañando al padre que necesitaba marinos para arrastrar la concha perla. Se levantaba a la una y media de la mañana, y media hora después ya estaba embarcado en el pesquero en ruta a los placeres que quedaban mar afuera, más allá de Isla Caribe. Había que salir temprano porque los botes eran a vela. En los placeres pasaba todo el día, ayudando a barrer los bancos, subiendo a pulso la rastra y entresacando las conchas: la concha grande iba llenando los sacos y la concha pequeña se devolvía al agua. A las tres de la tarde regresaba. Tenía los dedos rotos, estaba cansado y sudoroso pero contento por el arrastre que se vaciaba en la costa. Eran quince, veinte o treinta sacos que luego *esjullaban* las mujeres de la familia. Ese era el oficio de ellas. Porque el hombre, desde pequeño, va para el mar y la mujer, desde niña, se queda en tierra.

El primer grado lo saqué después, en la escuela que había aquí en El Guamache; el segundo lo estudié en Güinima; el tercero en El Bichar y el cuarto en San Pedro. Yo y otro compañero mío salíamos de aquí a las seis y media. Yo llevaba en el hombro una cajeta con arepas, porque mi mamá molía maíz y vendía arepas. Ella vendía aquí en El Guamache, y yo me llevaba el resto: pasaba por El Amparo y lo que me quedaba se lo llevaba a mi abuela en Güinima, para que ella lo terminara de vender. De ahí, salía corriendo y en un tirito llegaba a la escuela. Estudié hasta el cuarto de primaria, porque mi papá lo que ganaba eran veinte bolívares en un bote enyelador y yo no tenía posibilidad de seguir.

Francisco se perdió el colegio, pero dejó que lo ganara el mar. Se puso a seguir la estela del padre y aprendió. A lanzar las redes. A contener la respiración y desenredar el filete que se aferraba a las piedras. A manejar la rastra con que se sacaban las pepitonas que quedaban en Cubagua, después de que se acabaron las perlas: *¿No ha oído decir que Cubagua fue la primera capital de Venezuela?... Eso fue por las perlas... Allí llegaron los españoles y comenzaron con lo de la esclavitud... Después Cubagua se hundió. ¿No fue esa la primera parte a donde llegó Cristóbal Colón?*

6

Hace cuatrocientos cincuenta y ocho años, en la víspera de Navidad, del oeste vino un tiempo tan fuerte que cuando se fue se llevó consigo la ciudad. La primera que hubo. Cómo habrá sido ese tiempo para que el cielo se abriera. Nunca antes se había visto algo así y nunca después se volvió a ver. Esa noche, el agua que bajó fue toda. Hombres, mujeres y niños huyeron despavoridos. Se llevaron a la Virgen, y no volvieron las cabezas para ver lo que se quedaba. No quisieron saber más nada. Ni pensaron en regresar. Solo después, cuando ya todo había pasado, se atrevieron a recordar.

Todo comenzó, dice el cuento, cuando América aún no era América sino mundo por descubrir.

En agosto de 1498, cuando don Cristóbal, el almirante, se encontró con Paria y la llamó Tierra de Gracia, se encontró también con perlas grandes como unas bolondronas que adornaban los cuerpos de las mujeres. Preguntó entonces, por señas, y por señas le respondieron que las ostras se pescaban detrás de esa tierra que acababa de encontrar. El almirante prosiguió rumbo al oeste, bordeando la costa, y al amanecer del día 15 avistó por primera vez la isla plana y desierta que los guaiqueríes llamaban Cuagua y que los españoles bautizaron Isla Rica.

A la Corte llevaron una perla inmensa para Isabel la Católica, y la leyenda comenzó a tejerse.

Corrieron los relatos sobre indias hermosas que enrollaban cuello y brazos con sartales finísimos, y arriesgados nativos que buceaban cinco brazas hasta llegar a los hoyos donde murmuraban las madreperlas.

Los placeres más grandes —se supo— crecían al oriente de la isla y al frente de ellos, en la cabecera de una playa, se arrancharon los primeros pobladores.

Muy pronto no alcanzaron los indígenas de la Margarita, la isla cercana, ni los que se compraban en tierra firme. Hubo que traer lucayos de las Bahamas y naturales de la Guinea. La ranchería se fue convirtiendo en asentamiento, el asentamiento en villa, la villa en ciudad. Una ciudad —Nueva Cádiz— que tuvo alcalde, cabildo, aduana, iglesia y monasterio. Tuvo asimismo edificio de dos pisos,

plaza, calles y azoteas. Faena de día y jolgorio de noche. Y así durante más de treinta años, años en que se habló de bonanza.
Después vinieron los años tristes. Los años muertos. Los años en que ningún esclavo logró sacar perla buena.
Y entonces sobrevino la noche oscura, la noche que trajo la tempestad. Fue en la Navidad de 1541 que desapareció la ciudad. La primera.

7

A uno no le vale consejo, ¡nada! A uno lo que le vale es la experiencia. Pastor Silva se mesa los cabellos blancos. Hurga en el pasado. El pensamiento lo tiene fijo en una choza de cartón en El Amparo y en un lote de tierra colorada. Allí no hay árboles, hay un montón de cabezas apelmazadas y mucha música. Toda la música que sale de discos comprados en Margarita: *Yo perdí todo mi tiempo, todito. No aproveché nada, nada. Me gané unos centavos, y el señor aquel, Sabino Bermúdez, me aconsejó bien, pero yo no hice caso. Compré el picó... y ahí, sí es verdad, ahí me vine abajo.*
Pastor recuerda. Pero no recuerda la mirada que tenía en esa época. Si se hubiese visto. En aquellos días –los de su mocedad–, tuvo los ojos alegres y la cara radiante. Daba gusto verlo. Casi flotando de gozo, con el cuerpo cimbreado iba de aquí para allá. A comprar por cuotas la nevera de kerosén, levantar las cuatro tablas del tarantín, escoger las canciones colombianas para el picó. Corriendo. Soñando. Pronto se regó por todos lados la buena nueva: en El Amparo se estaba montando un bar.

Aquí venía mucha gente, mucha, mucha, mucha. Toda la semana vivía eso lleno. Venía la gente grande de Coche, toda esa crema de San Pedro: maestros, doctores. Mucha gente de esa se enamoró aquí. Ellos venían a parrandear, pero más que nada venían porque atendía yo. Aquí llegaba una persona y, ahí mismo, yo salía para dentro a buscar algo para ponerle en la mano. Eso era chivo, eso era sancocho, mataba una gallina, mataba dos. Y mientras más, más venían. Y bailaban. Como en esos días se pagaba una locha por pieza, todas esas mujeres de Güinima venían. Era que se mataban por bailar. ¡Mi madre!, aquí todo el mundo bailaba cuando había ese picó, porque la músi-

ca del picó era muy distinta a la música de ahora; era una música rumbosa,
que tenía pimienta...

Todavía estaba por aprender a ser hombre y ya estaba lidiando
conversaciones de mayores, ofreciendo tragos e intercediendo en amores
que se rociaban de alcohol. Se sabía los cuentos, las caras y las voces de
todos. Reconocía al recién llegado que compraba las últimas perlas que
arrastraban en Cubagua, al dueño del bote cava *(el bote enyelador)* que se
llevaba la carga del corocoro y al maestro que estaba dando clases en la
escuela de El Bichar. Amigo de cada uno, recibía y atendía. Celebraba.
Las horas de sus días, todas, giraban en torno al establecimiento, siempre
en ebullición, que había levantado al lado del rancho que entonces era
su casa y en torno al tocadiscos –el *pickup*– que había comprado con el
capital de una buena pesca. En eso se gastó la juventud.

Llegaba gente de todas partes. Mucha, mucha, mucha... Y como yo
no sabía en dónde estaba metido, compraba esto, compraba lo otro y así iba.
Imagínese que de repente yo me doy cuenta que estaba gastando y gastando,
y ganando menos. Llegaba la gente y eso era echar para afuera, echar para
afuera. Y yo sin gozar nada. Sin recibir un medio... Ahí es cuando vengo a
caer: me veo con la cartera llena de cuentas y las botellas vacías. Entonces me
puse a cobrar en todo el estado. Eran cuatro y cinco cobros diarios. Y la cara
se me iba a caer de vergüenza. ¡Pero yo me iba a morir de hambre!, porque no
había quien me pagara. Tuve que volverme otra vez para la mar. Después de
once años, tuve que embarcar en esos botes de vela que navegaban a La Guaira
para vender pescado. Tuve que hacerlo para pagar lo que debía. Ahora ¿cómo
podía tener yo las manos para hacer ese trabajo tan estricto? ¿Cómo podía yo
hacer eso? Si es que yo tenía once años sin mojarme los pies en agua salada...

8

Los botes eran de vela, porque antes no había motor, se navegaba
a puro viento. Saliendo de aquí a virar por Isla de Lobos, entonces más
o menos se remontaba la cabecera, y ahí se bordesea otra vez hasta Isla
Caribe y así se iba: bordeseando, bordeseando. Por el borde. Por la costa.
Los botes que había eran: tres puños, piragua, ojereta... La ojereta es más

con una vela. La piragua es chiquita y tiene dos velas. El tres puños tiene dos velas también, pero la vela del tres puños es más amplia, más ancha.

9

«*¡Francisco! Levante la cabeza que los hombres caminan con la frente en alto*», dijo el abuelo Eleuterio la tarde en que lo sorprendió caminando cabizbajo y con los hombros encogidos. El pequeño avanzaba ensimismado dándole patadas a las piedras y el viejo, severo e influyente, se le paró a un lado; Francisco alzó el rostro, se vio en los ojos del anciano y el instante se le quedó grabado en la memoria: *Yo, hoy, todavía le digo a mis hijos que ellos pueden caminar –por la parte que sea– con la frente bien alta. A ellos nadie los va a señalar con un dedo por mi culpa, porque lo que yo he hecho en esta vida es trabajar. Por eso es que le digo a ellos que trabajen, que trabajen y respeten a los demás, como me enseñaron a mí.*

Entre Zulica y El Coco –los lugares en donde transcurrió su adolescencia–, Francisco aprendió que la pesca encierra un modo de vida. Tiene su espacio, su hora y su filosofía. En Zulica, rincón escarpado y solitario al norte de El Guamache, su familia instaló el hogar, y en El Coco, playa oceánica en donde hay cerros con formas de gente, él se estableció con los amigos: *Ahí pasé toda mi juventud, echando nasa, echando filete, arponeando, buceando.*

Se levantaba oyendo las olas chocar contra las rocas rojas de la orilla, y sin ningún resto de sueño, se dirigía al bote para iniciar la tarea que sus antepasados hicieron en su momento. Al principio iba a arrastrar la pepitona, al norte del Morro de Chacopata. Después siguió la trampa de nasa, en las aguas de El Coco. Más tarde se puso a trabajar con el filete fondero, para atrapar el jurel y la cabaña por los lados de Margarita. Pescaba todos los días. Se guardaba algún domingo y la época de Navidad.

Nosotros nos reuníamos en la casa del abuelo mío, aquí en El Guamache. De muchachos, casi todas las tardecitas, nos sentábamos cerca de una pilita de nasa que había ahí. Yo, el compadre Chellito, el primo Asnaldo, el hermano Antonio. Una pandillita. Nos poníamos a echar chistes de Tío Conejo y Tío Gato. Cada uno echaba el suyo. Y había veces que uno cogía y se iba para esas playas de El Coco; ahí estábamos nosotros, nosotros solos nada más. Nos

poníamos a correr, a jugar pelota, a recoger la concha 'e coco que se venía de
Cumaná. El Coco, eso es de los paisajes más bonitos que tiene esto.

Andaba por los veinte años cuando se hizo de su primera novia. Una
joven de El Guamache que se llamaba Juana López. Fue un noviazgo normal que terminó por aburrimiento y por una risa blanca que se metió por
el medio. La risa era la de Eudelia Tormes, una moza con ojos veteados y
falda mojada. Francisco, de veintidós años, iba para su casa. Eudelia, con
diecisiete, regresaba de buscar agua en el tanque de Zulica. Se encontraron en el camino. Él no lucía la frente rayada ni la barriga de ahora, pero
sí los ojos claros y su habitual transparencia.

*Yo estaba enamorado de otra, de otra más que estaba por aquí. Tuvimos
como dos años de amores y después me dejé. Yo me dejé porque para enamorarse y andar perdiendo el tiempo, mejor es romper... En ese tiempo había
llegado la tubería de agua a Zulica, y ahí conocí a Eudelia. Ella iba para
allá a buscar agua... Comenzamos a hablar y a vernos. Yo me venía todas
las tardes para acá, para el pueblo, y en la nochecita me devolvía para allá,
para Zulica. Ya estábamos acostumbrados a hablar y una vez, no nos dimos
cuenta, a ella se le hizo tarde. Cuando fuimos a ver, dieron las ocho y pico de
la noche. Y a esa hora ella no podía regresar a su casa porque le iban a pegar.
Entonces, ella se fue conmigo.*

10

La nasa es otro implemento de pesca. Es una trampa, ancha aquí y
reducida la boca allá adentro, así que el pez que entra ya no se puede salir.
Eso, por lo menos, se zumba hoy y se deja por tres o cuatro días, y después
se va a recoger. Con la nasa se agarra el pargo, el guanapo, el corocoro, el
cherechere, la langosta.

11

Yo me conseguí a Justa como a los veintiséis años. Pastor conversa y,
en el fondo de su casa, una mujer amarillo tierra se dispone a colar café.

En silencio, la mujer había puesto a hervir el agua, y en silencio está, en ese momento, echando el polvo marrón en el colador. Pastor, afuera, en la sala, sigue conversando. Continúa con el murmullo de su plática: *Novias no, no tuve. Yo no aproveché nada de mi juventud. Nada, nada, nada. Yo llegaba en esos botes, llegaba de marinero, de como fuera, y yo no salía para tierra. Me convidaba la gente, y yo no salía del bote, no; siempre estaba ahí, siempre me quedaba. Yo no tengo qué contar de mujeres malas ni de botiquín, no puedo decir nada de eso, porque no lo conozco. Aquí había mujeres, sí, sí había. Al bar llegaban muchachas. Muchachas buenas, muchachas de categoría: maestras y esas cosas, pero yo más bien como que les tenía miedo, les tenía respeto. Era muy tímido.*

La mujer amarillo tierra trae la taza con la infusión y se sienta a un lado a escuchar. Aquellos también fueron sus años mozos. Mientras duraba la cosecha, un río de personas llegaba a la playa a buscar la perla. La jornada empezaba –en punto– al levantar el sol. El río humano se juntaba en ranchos alrededor de los sacos de concha que habían pescado el día anterior. Sin pronunciar palabra cada quien se aprestaba a abrir almejas y a buscar con los dedos en sus entrañas. Abrían tres, cuatro, cinco y seis mil caparazones.

Yo la conocí por aquí. Esa mujer se la pasaba por ahí, trabajando, abriendo concha. Esa clase de gente también pasó las mil y una: lo pasaron en la mar, mojados. En esas islas, con esos soles… sacando perlas. El papá de ella se la llevaba a Isla de Lobos, Isla Caribe, Isla de Cubagua. Iba aquí, iba allá, iba allá. Yo la conocí cuando venía a trabajar, cuando esjullaba concha y nos mirábamos mucho. Pero ella no gustaba de mí, no. Yo hice mucho, hice mucho porque ella no gustaba de mí. A ella lo que le gustaba era bailar. Bailaba mucho, mucho… Antes, uno casi nunca se fijaba, sino que se enamoraba así: como loco. Ella bailaba y bailaba, y me gustó. De repente. Pero yo no bailé con ella, no. No señor. Yo no bailé con Justa porque ya a mí me había pasado que, en una fiesta, una vez saqué una mujer a bailar y la mujer no quiso bailar conmigo. Me dijo que no. Entonces dije: «Más nunca bailo». Y por eso fue que yo no bailé con ella. Con Justa.

Justa era una mujer delgada que todavía no sabía lo que eran ojos tristes. Durante tres meses –de enero a marzo– se afanaba con el cuchillo y las ostras, y el resto del año buscaba leña, salaba pescado, cargaba agua. Hacía cualquier cosa siguiendo al padre y a la madre. Si ellos estaban en

Güinima, ella y los cinco hermanos se iban para Güinima. Si el papá y la mamá se iban para El Amparo, todos estaban en El Amparo. Si tocaba navegar hasta Cubagua, para allá irían.

Tuvimos muchos problemas porque el papá de ella era muy tremendo, muy tremendo. Era de esa gente brutona, que no le entraba nada. Ella se vino como dos o tres veces conmigo, y venía el papá y se la llevaba. Hasta me la quitaron y se la llevaron para Cubagua, huyendo... Bregamos mucho para irla a buscar de vuelta. Un día ella se salía y se venía conmigo, pero un día decía que no, que le daba miedo. Me quisieron casar, pero yo no quise porque estaba muy escuálido, no tenía trabajo; entonces ellos, la familia, me propusieron la ropa de un hermano de ella para casarme, pero yo le dije que no. Me propusieron que me iban a mandar para el servicio militar, pero como yo era único hijo y allá había una ley que decía que el único hijo no podía hacer el servicio, ¡no pudieron mandarme!... Y así el tiempo fue pasando y fue pasando, y nos pusimos a vivir. No me casé, no, nos pusimos a vivir. Pero después, cuando ya habían nacido como seis muchachos y yo estaba en campaña por Güiria, ella se casó con el doctor Marval. O sea: el doctor Marval se casó por mí. Yo no sé cómo fue que él hizo, pero cuando yo vine de allá me dijeron: «Mira, que estás casado». «¿Y qué fue? ¡¿qué pasó?!». «Fue por poder: el doctor se casó por ti. El doctor José Francisco Marval».

12

Todos lo conocían a él y él conocía a todos. Iba por los pueblos con un caminar de pasos largos que solo podían tener aquellos que venían de lejos. Era un caminar de gente importante. No era una persona grande, pero tampoco se podía decir que era pequeña; más bien se diría que era un hombre que tenía presencia. Eso era: un tipo con categoría. De ojos grandes, mirada roja y voz acoplada para el canto. Nunca salía a la calle sin paltó; tenía un paltó marrón que se colgaba en los hombros al poner los pies fuera de su casa. No importaba que fuesen las cinco de la tarde o las once de la mañana. Encima de la camisa blanca siempre llevaba el saco marrón y con él iba a hacer su recorrido: las visitas diarias antes de entrar en la medicatura a pasar revista a los enfermos.

Había llegado a mediados de los años cuarenta proveniente de la isla grande donde dejó mujer y familia; pero se enamoró en la isla pequeña y decidió quedarse, montar casa, tener hijos y casar a los amigos. Amaba la brisa constante, el sonido del cuatro y la mandolina, las tertulias a la puerta de Adón Losada, los cuentos de Eladio, los versos de Rafael González a la lancha *Nueva Esparta*, las diversiones de fin de año y la gente mansa que regresaba del mar *trayendo el pez de forma muy bonita que rompe los anzuelos y revienta los guarales.*
Hace varios años que murió. Reposa al pie de un cerro de piedras rojas, en el cementerio de otra isla. En la más grande.

13

La lancha *Nueva Esparta* era la que fiscalizaba la zona. Ese era su nombre de ella: *Nueva Esparta*, por el estado. No hay ninguna embarcación que no tenga nombre. Todas tienen que tenerlo.

14

La esposa mía tenía diecisiete años cuando me la llevé para Zulica. Francisco Villarroel se pasa una mano por la cara. Sus manos son firmes y curtidas, quizá no tan firmes ni tan curtidas como las que acariciaron a Eudelia la primera madrugada en que durmieron juntos. Pero son las mismas manos. Y es el mismo Francisco. El hombre llano, franco y directo que ahora se seca el sudor que le moja la cara y los pelos blancos del pecho: *Ella se fue conmigo… y como a los tres días nos casamos.*
Enamorarse, por norma, no es un asunto que se decida o que se presente de un momento a otro. Es una extraña atracción que va creciendo poco a poco. Una misteriosa inclinación hacia otra persona que se manifiesta en una repentina necesidad por encontrarla y contemplarla, una ansiedad por tocarla y, al final, en un deseo de poseerla. Por lo general eso es lo que ocurre cuando alguien se enamora, pero también, por cosas que pasan en la vida, puede ocurrir de otra forma y el amor se presenta de improviso. Francisco no sabe describir lo que sintió por la adolescente con quien se casó en 1965. No sabe explicar con palabras lo que siente desde hace mucho. Solo se ríe,

y cuando lo hace parece un niño travieso. Un niño que está mudando un diente: *Lo que más me gustó de ella fue su forma de ser… Siempre se ha dicho que una mujer buena, para un hombre, es su segunda madre. Porque después que se le muere la madre a uno, ella se queda como madre y como mujer.*

Eudelia supo enamorar a Francisco. Escondiéndose detrás de una sonrisa permanece a su lado desde la noche en que no quiso regresar a su casa. La vida con él no ha sido difícil, a juzgar por la risa que siempre la acompaña y por los hijos que le llenan las horas. Es esposa y madre. Madre de él y de sus hijos. De los hijos que tuvo con él y de los que él tuvo con otras.

Nos ha ido bien. Empecé a echar filete y al cabo de un tiempo conseguí un préstamo para hacer unos trenes, una máquina de argolla. Iba pagando, iba comprando. Pagando y comprando. Después la suerte me favoreció más, en la pesca de jureles más que todo, y ahora tenemos un tren jurelero… Una máquina más grande, unas lanchas… He podido mantener a mi familia hasta la fecha. Hijos, hay dieciséis. Son ocho y ocho. Ocho hembras y ocho varones. Mi esposa tuvo catorce, y tuve uno por allá y otro por allá. Uno de ellos vive aquí desde chiquitico. Se crio con los demás hermanos, y es como otro hijo más para mi esposa; y la mamá de él viene y se pone a conversar con ella, como si fueran dos hermanas. Es que la esposa mía no es una mujer así… brava. Lo de ella es pasajero: es cuestión de unos dos o tres días, y ya está, se acabó, ya se le pasó.

15

El filete es una red que se parece a una cortina. Lo tiran en la tarde, se deja al garete y lo elevan a la medianoche o a la madrugada. También lo pueden dejar fijo, pero siempre se tiende en la tarde y se deja ahí. Se le llama filete ahorcador porque a veces algún pescado se enmalla y se queda atracado por la cabeza. Es para pescar la cabaña, la lisa y, a veces, hasta sirve para la sardina.

16

«¡Virgen del Valle!, ábreme el entendimiento», dijo Pastor la primera vez que se embarcó para La Guaira. Nunca había ido tan lejos y estaba

asustado: no alcanzaba a retener el corazón en su puesto. Las velas de lona lucían inmensas y amenazantes, mientras el barco se hundía en el agua y la espuma saltaba a cubierta ardiendo en las manos rotas y desacostumbradas a la faena en el mar. Cinco hombres se movían diestros templando los cabos y moviendo el lastre sobre la quilla. Pastor sentía que todas las voces del contramaestre eran para él: *La gente que me tocó a mí era una gente muy estricta, muy estricta. Ellos estaban acostumbrados a eso, sabían de esas maniobras, pero aquello era un modo de navegar que cuando íbamos a virar los botes, teníamos que pasar piedras de un lado para otro y maniobrar con las velas, para no voltearnos. Era muy engorroso eso. Los maestros del barco eran muy tremendos: eran de esa gente vieja de Margarita que enseñaban a trabajar, pero eran muy estrictos, muy estrictos... Cuando me embarqué, ¡ay mi madre!, yo llegué a bordo y ¡Dios mío!: que se me alumbre el pensamiento, porque no sé lo que puedo hacer.*

Navegando, sin perder de vista la costa, la travesía duraba lo que los vientos quisieran. Durmiendo en una cama que bailaba. Comiendo funche y pescado salado y tomando café endulzado con papelón. A pura vela, los barcos cava se iban cargados de pescado fresco y regresaban llenos de mercancía seca. Pastor Silva, con la brisa a su favor, fue aprendiendo las artes de la navegación pero también las de la compra y la venta. De puerto en puerto y de bote en bote.

Yo navegaba a Puerto Cabello, a La Guaira. Adonde me dieran trabajo, yo me pegaba. Llegaba a La Guaira, y si había una invasión de langosta, me ponía a escalar langosta; iba para Puerto Cabello, me ponía a mirar detrás de los barcos de guerra y hallaba esas pilas de ropa sucia botada, y yo me cargaba toda esa ropa y venía aquí, la lavaba y la vendía a cuatro bolívares cada una. Uno siempre buscaba qué hacer. Yo vi cómo se hace la pacotilla, y ahí me puse: pasé pacotilla de allá para acá. Nosotros llegábamos, y comprábamos mucho cigarro y alcoholado para venderlo por aquí. En ese tiempo, había un capitán del bote que no quería que compráramos eso porque era contrabando, pero yo, conforme llevaba de aquí para allá pacotilla, cargaba de allá para acá. Traía cigarro, la cobija, el pantalón. ¡Pura pacotilla!

Treinta y dos años estuvo Pastor navegando, y al cabo de ellos dejó atrás al muchacho temeroso que no sabía cómo mover el lastre, para dar paso al hombre temerario que se atrevía a campañas largas y destinos más lejanos. Desde Puerto Cabello a Pedernales, frecuentó habitantes de distintas playas y el rumbo de muchos mares. Compró y vendió pescado. Pescó. Comerció en todos los muelles. Aprendió lo que era la mar boba que no revienta, al norte del Promontorio de Paria, y lo que era la mar brava que esconde peces salvajes, al sur de la Isla Chimana. Conoció el mar de agua dulce que está entre Trinidad y Venezuela, y el mangle, la mata que vive en agua salada. Supo del rayo, de la neblina, de la costa cenagosa y de la furia de la corriente al llegar a Boca de Dragón, ahí donde termina la tierra.

Al llegar al final, cuando remata la costa, la corriente es fuerte y uno tiene que andar avispao para no irse al agua porque ahí lo que se va al fondo no aboya: la mar se lo lleva. Cuando uno está por esos lados, ya el refugio que queda es Güiria. De ahí, uno sale para la costa de Trinidad; se va para Mariusa, Macareo, Cocuina. Pero ahí también pega mucho tiempo; por esos lados llueve mucho, mucho, mucho. Por ahí, hay una naturaleza que yo no me explico: uno, por lo menos, está aquí con la marea llena, y cuando la marea se seca, ve morro por todas partes. ¡Lo que es la mar por ahí! La mar: conforme sube, baja. Una vez nos metimos en Cocuina, más abajo de Pedernales. Por ahí no había nada, nada, pero cuando se secó la mar, nosotros estábamos en el medio del río y por dondequiera estaba un morro. Eso estaba lleno de morros. Y si los ríos están crecidos, la cosa también es fea: salen esa cantidad de matas que parece que fueran unos barcos grandísimos, y en esas matas vienen la culebra, el macaurel. Viene de todo. Y cuando soplan vientos de aquí y soplan de allá, llega una palometa que eso es venenoso. Eso se llena todo. La palometa viene de los caños buscando en dónde pegarse: de noche, en donde ven luz, ahí se pegan y se sacuden y botan una cosa que es como un pelo de tuna que eso da fiebre, sí señor, una fiebre mala. Esa bicha trae ese ruido. ¡Uno se vuelve loco! No encuentra manera, es un desastre... ¡Peligro! ¡peligro!

17

No hay indicios de la primera noche en que apareció, pero desde hace muchísimo tiempo –tanto que ya nadie recuerda cuánto– a orillas del golfo de Paria se apagan las luces para aguardarla. Cada año, después de que entran las lluvias, en Macuro y Puerto Hie-

rro duermen entre mosquiteros. En Güiria tapan los bidones de
agua. En Irapa y Yaguaraparo montan trampas de aceite. En Capu-
re trancan con aldabas las puertas y las ventanas. Y en Pedernales
clausuran los cuatro bares. Todos le temen a la visita de la palometa
peluda.

En 1937 hizo estragos. En 1948 se introdujo en un petrolero que
después le prohibieron atracar en Boston. En 1952 la encontraron
en otro barco que llegó al puerto de Montevideo, y en 1954 se
metió por el río San Juan y llegó hasta Caripito.

Hace como cinco años se presentó en La Horqueta, y el año pasado
la vieron por Tucupita. Ni siquiera los pescadores fondeados en alta
mar se han salvado de sus ataques.

En 1996, uno de ellos estuvo un mes ciego y el otro por poco se
muere de una fiebre que le duró una semana. A los dos los había
sorprendido la embestida en una noche sin luna. Dormían en el
peñero al amparo de una bombilla blanca, cuando fueron desper-
tados por una lluvia de pelos finos que los hincaba por todos lados.
Trataron de defenderse, pero mientras más gritaban y batían con
sus cobijas, más alfileres se les clavaban: en la cabeza, en la cara, en
los brazos, en el pecho, por encima de los pantalones y por entre los
dedos de los pies descalzos.

Los encontraron inconscientes a las seis de la mañana del día siguiente. Enseguida supieron lo que había ocurrido. Siempre sucede
igual. Durante las primeras doce noches de invierno, en cuanto se
acuesta el sol, se oye un aleteo intenso que viene de los bosques tu-
pidos de mangle. Es un ruido sordo que va creciendo poco a poco.
Se aproxima. Amenaza. Desespera. No es una ni son dos. Son miles
y miles de mariposas color amarillo entristecido. Mariposas crepus-
culares. Mariposas nocturnas que salen de los manglares a buscar
pareja y se emborrachan con el resplandor de los bombillos. Revo-
lotean en grupo chocando entre sí. Tapan el cielo con su vuelo y
riegan el aire con un polvo de agujas invisibles.

Desde hace más de seis años, José Vicente las conoce. José Vicente es un profesor universitario que cada año, cuando se ave-
cindan las lluvias, viaja desde la capital hasta el golfo. Viaja para
estudiarlas. En silencio y a oscuras, a través de una ranura en la
ventana, observa su llegada. En la calle aún no han apagado los

focos: debajo de uno de ellos un hombre viejo –absorto– contempla la danza. Son trescientas o cuatrocientas mariposas alrededor de la farola, y el viejo, abajo –hipnotizado–, se baña en la pelusa misteriosa que suelta la palometa cuando vuela. El viejo no huye ni se encierra durante las primeras doce noches de lluvia. Él es el único que no sufre: a él no se le levanta la piel ni se le inyectan los ojos ni le sobrevienen vómitos.

José Vicente, al verlo, sueña. Fantasea con la hora en que no lleguen más mariposas a la plaza. Especula. Inventa. Sueña con robarle el olor a una hembra. Robárselo para saber de qué cosa está hecho, y una vez descubierto el secreto hacer un perfume con él. Para regar todo el delta. Para rociar el golfo entero con esa fragancia. Y desorientar a los machos que, desesperados, no sabrán adónde ir a parar. No lograrán descubrir a sus hembras en ese mar de perfume. No podrán encontrarlas y no podrán preñarlas.

Solo así –sueña José Vicente– se acabaría la tortura que condena al encierro justo la noche en que comienzan las lluvias. La noche en que a los pueblos del golfo llega la palometa peluda.

18

La mar, para mí, es mi forma de vida, dice Francisco y se dispone a seguir diciendo. En su mundo de oraciones cortas, el mar es lo único que se extiende. Lo único largo. Lo único para lo que parece hablar de corrido: *Es mi fuente de trabajo; de eso es de lo que yo he vivido, con eso es que he podido mantener a mis hijos, porque la mujer es la que los cría a ellos, pero uno es el que busca para los alimentos en la mar. Y de la mar, yo no he dejado lo que no he hecho en esta vida.*

Pescar es la actividad para la cual ha nacido. La pesca le sacó callos en las manos, arrugas en la frente, le oscureció la piel. A cambio, le concedió la libertad que da solo el mar inmenso y la armonía de saber convivir con él. Le dio también la tranquilidad y el reposo que se necesita para remendar los trenes, y la agitación y el entusiasmo cuando llega la hora de perseguir un cardumen de jurel. Pescando, Francisco se siente a gusto, cómodo, seguro. Porque el mar siempre le ha dado cosas buenas.

La primera lancha que compré fue Zuly del Caribe. Zuly, por Zulica. La compré como hace veinticinco años. Antes, teníamos dos botes pequeños. La mandé a hacer por cuenta mía, pero yo estaba trabajando con mi papá. Me recuerdo que ese día que la mandé a hacer, él estaba tomando aquí en El Guamache con un primo de él, padrino mío por cierto. Yo llegué, y él me dijo: «Mira, que tenemos que hacer una lancha». Entonces yo le dije: «No, ya yo mandé a hacer una por mi cuenta». «¿Y con quién la mandó a hacer?». «Con un carpintero de Güinima, Pedro Salazar». O sea: yo la mandé a hacer para todos. En aquel tiempo me costó ocho mil bolívares, sin yo poner un clavo. Esa era la lancha que más corría por aquí, pero como que le echaron mal de ojo: el motor empezó a echar lavativa. Tiene como tres años y pico parada, pero no me muero hasta que no la repare.

Entre Francisco y el mar hay un pacto antiguo, tácito. El mar seguirá dando buena pesca y Francisco regresará todos los días. O le mandará a los hijos, que son lo mismo que él. O a su hermano. O a sus sobrinos. Siempre habrá algún Villarroel que respete el acuerdo. Que siga pescando y haciendo crecer la empresa que comenzó hace cuarenta y cinco años, cuando él dejó la escuela para irse con su papá.

Lo que me gustaría, antes de morirme, es dejarles algo a mis hijos, algo ya formado para que ellos sigan trabajando. Dejarles una empresa más grande. Yo deseo tener algo más para dejarles algo más. Esa es mi meta, y que mis hijos menores estudien. Que sigan estudiando, porque, hoy, un bachiller es nada. Que estudien y agarren un título para que mañana sean alguien. Porque ahorita el que no tiene título no es nadie. A mí no me hizo falta título porque antes era otra cosa. El título que tengo es el de Patrón, pero eso es porque antes el mundo era otro. Más trabajo, pero era otro mundo.

19

El patrón de pesca es el que dice, el que manda el bote. Él dice: «Vamos para tal parte», y se va para tal parte. Él es quien sabe por dónde hay que meterse, dónde se va a ir a calar, dónde se va a buscar la pesca. Es el que sabe calcular la carga, aunque los marinos, a veces, también lo saben. Eso es costumbre, ya es por cálculo: una carga de corocoro es de

tres mil, cuatro mil kilos. Una carga de jurel es más. La carga más grande
es cuando se agarra el jurel. Ahí, pueden ser cuarenta, cincuenta mil kilos
en una sola red. Y eso lo sabe el patrón. Lo calcula.

20

Yo no me encontraba por todo esto cuando esa mujer paría. Pastor
Silva señala hacia el lugar donde estuvo sentada Justa. Por un instante
sonríe, con la boca y con la mirada, luego recompone la expresión. Se
acomoda en la silla y se rasca el brazo izquierdo. Su mente está con las
campañas largas que lo alejaban de la casa: *Hay veces que uno se iba en
los botes dos, tres meses. Navegando. Cómo iba a saber lo que pasaba por
aquí. Se dio el caso, me acuerdo yo, de que llegué de La Guaira a Puerto La
Cruz y me llamaron de tierra. Era un señor que iba de aquí para Higue-
rote, un conocido mío: «¡Compadre, venga acá! Usté sabe que la mujer le
parió ayer, y parió al muchacho muerto». «¿¿Cómo va a ser?!». «Sí, parió el
muchacho muerto...».*

Trece veces estuvo Justa embarazada, y en ninguna de ellas esperó
por el marido para soltar a la criatura. Si él estaba a su lado, bien. Si no,
qué se podía hacer. La barriga se inflaba, se desinflaba. Los niños nacían
vivos o nacían muertos. Y Pastor, entretanto, se encontraba adonde podía.
La mayoría de las veces entre las olas del mar, navegando en las embarca-
ciones de otros hasta que pudo comprar las suyas, para seguir navegando:
*Toda la vida mía fue en la mar, porque uno precisa trabajar. Yo siempre decía
que uno tenía que amarrarse para no estar después de viejo en eso. Siempre
he pensado que uno debe tener algo para sostenerse, no debe llegar a viejo y
estar atenío. No puede ser.*
El mar dio sus frutos y, de viaje en viaje, la familia siguió creciendo.
Nueve hijos en catorce años. Nueve hijos que le repitieron las facciones.
Tres hembras y seis varones que crecieron en la casa de corredores que Pastor levantó en El Amparo, en el mismo punto en donde antes estuvo su
rancho y su bar. Casa de bloques con techo de asbesto, suelo de cemento
y patio que sale a la playa, adonde llegaban los botes y adonde jugaron los
hijos y, ahora, juegan los nietos.

Yo no tengo plata, no, no tengo; pero a pesar de todo he conseguido algo. Por lo menos: después que yo sufrí porque no tenía casa, ahora nosotros tenemos esta, tenemos dos más allá y un ranchito allá en Porlamar. He salido del paso, pero yo, eso puedo decir, no le tengo amor a los centavos. Yo tengo amor al trabajo. Si uno no le tiene amor al trabajo, no está haciendo nada; porque con el trabajo —yo calculo— uno se puede ganar veinte bolívares, y por afuera puede que venga alguien y le regale un millón. Pues, más cuidado le pone uno a esos veinte bolívares que trabajó, que al millón que le dieron por fuera. Se puede gastar lo que le dan a uno, pero lo que uno ganó es muy importante. Mucho, mucho, mucho. Eso es lo que le duele a uno: lo que uno se gana con su trabajo.

De Justa, unos hijos heredaron el cuerpo enjuto y otros el paso silente. De Pastor, todos se quedaron con el apego al agua y un par de ellos con el gusto por las campañas bien largas: *Dos son los que manejan los botes ahora. Dos no más; ellos, por lo menos, agarran y se van para Güiria y tardan tres, cuatro meses por allá. Yo también hacía lo mismo. Durmiendo mojao, mojao en el mismo botecito. A la intemperie. Porque no es como esa gente de fuera que pescan por estudio. ¡No! Esos están bien cuidados, bien alimentados, bien dormidos; pero uno, uno por aquí es muy bruto, muy bruto para pescar, para trabajar. Muy bruto. No tenemos responsabilidad en la vida de uno: ahí cualquiera nos agarra dormidos, para quitarnos los motores, y nos mata. Y nadie sabe. Un vapor puede pasar por sobre de uno —ni que lo quiera Dios— y qué es: nadie sabe qué pasó. Gracias hay que dar que en esas mares no pasó nada, porque uno siempre viaja, siempre viaja...*

Pastor casi ni se dio cuenta de los años que fueron pasando. De repente, la casa se quedó sola. Nada más una hija se quedó acompañando. Los otros fueron haciendo su vida. Cada quien por su lado. Uno vive en Valencia, otro en Puerto La Cruz, dos se fueron para Porlamar, dos más se afincaron en Güinima, uno está ahí mismo en El Amparo, y a otro no lo encuentra por ningún lado.

La vida mía era navegar, y ya tengo como diez años aquí en tierra... Desde que se murió un hijo. Se murió Miguel... y ahí nos vinimos abajo. ¡Todo! se vino abajo. Vendí lancha, vendí camión, vendí, vendí. No fui más para la mar. Me quedé aquí porque ya me descontrolé. Nos descontrolamos...

21

Durante varios días no se habló más que de eso. Tan joven y se fue a quedar a la orilla de ese camino, en el lugar en donde, once años después, dos capillas sin flores se encargan de evocar lo acontecido. La gente todavía se acuerda de él aunque no se acuerde de cómo era su cara. El tiempo, que se ha encargado de borronear de la memoria las líneas de su rostro, no ha podido hacer lo mismo con la simpatía que el muchacho les inspiraba. La isla entera le tenía cariño. Lo había visto crecer y convertirse en un hombre afectuoso, que gustaba de gastar el tiempo conversando en los patios de las casas. Había nacido bajo buena estrella y hacía migas con cualquiera. Fue un domingo cuando ocurrió lo que ocurrió. Miguel llevaba dos días escondiéndosele al amigo que lo buscaba para seguir con una romería. El amigo era un comerciante venido de Margarita que se hizo de una novia en El Amparo, y todos los jueves llegaba, y todos los viernes se devolvía. Pero aquella vez fue distinta: había una fiesta de cumpleaños y quiso quedarse para la celebración. Y después continuó celebrando por su cuenta. Miguel pretendió evitarlo. Por un lado, acababa de ser nombrado prefecto –no podía dar el mal ejemplo–, y por otro, no tenía ganas de parrandear. Se escabulló lo más que pudo, hasta que en la mañana del domingo se lo encontró de frente. Fue la última vez que a Miguel lo vieron por su casa.

Se supo que estuvo en San Pedro tomando en un bar, y hasta allá se fue su padre a buscarlo, pero cuando llegó ya del hijo ni la traza, y el padre se regresó por donde mismo había ido; al llegar a su casa, se sentó en el quicio de la puerta, y en eso vio pasar un carro en el aire: no pegaba las ruedas del piso. El padre vio aquello pero no imaginó que su muchacho iba ahí adentro. En el carro que volaba. ¿Quién le iba a decir? A los cinco minutos le llegaron con la noticia de que estaba muerto. En esos cinco minutos.

22

Lo más grande de uno es su madre. Pero cuando se muere la madre, ya –por lo menos– ha vivido sesenta, setenta, ochenta años; y a la final: murió.

Murió. Pero un hijo, que está principiando, duele mucho. Duele. Un hijo que se va de repente. La verdad es que lo más grande que se le puede morir a uno es un hijo.

23

Francisco Villarroel se despide con su sonrisa de niño travieso. A Dios gracias, ha sabido conservarla junto con la frente en alto y la familia alrededor. Porque si hay una cosa que le guste tanto como el mar, es tener a sus hijos cerca. Entrando y saliendo. Llegando a cada rato.

Hasta la fecha soy feliz. Yo no me acuerdo de nada malo. He sido feliz con mis hermanos, con mi familia, con todos. Triste-triste no tengo nada. Porque a pesar de todo, necesidades nunca he pasado. Necesidades de hambre, digo...

24

En ese lugar, los árboles crecen de lado y los bares abren solo durante las fiestas patronales. Hay tres médicos, dos dentistas, dos curas que se reparten las seis iglesias, tres heladeros trinitarios que llegan todos los días en el ferry de las cinco, dos farmacias, una panadería, seis taxis para atender a los turistas de dos hoteles, ocho carros por puesto, veinte carros particulares y cientos de bicicletas que van y vienen sin cesar, sin canal de ida o de regreso, sin zonas prohibidas y sin malas palabras porque, en Isla de Coche, la calle no se hizo para los carros sino para las bicicletas y para las señoras que no quieren ensuciarse los pies con tierra cuando –en las tardes– salen al frente de sus casas a echar cuentos y a esperar que caiga la noche.

25

Pastor Silva no lo ha contado todo. En la mirada de agua se asoma un secreto. La vida le ha enseñado que, siempre, algo se queda por dentro. Puede que sea un cuento ajeno, una historia que no le pertenece. O quizá –¿será eso?– una historia propia. Una historia que por pertenecerle mucho no ha querido contar.

Yo digo el secreto que tengo cuando me llega otro, que es más grande. Y así mismo es el hombre y así mismo es la mujer... ¿Usté cree que en tanto tiempo la mujer le va a decir la verdad a uno? La mujer también tiene su secreto. La mujer es lo mismo que el hombre que tiene su secreto: cuenta uno pero no lo cuenta todo. No lo cuenta todo. Queda el más superior por dentro.

26

Cuando la luna sale, el agua sube y la mar se llena. Cuando la luna se esconde, el agua baja y la mar se seca. ¡La mar vive! Y habla también: al frente de Puerto La Cruz, en donde está la Isla Chimana, ahí, la mar conversa y parece que fuera gente. Cuando choca la mar, uno oye y se para, todo apurado: «¿Qué es? ¿Quién anda ahí?...». Es la mar. La mar habla y uno cree que es una gente.

Isla de Coche, 1999

HISTORIA MENUDA 4

Ya dije que vine al mundo pocas horas después de que mis papás regresaran de una función de cine, pero lo que no dije fue que, pese a las evidencias, durante muchos años me enfrasqué en afirmar que la película que ellos vieron esa memorable noche fue *Ahí está el detalle* en vez de *Abajo el telón*, como lo atestiguan las noticias de la época y como me lo habían contado en infinidad de ocasiones mis tíos Vittorio y Angelina, que estuvieron ese día con mis padres. Ignoro las razones de mi empeño. Desconozco si hay algo oculto –y por lo tanto enrevesado– en ese aparente error o acto de tozudez. Tal vez todo se deba a que, alguna vez, en una revisada de periódicos viejos, ese título saltó y –confundiéndose– se prendió a mi cabeza, o tal vez sea porque de las películas de Cantinflas, *Ahí está el detalle* es la que más me gusta, y la que más recuerdo.

Para mi generación, no es ningún secreto, el cine mexicano formó parte importante de nuestras vidas. Fueron incontables las cintas filmadas en los antiguos estudios Churubusco, San Ángel o Azteca que entretuvieron nuestras horas de infancia, aun cuando ya habían pasado los mejores años de esa cinematografía. En Venezuela, al final de la década del cincuenta y durante toda la del sesenta, en el centro de nuestros hogares se difundió un sinfín de aventuras con charros, luchadores, cómicos o enamorados. Fueron muchos y muy diversos los títulos que se repitieron y repitieron durante años en la televisión local. Por eso quizá la mezcolanza que ocurrió en mi cabeza. Buscando hitos importantes en mi vida, fabriqué el hecho de que mi mamá dio a luz luego de ver la que considero como la mejor película del mejor comediante de habla hispana de la época, o del siglo. Y ahí está el detalle.

Cantinflas fue un héroe de mi niñez. Como lo fueron Popeye, Supermán, Tarzán, Jim de la Selva, Renny Ottolina y –a veces muy por encima de todos ellos–, los múltiples personajes que interpretaron Jorge Negrete y Pedro Infante a lo largo de sus carreras. Porque yo amaba a Renny y quería ser una de sus chicas, me fascinaban las «comiquitas» de Popeye, las series del hombre de acero y las que protagonizaba Johnny Weissmuller, pero para mí, ningún espectáculo podía superar los cuentos que llegaban con las películas mexicanas, que me contaban historias claras (para algunos, a lo mejor sencillas), redondas, que sabían a verdad. Historias que me enganchaban y amarraban a la silla desde los primeros minutos, y que sembraron en mí el gusto por los relatos rotundos, directos, narrados sin pretensión, rebuscamientos ni falsos discursos.

A través de los ojos que me prestaron los mexicanos, conocí y aprehendí el mundo que estaba más allá de mi casa. Ni soñaba con la revolución tecnológica ni con la red de telecomunicaciones con que ahora contamos, pero ya la globalización con acento charro había tocado a mi vida ofreciéndome una mirada ecuménica de lo que me rodeaba.

Al cine hecho en México le debo la primera visión que tuve de universos diferentes al mío y mi primigenio encuentro con el mundo de la literatura –luego de mi cita con la colección de cuentos de hadas de mi tía Chela–. Muchos de los grandes clásicos los «leí» por primera vez en la pantalla del televisor, reescritos e interpretados por mexicanos. Eran versiones muy libres, muchas rayando en la parodia y casi todas aderezadas con canciones, pero que en mí surtieron el efecto de quitarle pompa a lo sagrado permitiendo que muchos años más tarde me acercara sin miedo, y casi con familiaridad, a las obras que asignaban como tarea los profesores en el liceo. *Don Quijote, La dama de las camelias, El conde de Montecristo, Romeo y Julieta, La perla, Los miserables* nunca fueron «leídos» por tanta gente y con tanto gozo como cuando contaron su trama los actores mexicanos de la época dorada de su cine.

A las historias que día tras día miraba embobada desde una poltrona en la sala de mi casa les adeudo así mismo mi afición por las canciones rancheras: oigo una melodía con trompetas, violines y guitarrón, y de manera mecánica una sonrisa se asoma a mi cara. Es verídico. Aun sin reconocer la letra de la canción, apenas escucho los compases iniciales –el arranque de trompetas, punteo de violín y rasgado de cuerdas– y un aire grato –por conocido– parece envolverme. Es una reacción instintiva, natural. Entrañable. Que me sorprende al encender la radio del carro o me visita cuando salgo a caminar «enchufada» a mi musiquito digital. Es una atmósfera tibia, suave, que –es justo reconocer– también me visitaba por las noches en Tejerías, cuando se colaban hasta mi cama las canciones de la rocola del Bar Morocopo, el bar de Esteban que después pasó a ser el bar de José Méndez.

Muchísimo tiempo antes de enterarme de que existía un conjunto inglés famosísimo que eran *Los Beatles* o de aprenderme las letras de los venezolanos *Los Supersónicos, Los Darts, Los 007* o *Los Impala*, ya cantaba de memoria las canciones que me enseñaron Pedro Infante, Miguel Aceves Mejías y Javier Solís. Mucho antes de que me dejaran ver las telenovelas con Amelia Román, Eva Moreno, Peggy Walker, Jorge Félix o Carlos Cámara, me había habituado a los rostros de Arturo de Córdova, Sara García, María Antonieta Pons, Tin–Tan y Joaquín Pardavé. Con los cientos y cientos de metros de películas que vi de pequeña, sobra decirlo, tengo una deuda grande; les debo no solo los ratos de esparcimiento: les debo una parte esencial de mi existencia y una particular visión del mundo en el que crecí.

El primer año de mi vida fue el último año de la época de oro del cine mexicano; sin embargo, eso no fue impedimento para que la cinematografía de esa tierra siguiera irrumpiendo en mi círculo íntimo.

No había puesto un pie en el llano y ni siquiera lo había visto en fotos, el día en que vi una sabana que –fingiendo ser del estado Apure– apareció en una película que había sido rodada en Veracruz, México. Era la versión de *Doña Bárbara* de Rómulo Gallegos, dirigida por Fernando de Fuentes. La misma que hizo ganar a María Félix el título de *La Doña* y la misma en donde María Elena Marques, haciendo de Marisela, cantó una canción que sonaba a música jarocha. La película se estrenó en Venezuela a finales de 1943, pero en 1944 –año en que nació Manuel Parra Parada, el primer actor del próximo relato– todavía se exhibía en unos locales del interior del país, y dos y hasta tres décadas más tarde la seguían difundiendo en los ciclos de cine de los distintos canales de televisión nacional.

Fue en esa producción en suelo y con tono veracruzano, donde oí por primera vez de los llanos y de los llaneros, y de unos ríos con nombres raros –Cinaruco, Cunaviche, Meta–.

Los llanos venezolanos son una vasta y caliente región del país que, atravesando siete estados de oeste a este, llegan a ocupar casi una tercera parte del territorio. Comienzan en el suroeste del mapa, en el estado Apure –donde se desarrolla la obra de Gallegos– y terminan en el oriente, con los límites del estado Monagas.

Manuel Parra Parada nació en Barinas, uno de esos siete estados llaneros, pero cuando tenía trece años de edad salió de su terruño para irse a estudiar bachillerato. Desde entonces y durante los siguientes treinta y dos años solo volvió a Barinas para hacer visitas. Unas más largas que otras, pero visitas al fin y al cabo.

En 1997, cuando me presentaron a Manuel, ya hacía ocho años que había regresado al llano. Y había regresado para quedarse. Yo desconocía entonces los detalles de su historia personal, pero sí sabía de su larga permanencia en el extranjero, y me intrigaba conocer sus razones. Las de su ida, pero sobre todo las de su vuelta. Desde nuestra primera charla entendí sus motivos. Su nostalgia. Manuel hunde sus raíces en la llanura venezolana, y el origen reclama. Esa es su razón, ese es su motivo. Al reencontrarse con su tierra, Manuel Parra Parada volvió a ser el llanero de siempre. Con la anécdota ingeniosa a flor de labios: *Es que ese gallo me tenía cansado: «montaba» a las gallinas, «montaba» a las patas, a las pavas, a las gansas y hasta me mató a un ovejo que estábamos criando con tetero porque la mamá lo había rechazado. Vino el gallo, y lo mató. Lo mató porque lo estaba montando, y le clavó las espuelas ¡y el ovejo era un bebé!... ¿Y qué hice yo? Pues, me comí el gallo. Me lo comí completico para ver qué se me pegaba. Ese gallo es una de las pocas cosas que me he comido en la vida sin compartir con nadie... Y no pasó nada. Nada se me pegó. Nadita.*

EL CERO ABSOLUTO

La casa de mi infancia la sueño blanca
o con colores imprevistos
Y es otra con sus muros más sólidos
donde apoyar las espaldas cansadas
ALFREDO SILVA ESTRADA, *Hacer del tiempo*

No podía creer lo que estaban viendo sus ojos. Parecía argumento de película: manejaba hacia su casa, y le llamó la atención una aglomeración de personas en una calle a esa hora de la noche. Aminoró la marcha. ¿Un allanamiento? Era evidente por el enjambre de policías que estaban sacando cosas de un local. Pero eso no era todo: las cosas que estaban sacando las había visto antes. Claro que sí. Eran suyas. Eran sus pertenencias. Las mismas que le habían robado del fundo días antes. Le volvió el alma al cuerpo. Más de diez millones de bolívares que daba por perdidos estaban ahí: enfrente de él. Un desfile de uniformados colocaba paquetes y aparatos en una camioneta con logotipo oficial. Estacionó el carro y fue a averiguar.

–*Tranquilo, pana. Mañana lo reclamas en la comandancia* –le dijo un funcionario.

Todavía está esperando. Diligencias. Llamadas por teléfono. Planillas. Declaraciones. Audiencias. Entrevistas. Solo recobró una linterna y unas sábanas.

Se desapareció todo, todo lo que yo vi montando en un camión.

Esa es la historia reciente.

Manuel Parra Parada no ha podido recuperarse de la impresión ni desembarazarse de la sensación desagradable que como una garrapata se le prendió al cuerpo, la noche en que encontró a tres de sus peones amarrados y amoratados por los golpes. Desde entonces una molestia lo acompaña, impune. Cercándolo, y convirtiéndose en una especie de masa gaseosa que rodea el espacio que había llegado a considerar su refugio: el trozo de tierra que lo vio crecer y al que volvió después de treinta y dos años de ausencia. El pedazo de terreno en donde la calma solía ser espesa.

Pero esa es la historia antigua.

2

Yo estaba en tercer grado de primaria, y alguien –no sé quién– me pintó un rolistranco de pipí en la página de atrás de mi cuaderno. Yo estoy viendo el dibujo, asombrado y preguntándome quién lo había hecho, y en eso pasa la maestra, ve la vaina, me guinda por una oreja, y manda a llamar a mi papá. Entonces viene él, y me lleva a la casa –que quedaba como a dos cuadras de la escuela–. Pero me lleva dándome una pela con el cinturón de cuero. «Y yo: Yo no fui, yo no fui, yo no fui». Al llegar a la casa me vuelve a pelar. Pero ahí me peló por embustero, porque él creía que yo le estaba diciendo mentiras. Esa es la única pela que recuerdo.

Dicen que no vale la pena comentar la infancia feliz de un ser anónimo. No tiene nada de extraordinario. Si es así, esta historia no tiene derecho a contarse. No tendría sentido, porque la niñez de Manuel –bautizado Manuel Octavio– está llena de recuerdos bonitos que lo acompañaron por medio mundo. De imágenes gratas: miel silvestre, matas de mango, piyamas hechas con sacos de harina, penachos de palmera y charcos en el patio. Un sol blanco que quemaba hasta por dentro de los pantalones. Peones comiendo en la misma mesa. Tres o cuatro hermanos varones coleando una ternera. Baños de lluvia. Noches de tempestad, contempladas encima de las piernas de la madre. Olor a bosta. Sabor a leche recién ordeñada. Infancia afortunada en la que aprendió a distinguir entre un maute y un novillo. Un caño y un río. Una mapora y un corozo.

–*Plé-plé-plé…a respirar el aire puro de la mañana* –llamaba el padre a las tres de la madrugada, meciendo las hamacas. Era la hora de despertarse.

Siempre el mismo canto a la misma hora: *Plé-plé-plé…*

Desde esa época, un reloj biológico le avisa el momento de despertar. Todavía se levanta antes que el sol, y aunque ya no tiene que abrir y cerrar el tranquero ni barrer las hojas del patio, igual abre los ojos a la misma hora. Como si tuviera que rendirle cuentas a alguien que espera a la salida del cuarto. Y cuando se despierta, mientras el resto del prójimo duerme, Manuel se pone a pensar en lo sucedido *(no me entregaron nada, se desapareció todo, todo lo que vi sacando de esa casa, todo lo que antes habían sacado de la mía)* y siente que algo le aprieta el estómago. Es una sensación extraña. Se parece al miedo, pero es un miedo muy distinto al que sentía de niño, cuando le echaban cuentos de muertos y aparecidos a la luz de una fogata. Aquel miedo –que era inmenso– se esfumaba apenas amanecía.

A pesar del trabajo duro que hacíamos, tuve una niñez superchévere. Feliz-feliz. Nosotros teníamos los mejores juguetes que había en todo esto. Nadie tenía lo que teníamos nosotros. Y todo porque mi papá, que era medio mercader, los traía de sus viajes. Él se iba a Barquisimeto a vender chimó o cochinos, y cuando regresaba no se venía vacío. Nos traía las novedades de la ciudad: la primera bicicleta que hubo en toda Barinitas era de mi hermano. Los primeros patines los tuvimos nosotros. Casi que el primer radio que hubo por aquí era el de la casa.

Lo mismo pasaba con la ropa. Cuando mi papá iba a Barquisimeto, trataba de cuadrar el viaje con un fin de semana. Aprovechaba los domingos, y se paraba a la puerta de la iglesia de San Francisco para ver cómo se vestían las mujeres y los hombres elegantes. Al otro día se compraba los vestidos, zapatos y sombreros que usaban aquellos hombres y mujeres. Y venía cargado. Con la moda del momento, para que mi mamá vendiera todo eso en Barinitas. Y así, de carambola, tanto él andaba vestido bien, como mi mamá andaba vestida bien, como nosotros.

Manuel Parra Parada es oriundo del más occidental de los estados llaneros, un territorio caldeado, cuya geografía, sin embargo, no es como la que pintan los libros de texto: un peladero marrón seco y polvoriento, en verano; una infinita sabana inundada en invierno. Barinas tiene matices. Con excepción de la estrecha franja inclinada ubicada a orillas de la cordillera andina, el estado es una superficie plana de suelo duro que no guarda piedras, pero que, en cambio, esconde agua. Toda la que viene de las montañas, y que en la estación de lluvias llena infinidad de cauces, y en la de sequía se filtra hasta la superficie para formar retazos o serpentinas verdes. Desde el avión –sea verano o sea invierno– se aprecia una vasta extensión salpicada de reses y atravesada por curvas. Son los ríos abandonados –corriendo por debajo– que no se han secado del todo, y sirven para alimentar bosques y empujar petróleo. Es el agua que baja de los Andes, y que al llegar al llano no sabe para dónde coger y se riega, buscando pendiente y pariendo caños.

Él proviene de ese dominio, aunque no nació en la tierra llana sino al pie de unas montañas azules, en la meseta de Moromoy, albergue de Barinitas, rincón fresco y tranquilo de casas blancas y neblina a las seis de la tarde. Fue el 23 de octubre de 1944, tan solo unas cuantas horas después de que ocho entidades de Venezuela por primera vez celebraran elecciones para renovar concejos municipales y legislaturas regionales. Aquel día, Barinas no entró en la ronda de los comicios, por lo que Barinitas –poblado ya de por sí aislado– estuvo muy lejos de vivir las emociones propias del debate político que se había estrenado con la administración del general Isaías Medina Angarita. Por lo tanto, el sexto hijo del matrimonio Parra Parada debutó en una atmósfera sosegada y una noche calma. Bajo un techo de tejas, al final de una callejuela empinada y empedrada –que en los días de aguacero se convertía en torrentera de aguas frías para que se bañaran los niños–. Nació en la misma casa en la que vivió hasta 1951, año en que con el resto de la familia –nueve miembros– se trasladó a la capital del estado.

Llegamos a Barinas en alpargatas y asustados. Como cochinos en un camión. Todo junto: camas, perros, loros, muchachos. Al bajarnos en la plaza, vimos a un niño que se estaba comiendo una cosa que se le chorreaba en la cara. Ni mis hermanos ni yo sabíamos qué era; mi hermana, la mayor, le preguntó: «¿Muchachito, qué estás comiendo?...». «Un helado».

La ciudad de Barinas está situada en el sitio de El Troncón, en el valle de un río. Es el último de los cuatro asientos que ha tenido desde que en 1577 fuera fundada en la Sierra de Santo Domingo, bajo el nombre de Altamira de Cáceres. Al poco tiempo de su primer establecimiento, cambió la designación española por una voz indígena que identificaba la comarca. Comenzó a llamársele Barinas (viento fuerte o árbol), y más nunca se le llamó de otra manera, aunque la ciudad entera se mudó varias veces hasta radicarse en el lugar que hoy ocupa: donde comienza la sabana.

Todos nacimos en Barinitas, pero Barinas es el arraigo.

La familia Parra Parada fijó su residencia a cincuenta metros de la plaza Bolívar, en una calle que conmemora una fecha histórica como todas

las demás calles de los alrededores. Era una vivienda con paredes de bahareque y techo de zinc clavado a varas de madera de araguato. Al frente
quedaba una farmacia, regentada por una pareja que la Junta Militar de
Gobierno había confinado en la ciudad por el delito de estar en las filas del
partido Acción Democrática. A pocas cuadras se encontraba la cárcel local,
adonde Manuel –de pequeño– llevaba comida y mensajes de aliento para
el tío Adonay, que estaba preso. También por órdenes gubernamentales, y
también por su afiliación partidista. Desde el 24 de noviembre de 1948,
cuando fue derrocado el gobierno del adeco Rómulo Gallegos, Acción
Democrática entró en la clandestinidad. Poco después lo haría el Partido
Comunista de Venezuela.

Pienso que a mi tío lo salvó el hecho de que era hermano de mi papá.
Mi papá era perezjimenista y mi tío, su único hermano, era adeco; aunque,
por supuesto, para ellos dos la familia estaba por encima de todo. Entre ambos
siempre hubo un gran cariño y, sobre todo, un gran respeto. Estando uno en
un lado y el otro en otro. Mi papá, a su vez, estaba muy allegado a los adecos:
por mi tío, y por Luis Sabino y doña María Barrios de Sabino, los dueños de
la farmacia.

Yo creo que él era perezjimenista porque era un hombre muy ordena-
do, que vigilaba porque se cumpliera la palabra empeñada y se obedecieran
las leyes. Me acuerdo que un día, cuando él era inspector de Tránsito, me
mandó a poner preso porque yo andaba manejando bicicleta sin portar el
carnet para circular. Me mandó a poner preso a mí ¡y yo tenía nueve años!
Estuve encerrado desde las diez de la mañana hasta las cinco de la tarde:
no permitió ni que mi mamá me llevara comida. Era un tipo muy rígido,
muy correcto.

Apenas llegó a Barinas, Manuel se aquerenció a la llanura. Aclimatarse fue sencillo. Natural. No podía ser de otra manera si ya la llevaba
en la sangre y hasta en su primer nombre, que era legado de un pariente,
un militar barinés –dueño del hato La Calzada– que había luchado por la
independencia: el general Manuel Antonio Pulido *(el mismo que le dijo a*
Bolívar: Mande usted a buscar tres mil caballos para la guerra, y dígame de
qué color los quiere). Casi desde su nacimiento había escuchado relatos que
le hablaban de esos parajes –héroes, costumbres, sonidos, colores– y fue
fácil ubicar esos relatos en el paisaje, cuando iba en carreta de mula rum-

bo al hato del abuelo. Muy pronto construyó sus propias historias, para cargarlas consigo. Fue entonces cuando el horizonte se le tornó infinito y el llano llegó bajo el nombre de Corozal.

Debe ser que yo traigo eso por tradición. Mi papá nos contaba: «Tu abuelo tenía varios hermanos que pelearon en la Guerra de Independencia; uno salió en carrera, el otro sí se paró a pelear; un tatarabuelo luchó en Carabobo y tu mamá nació en La Calzada Páez».

Corozal viene de mi abuelo paterno. Mi papá la recibió como herencia y se hizo cargo de ella. De mi familia materna no quedó nada porque todo lo vendieron. Solo quedó el sable que el general Rafael Urdaneta le entregó al coronel José María Pulido, mi tatarabuelo, durante la campaña de Apure. Urdaneta se lo dio en agradecimiento por haberle salvado la vida. Ese sable nosotros lo conservamos hasta que en 1981 murió mi mamá. Entonces, mi papá dijo: «Ya nosotros no somos familia directa». Se lo entregamos en custodia a un primo hermano de ella.

3

Mañana que vas llegando / rayito de sol que siento / mañana que vas llegando / rayito de sol que siento / llévame por la sabana / llévame sabana adentro / mañana que vas llegando / rayito de sol que siento.

Un cartel que dice «Propiedad Privada, no pase», y tres portones distribuidos a lo largo de un sendero de mil trescientos metros eran la exclusiva advertencia para los intrusos. En la hacienda, más allá de esporádicas incursiones de cuatreros de poca monta y de invasiones para cazar, no existían motivos de preocupación. La seguridad no constituía un problema, y el cartel y los portones actuaban como alarma y obstáculos efectivos. Hasta la tarde en que cuatro hombres armados irrumpieron en la vida cotidiana y abrieron un boquete en la calma gruesa de Corozal.

Y ahora uno tiene un poco de nervios de que pueda volver a suceder. De que suceda cuando está la familia, cuando estén los amigos. Nervios de lo que pudo haber pasado. ¡Eso! Lo que le pudo pasar a los peones que estaban aquí cuando llegaron a robar.

Corozal es el fundo ubicado en lo que fuera corazón del federalismo, al centro del estado Barinas, entre Santa Inés y Santa Lucía. En el mismo lugar en donde estuvieron las dependencias del hato del mismo nombre que hace más de cien años compró Marcelino Parra Bastidas. En aquellos días, Barinas no era un estado con autonomía sino que formaba parte –junto con Apure, Cojedes y Portuguesa– del Gran Estado Zamora, llamado así por el héroe caído y por la lucha que entre 1859 y 1863 enarboló la bandera de la federación.

Treinta años después del fin de aquella guerra civil, el primer Parra se asienta en esos predios al fundar un hato que bautiza Corozal –por los plantíos de palma de corozo–. Y ciento tres años más tarde, Corozal –ya no hato, sino fundo– sigue perteneciendo a la misma familia. Manuel Parra Parada lo heredó de su padre, Marcelino Parra Jiménez, quien a su vez lo había recibido del suyo, Marcelino Parra Bastidas.

Los dominios originales tenían una extensión mucho mayor, pero en los últimos cincuenta años se vieron reducidos por dos divisiones significativas. La primera partición ocurrió a mitad del siglo XX: tras la muerte de Ana Jiménez Arvelo –viuda del primer Marcelino– el hato se dividió en dos partes, una para cada uno de sus hijos, correspondiéndole al hijo mayor –Marcelino Parra Bastidas– el fundo que conservaría el título de Corozal. En 1989 se produjo el otro fraccionamiento: al fallecer el segundo Marcelino, Corozal se repartió entonces entre sus siete descendientes.

Cuando mi papá se muere, yo planteo que me quiero quedar con la parte en donde quedaba la casa, y mis hermanos aceptan. A mí lo que siempre me gustó fue esto. Mi idea era vivir aquí, en el lugar que conocía de niño.

En donde estuvo el sitio de su infancia, Manuel levantó una construcción nueva de un solo cuerpo, con una única pieza anexa para alojar la cocina –antiguamente había varias unidades: casa para las hembras, casa para los varones, casa de la cocina–. En el centro de la planta principal están los cuartos, el baño, el recibo, el comedor, la oficina y las dependencias de los peones. Y en torno a la casa, envolviéndola, un corredor amplio y techado, adornado con helechos, chinchorros de cuero de vaca y carameras de venado a modo de perchero, adonde cuelgan sombreros, aperos de montar y redes de pesca.

Es en ese corredor, la tarde de cualquier domingo, donde Manuel se recuesta a descansar y contemplar la explanada. Pavos reales, patos y gallinas merodean a sus pies, y a la distancia una garza blanca disfruta la sombra que le regala una novilla. Varias generaciones han visto la misma escena y han hecho lo mismo que él hace a la hora del reposo: hablar y hablar de los que vinieron primero.

Mi mamá, Ana Parada Pulido, era hija de Amalia Pulido Osorio –descendiente de los Pulido de Barinas– y de Francisco Parada Leal, un hombre que vino de Colombia y se hizo dueño de los hatos más grandes del estado, entre los cuales estaba La Marqueseña y La Calzada. Pero al nacer ella, muere su madre, y su padre –que se vuelve a casar– encarga la educación de su hija a unas monjas de Mérida. Ellas fueron las que criaron a mi mamá, quien, para la época y el ambiente, era una mujer fuera de lote: fina, educada, con una conversación y unos modales…

Mi papá, por su parte, se crio solo: su padre se enfermó cuando él estaba muy pequeño, y su madre –mi abuela– como no lo podía dominar lo envió a la capital a estudiar en el Colegio Caracas, donde daba clases Rómulo Gallegos. De ahí lo expulsaron porque era muy tremendo. Entonces mi abuela, que ya no podía con él, decide entregarle su crianza a un amigo de la familia, el general Jesús Antonio Ramírez. Se lo entregó para que lo domara. El general Ramírez, hombre de confianza de Juan Vicente Gómez, era el encargado de la guarnición de Guasdualito, y ahí, en Guasdualito, mi papá aprendió a trabajar como el mejor de los peones. Corría a caballo, enlazaba, tumbaba y herraba ganado. Y mejor que cualquier peón.

Y un tipo como él, un bárbaro, es el que llega y se encuentra con mi mamá, una mujer superfina. Pero se quisieron mucho, y comulgaron en muchas cosas.

4

Agüita de hojitas verdes / perlitas madrugadoras / agüita de hojitas verdes/ perlitas madrugadoras / decime adiós, que voy lejos / cantando al morir la aurora/ agüita de hojitas verdes / perlitas madrugadoras.

De cómo Manuel salió del llano y se puso a andar por el mundo es un cuento largo que empezó con un viaje corto. Comenzó el día en que le dijeron que se iba para Valencia, la capital del estado Carabobo, a continuar con el bachillerato. Cuatro hermanos ya estudiaban en la universidad, y sus padres pensaron que no era conveniente, ni por los costos ni por los sentimientos, dispersar a la familia.

Corría el año 1958, había caído el gobierno del general Marcos Pérez Jiménez, y Marcelino, que ya tenía año y medio desligado de todo cargo público –había sido administrador del Hospital, administrador de Rentas Municipales e inspector de Tránsito del estado–, estaba dedicado de lleno a la atención del fundo. No podía alejarse de sus tierras, pero era necesario buscar una mejor educación para la descendencia y en Barinas solo existía un liceo y no había universidades. Decidieron mudar el hogar a Valencia para reunir a todos los hijos en un mismo sitio. Con ellos se fue Ana, la madre. Marcelino prometió visitarlos cada quince días (*cuando ya todos estábamos muy emparejados en Valencia, mi mamá se devuelve a Barinas*). A Corozal regresaban todos para las vacaciones.

A falta del horizonte infinito para explayarse, Manuel se encerró a estudiar. Se gradúa de bachiller y le conceden una plaza en la Universidad del Pacífico en California, Estados Unidos. Tenía dieciocho años y era un muchacho tan tímido que por puro miedo no pudo leer su discurso como el mejor estudiante del liceo Pedro Gual.

Me gané una beca del Cuerpo de Paz, y a los dos meses de graduarme de bachiller estaba montado en un avión para irme a los Estados Unidos. Yo, que de casualidad había ido una sola vez a Caracas, me monto en un bicho de esos que parecía un lechero: hice escala en Colombia, Panamá, Costa Rica, México y de ahí, a Estados Unidos. A San Francisco, California. Hay que imaginarse la angustia de alguien como yo, solo y con dos maletas, en el aeropuerto de San Francisco. Me sentía perdido ¡de peo! Pero era por el nerviosismo, la cosa de todo el mundo hablando una lengua diferente y ¡coño, qué vaina es esta! Si yo ni conocía lo que era una puerta de vidrio.

Me sentí solo, como nunca me había sentido. Perdido. Me cae aquel guayabo, aquel sentimiento.

La beca para estudiar Ingeniería incluía matrícula, estadía y pasaje de ida. Pero más fueron las horas que gastó en sacar el pasaporte que las que permaneció bajo cielos norteamericanos. A los tres días decidió que ese paisaje en inglés no le gustaba.

*Inventé que mi papá estaba grave, que estaba muy enfermo, que yo...
¡volvía después! Con el dinero que me habían dado para que sobreviviera mientras me acomodaba a mi beca, compré el pasaje y me regresé. Cuando llego a
Caracas, voy a la casa de un tío, me abre su esposa y al verme, se asusta: creía
que yo me había muerto y que andaba por ahí, espantando.*

El primer mundo lo sintió grande. Sin embargo, algo de lo vivido
esos días se le quedó prendido en un rincón del pecho. No supo explicar
qué. Tal vez tuvo que ver con el orgullo herido: había soñado con graduarse en Estados Unidos. A lo mejor era vergüenza: su padre –que de
enfermo no tenía nada– no pudo entender cómo había despreciado una
oportunidad tan buena. Quizá, lo que se le quedó metido adentro –justo
ahí en donde también tenía a la sabana– fue la impresión de una sociedad
organizada: esa sensación de orden y planificación.

De todos modos, lo que fuese lo mantuvo escondido durante más
de un año, que fue el tiempo que dedicó a hacer lo que hasta entonces no
había hecho en su vida: parrandear. A su retorno se inscribió en la Universidad de Los Andes, en Mérida, pero del liceísta juicioso no quedaba
ni el rastro. Más que estudiar números y resolver ecuaciones, se entregó a
las novias, las juergas y las malas notas *(fui el primer estudiante en la ULA
que sacó cero en Análisis Matemático. Cero publicado en cartelera).* Vivió una
tardía adolescencia. Cursaba cinco materias y le quedaban tres. Reparaba,
y aprobaba una. Hasta el día en que le llegaron los reclamos paternos, y
Manuel, orgulloso, resolvió hacer vida aparte en Caracas.

«Los compromisos no se eluden», le había dicho alguna vez el papá,
y al graduarse de bachiller había hecho un pacto consigo mismo: estudiar
en una universidad norteamericana. Y como no se crece en línea recta
ni se olvida lo aprendido, Manuel Parra Parada pareció decidido a retomar lo que había dejado de lado. Con el respaldo de un cuñado que lo
amparó en su casa durante dos años, y del tío Adonay, que le consiguió
dos trabajos –oficinista, de lunes a viernes, y escrutador del hipódromo,
sábados y domingos–, logró reunir el dinero necesario para proseguir con
su empeño inicial.

En febrero de 1967 llegó de nuevo a los Estados Unidos. Dispuesto
a no devolverse. En los bolsillos llevaba diez mil dólares y el valor suficiente
para reanudar lo que había dejado pendiente años atrás.

5

I've never been to Spain / but I kind of like the music / ... I've never been to England/ but I kind of like The Beatles /... I've never been to heaven / but I've been to Oklahoma / they tell me I was born there/ but I really don't remember.

A cien metros de la entrada de Oklahoma hay una laguna que se seca en el verano y oculta a los babos que —como hacen los osos en invierno— se refugian para pasar la estación durmiendo. Enterrados. Solamente salen, muertos de hambre, cuando caen las primeras lluvias.

Oklahoma es el nombre que Manuel le puso a una hacienda situada a siete kilómetros de Barinas. Un lote de terreno que compró en 1977 por insistencia de su padre, quien entonces pensaba que la inversión era un buen pretexto para afincar al hijo. Para atraerlo a la casa. La tierra, decía Marcelino, era el lazo que hacía falta para retener al potro realengo. Pero el penúltimo de los Parra Parada no le hizo caso a falseta, y en 1977 solo se preocupó porque el lote de tierra que había comprado fuera registrado bajo el nombre de Oklahoma, en honor al estado norteamericano que diez años antes le había abierto sus brazos y le había brindado cariño, normas y respaldo. Todo lo que ya había probado de niño.

Si me preguntan: «¿Si no hubieras nacido en Barinas, dónde te hubiera gustado nacer?». «En Oklahoma», contesto. Porque allá me encontré con gente maravillosa. No puedo decir que guarde algún recuerdo desagradable de alguien. Era un sitio en donde quien podía ayudar, ayudaba; y quien no podía, decía: «No puedo». Todo, desde un principio, era claro y organizado.

En 1967, al cabo de tres meses de derrochar gran parte de sus ahorros festejando con los latinos en Baton Rouge, Louisiana, Manuel decide enmendar sus pasos y, de una vez por todas, dedicarse a estudiar. Para hacerlo, escoge una ciudad en el centro-sur norteamericano en donde, según un catálogo de información, solo había ocho estudiantes latinoamericanos. Quería desligarse y evitar tentaciones.

Llegó a Oklahoma City con la firme disposición de regresar a Venezuela solo con toga y birrete. Dos eran los cargos que tenía en su conciencia: la vez que salió huyendo de California asediado por la querencia, y la culpa por haber malgastado tiempo y dinero en Louisiana. Ese peso lo llevaba encima. Y la conciencia no perdona.

Todo aquello se me planteó como una lucha, como si me dijeran: «Aquí tienes tres tigres y tienes que salir de ellos, enfrentándolos». Yo me dije: «O lo hago o perezco». De inmediato me di cuenta de que con la timidez no iba a lograr nada, y si algo es verdad, es que allá, en Oklahoma, yo logré muchas cosas.

En el verano de 1967, Estados Unidos vivía la efervescencia del *peace and love* que pregonaba el movimiento *hippie*, pero también –y en contradicción– el arrebato de la discriminación racial. Muchos estados de la unión, haciendo caso omiso a la ley de derechos civiles, continuaban practicando la separación entre razas. El estado de Oklahoma era uno de ellos: los negros se seguían sentando en la parte trasera del autobús, y amistar con una persona de color por supuesto que era muy mal visto.

Para Manuel –habituado a comer con los peones en una misma mesa– el cuadro que encontraba era una novedad. Otra vivencia traía consigo. No en balde había nacido en la cuna del federalismo, y era otra la lección que traía aprendida desde su casa. La Guerra Federal no había acabado con las diferencias y los privilegios, pero cuando menos los había condenado al desprecio público. Además de manumisos trocados en coroneles, esa guerra había dejado la herencia de la democracia en el trato, el igualitarismo en el espíritu. Y esa herencia –en su casa– pasó de generación en generación.

En Oklahoma nunca me hicieron sentir como si no fuera de allá. Nunca. Al contrario. Yo me sentía parte de ellos. Pero había cosas nuevas para mí: como esa de restaurantes solo para blancos.

Yo trabajaba en uno de esos, y cuando estaba libre, iba, me servía café y me ponía a hablar con el dueño. Una vez, pretendiendo hacer lo mismo, voy y me presento con un amigo negro. Cuando estamos por entrar al restaurante, mi amigo me dice que, ahí, él no puede entrar. Yo le digo que sí, porque él anda conmigo. Entramos, nos sentamos en una mesa, pero no nos quisieron servir. Entonces yo fui, serví el café: el de mi amigo y el mío. Y en cuanto me lo serví, el dueño del negocio me lanzó una mirada como para matarme en el acto.

La costumbre en Oklahoma era que, después de que uno pagaba, le decían: «Gracias, y vuelva». Pues aquella vez, cuando yo pagué, el dueño me dijo: «Manuel, gracias; y si es así, no vuelvas».

A pesar de lo conservadora que resultó la nueva tierra, no le fue difícil comulgar con ella. En una región tan tradicionalista y religiosa como Oklahoma –llamada *the buckle of the Bible belt*, la hebilla del cinturón de la Biblia–, tal vez influyó la confesión que el forastero hizo apenas llegó a la ciudad y se bajó del autobús. La confesión y el propósito de enmienda. El sacramento le borró los pecados y le abrió, a Manuel, el cielo cristiano del centro-sur norteamericano.

Al llegar, yo le explico mi situación a la encargada de los estudiantes extranjeros, una señora encantadora que se llamaba Lila Gross. Ella se convirtió en mi ángel de la guarda. Yo llego, y le cuento que perdí mi tiempo y mi dinero en Louisiana, que todo se me había ido en beber y parrandear, pero que yo no me quería regresar a Venezuela. ¡Que yo no me iba a regresar! Que me ayudara.

A los dos o tres días, me puso a vivir con un profesor de niños, un hombre estupendo que me puso a leer Gone with the wind, *Lo que el viento se llevó en inglés, para practicar el idioma. Y después, cuando se me acabó la plata, fue ella, la señora Gross, la que me puso en contacto con el presidente de la universidad, el doctor Martin: también un ser maravilloso que me atendió y que, al segundo de conocerme, me preguntó en qué podía ayudar. Yo le echo la misma historia, y él me pregunta: «¿Qué es lo que quieres hacer?» Yo contesto: «Trabajar y estudiar». Voltea aquel hombre la silla, levanta el teléfono, da unas lenguaradas y me da un papelito: «Preséntate a este fulano». ¡Para que me diera un trabajo!*

Una vez vaciado el cuerpo de las parrandas, y hecho acto de contrición, Manuel Parra Parada se entregó a los estudios. Y al trabajo. Fue obrero de la construcción, barrió calles, limpió baños. Durante tres años seguidos *(hasta en los veranos tomaba clases)* se esforzó no solo en cursar una carrera, sino en sacar las mejores calificaciones para optar por pensiones y subsidios. Obtuvo becas de todo tipo. Beca que otorgaba un banco al mejor estudiante de Química. Beca por cuidar el dormitorio, y no pagaba dormitorio. Beca–trabajo en la cafetería, y no pagaba la comida. Beca de lo que fuese para obtener, en tiempo récord, el grado universitario que un estadounidense promedio tardaba cuatro años en conseguir.

A mí me gustó mucho la vida en los Estados Unidos. Aquel orden, aquella puntualidad: eso de que las ocho son las ocho, no las ocho y cuarto ni las ocho y media. Eso de «la palabra» por sobre todo. Porque esa era la Venezuela de mi niñez. Mi papá le decía a alguien: «Te vendo ese toro en veinte bolívares», y ya eso era un documento. No hacía falta papel.

Oklahoma se convirtió en la hebilla que a Manuel le sujeta muchos recuerdos en el corazón. Por eso es que muchos años más tarde, en 1977, cuando su padre le recomendó hacer una inversión no dudó en rendirle tributo. Eligió su nombre para la finca: Oklahoma, en agradecimiento a la ciudad y a la gente que se encontró en esa ciudad.

6

En la senda de entrada a Corozal, creciendo junto con las palmeras, se ve una hilera de árboles frondosos que marcan el acceso. Son matapalos, plantas parásitas que quieren quitarle el camino a las palmas. Viven a expensas de ellas, las van rodeando, asfixiando, y cuando no queda más de qué vivir, cuando ya no queda más palmera, se convierten en caparazones vacíos. Conchas huecas. Cascaritas de palo que se vienen abajo con el primer empujón.

En el año 1970, a lo mejor no había tanta palmera en el sendero de ingreso. Mucho menos, árboles vividores. Acaso tampoco estaban las plantaciones de algodón que ahora colindan con el fundo, y que en temporada de cosecha pintan con copos blancos la carretera que lleva a Santa Lucía. Sí había –eso dicen– más bosques de madera fina a la vera de los caños y más ganado apacentando en los linderos de la propiedad. Eso dicen, y es probable que fuera así, pero Manuel no puede afirmarlo. En esa época, con veintiséis años y un título universitario bajo el brazo, ni pensaba en acercarse a ver cómo seguía la sabana.

A los veintiséis años no estaba entre sus planes retornar a Venezuela. Habiendo tanto mundo por conocer quiso seguir por fuera, y pensó que su oportunidad había llegado al responder al aviso de una corporación que solicitaba un químico que hablara español, dispuesto a radicarse en el extranjero. Aplicó, y meses después se encontraba en Richmond, California, en la refinería más grande al oeste del Misisipi, trabajando para la petrolera Chevron.

A mediados de 1971, se sentía seguro. Estaba recién graduado, tenía un sueldo en dólares, conducía un Mustang *Cobra Jet* y había sacado su primera tarjeta de crédito. ¿Qué más podía pedir? A finales de ese mismo año le anunciaron que había llegado la hora de hacer maletas. Se iba con una asignación para el exterior. Manuel Parra Parada se esponjó, y soñó: se imaginó en el Medio Oriente.

—*¿Y para dónde voy?*
—*Para Maracaibo.*
—*¿Maracaibo, Venezuela?*
—*Mjm.*

Manuel se desinfló. Había borrado por completo de su mente que el aviso de empleo al que había respondido buscaba a alguien que dominara el idioma español. Ni por un momento pasó por su cabeza que entre los múltiples destinos, a él le tuvieran reservado justamente ese.

—*... Pero cómo es eso. Si yo no conozco Maracaibo —dije decepcionado—. ¿Cómo me van a mandar para allá?*

Una vez recuperado de la impresión y superado el choque inicial de aterrizar en suelo marabino, buscó acoplarse al entorno *(al principio no me gustó; sin embargo, después de tres meses, comienzo a cogerle el sabor a la vida un tanto desordenada de aquí. Me empieza a gustar esto, otra vez).* Pasa a formar parte de la tercera generación de técnicos petroleros venezolanos que se desarrollaron al amparo de las transnacionales. Su oficina se encontraba en la refinería de Bajo Grande —entre San Francisco y La Cañada— al frente de ese inmenso mar de aguas quietas que es el lago de Maracaibo.

Me dieron un entrenamiento en materia de refinación, en tratamiento y en el manejo de los barcos para crudos pesados. Todos los años iba a los Estados Unidos a conferencias y simposios; y si por casualidad aquí surgía un problema, Joe Guffie, mi jefe de California me decía: «Vente, y hablamos».

Volvió a Venezuela y se reencontró con su espacio original y con una historia que empezaba a escribirse. Para esos días bullían en el ambiente vientos de nacionalización petrolera. Ese mismo año se aumentó el impuesto a la extracción, se anunció la nacionalización del gas y se aprobó una ley de reversión que establecía que al caducar las concesiones, todos los bienes de las petroleras se revertirían a favor de la nación, libres de obligaciones y sin pago de indemnización.

Diez años antes, recién inaugurada la democracia, la administración de Rómulo Betancourt ya había dado el clarinazo al adoptar la política de no más concesiones en el sector petrolero. Desde ese instante, a medida que la temperatura nacionalista iba en aumento –envalentonando a los gobiernos– todas las petroleras extranjeras establecidas en el país comenzaron a frenar inversiones. Sabían que sus días en Venezuela estaban contados. Chevron siguió la pauta. A finales de 1971, cuando Manuel llegó a Maracaibo, los flujos de recursos estaban restringidos y la muestra más palpable era el aspecto que exhibía la refinería.

En cuanto llegué les comenté a los gringos que la planta se veía muy fea, como descuidada. Les dije: «Vamos a pintarla para que se vea bonita como las que tenemos en los Estados Unidos». La respuesta que me dieron fue: «La refinería está rindiendo lo que nosotros estimamos. Ese es un gasto que no vamos a justificar. Es un gasto que no lo van a reconocer».

La nacionalización no tardó en concretarse. El 1 de enero de 1976 –justo un año después de la nacionalización del hierro– en la Costa Oriental del Lago, el presidente Carlos Andrés Pérez en ceremonia oficial celebró la cancelación de la dependencia en materia petrolera. Al día siguiente se consumó la transferencia de mando. Manuel Parra Parada fue uno más del grueso plantel gerencial y operativo que siguió laborando en la industria, desde esa fecha en manos venezolanas.

La transición fue bastante civilizada. No hubo traumas. La gente que estaba se quedó en sus mismos cargos. El cambio básico fue que el presidente y el vicepresidente ya no eran gringos.

Sin embargo, poco a poco sintió algo distinto. Percibió una sutil diferencia en la manera de hacer las cosas. A Manuel le ofrecieron la jefatura de una sección de la planta, además de la que ejercía. Implicaba mejor sueldo y un masaje al ego. Llevaba cinco años en el país, se encontraba a gusto. Tenía una novia de quien se decía enamorado *(quería casarme)* y una emocionante vida de bohemio que de vez en cuando lo llevaba, amanecido, a Corozal.

Todo parecía andar sobre ruedas.

Un buen día, aparecen pintando la refinería. Yo era jefe de Químicos y me acababan de nombrar jefe de Operaciones, y no sabía nada. Entonces pregunto, y me contestan: «Decidimos pintar porque tenemos un presupuesto y hay que justificarlo; además, tú siempre lo habías pedido, para que se vea bonita».

Pintan la refinería y quedó de lo mejor. Pero a los quince días, uno se medio pegaba de cualquier pared y se caía la pintura. Entonces hubo reunión para decidir que «hay que volver a pintar». Y ahí empezaron los choques. Yo decía que no podemos pagar más, que pague quien hizo mal el trabajo... Pero, nada. Y se pintaron unos tanques, y la pintura se cayó también... Y así, hasta que me dije: «Voy a ser una piedra en el zapato, mejor me voy».

A mediados de 1976 decidió irse, aprovechando la oferta que le hizo Exxon para trabajar en el área del Caribe como representante de ventas. De ahí en adelante no paró. Durante catorce años no hubo tiempo. Venezuela solo fue el espacio físico al que regresaba de vez en cuando. Porque era el lugar de la oficina o de la mamá enferma o de la novia para casarse. Y Corozal era el terruño donde recogerse por unos días buscando paz, después de que una tolvanera lo sacudía en el camino.

Yo estaba muy enamorado de la muchacha que era mi novia, pero su mamá ya se daba cuenta de que yo no era el tipo para su hija, que era una muchacha fina, educada en Suiza. La mamá y el papá de ella averiguaron que yo era un profesional, con un cargo chévere, que mi familia en Barinas era excelente y muy respetuosa, pero que yo ¡era un loco! que vivía jodiendo. Y empezaron los problemas. Yo la llamaba, y me la negaban... Y nosotros, como unos muchachitos teníamos que vernos a escondidas. Pero un día, unos amigos maracuchos me dicen: «¡Ah verga, Manuel!, robate a esa caraja». Y yo me la robé. Me la traje conmigo, pues. Una noche cambié de carro con un amigo –por si nos buscaban– y me la traje a Barinas. Robada. Llegué aquí, y dije: «Mamá, yo me robé una muchacha». Y ella me contestó: «Pues mire, amigo, o usted llama a los papás de ella o lo voy a hacer yo, ¿está claro?».

7

Al cumplir treinta y tres años, Manuel quería vender todas sus propiedades, comprar un Maserati y viajar. Esas eran sus máximas aspiraciones.

Estaba convencido de que se iba a morir joven, y lo mejor que podía hacer era disfrutar tiempo y dinero. Golpeado por los inconvenientes amorosos, pretendía gastar todo: si ya no se iba a casar, no tenía objeto comprar casa y asentarse. El empleo en la Exxon fue ideal. Teniendo a Maracaibo como centro de operaciones, se dedicó a recorrer la cuenca del Caribe. Cada semana se turnaba las visitas a Aruba, Bonaire, Curazao y Trinidad, y cada quince días se reportaba en las oficinas de la empresa en Miami. Era la ocupación perfecta para escapar. Gastar la vida en aeropuertos, hoteles, relaciones fugaces, contactos profesionales intermitentes, maletas y declaraciones de aduana. No esperaba mucho, nada más entretenerse. Pero esa pasantía caribeña le guardaba una sorpresa: ser personaje de reparto en una serie policial arrancada de la vida misma, mientras viajaba por el Mar de las Antillas.

Tengo como un año visitando las islas, y en una de esas llego a Bonaire para mis negocios normales. En Bonaire lo que hacía era vender productos para los supertanqueros petroleros.

Por rutina, para sus citas de trabajo siempre llegaba la tarde anterior. Después de registrarse en un hotel, se reportaba a su empresa y al día siguiente, muy temprano, acudía a las reuniones que tenía programadas. Aquella mañana fue igual, pero cuando se disponía a salir, se fijó en un intercambio de palabras que sostenían dos hombres en el *lobby*. Uno era un empleado del hotel y el otro, por el acento, le pareció venezolano. Y quiso intervenir.

–¿Cuál es el problema? –pregunto.
–Que no tengo tarjeta de crédito, y necesito alquilar un carro –contesta el que, en efecto, era venezolano.

El individuo –alto, delgado y bien vestido– le inspiró confianza. No titubeó en ofrecer ayuda.

Mi primera intención fue tomar mi tarjeta y prestársela para que alquilara el carro. Me dije: «¿En esta isla cómo va a haber un ladrón, para dónde va a coger?». Me pongo a hablar con el hombre, y al final, en vez de prestarle la tarjeta, le ofrezco la cola: lo llevo para donde tenía que ir. Nunca pensé que el tipo podía ser lo que terminó siendo. Ni remotamente.

Manuel conocía las islas neerlandesas como las palmas de sus manos, y Bonaire, de tan pequeña, casi casi le cabía en una. Las distancias son muy cortas, y en su trayecto a la refinería, muy bien podía acercar al paisano a su destino. Nada anormal había en aquel gesto.

En la vía, el hombre y yo entablamos una conversación. «¿Y tú qué haces?». *«Yo hago esto. ¿Y tú?». «Yo hago esto otro». «¿Y tienes pensado hacer algo esta noche?», me dice él. «Nada —le contesto—, ¿por qué?». «Bueno, porque tengo unas amigas que bailan en el hotel tal, y vamos a hacer una fiesta en la habitación mía; si quieres, estás invitado». Lo dejé, y seguí para mi cita de trabajo.*

En la noche, en efecto, nos vimos y la pasamos chévere con las amigas de él; pero como yo, al día siguiente, tenía que tomar un avión muy temprano, me llegó la hora de despedirme. Ellos insistían para que me quedara, pero yo les dije que no podía. Ellos: «Quédate». Y yo: «No, me tengo que ir, chao, muchas gracias, me voy, adiós, adiós». Y me fui.

De vuelta en Maracaibo sigue con su rutina. Elabora informes, diseña estrategias, saca cálculos. Pasan quince días, y se da cuenta de que no le autorizan los traslados acostumbrados. Pregunta, pero lo entretienen diciéndole que prepare un informe sobre cualquier cosa. Quince días más, y todo sigue igual. Ni a Miami iba a reportarse. Pasa un mes más, y pregunta de nuevo. No entiende lo que sucede. Hasta que su jefe le cuenta.

—Nosotros sabemos con quién has dormido en el último mes, con quién te has tomado un trago. A ti te ha seguido desde la policía secreta venezolana hasta la Interpol.
—¡¿Y eso por qué?!
—Porque estando en Bonaire le diste la cola a un fulano, y ese fulano resultó que estaba planificando un atentado a la Conferencia de la OPEP de Caraballeda. Hasta hace poco, tú eras buscado en las islas. Tu retrato estaba por todos lados.
—Pero… ¡¿qué pasa?!

Avanzaba el año 1977, y la reunión de la Organización de Países Exportadores de Petróleo había sido convocada para finales de diciembre en Caraballeda, litoral venezolano. Para esa fecha, se esperaba que los ministros petroleros concertaran un nuevo precio del crudo. Seis de los trece países del cartel –entre ellos Venezuela– estaban presionando con más o menos intensidad por un aumento en el valor del barril, al punto de que llegó a asegurarse que Libia –la nación que reclamaba más alto– amenazaba con salirse del organismo si se negaba el alza.

La celebración de un encuentro de esa naturaleza cobraba especial significado en la era de la Gran Venezuela. El país entero se sentía rico a costa del constante incremento de las exportaciones de petróleo, y a cuenta de esas exportaciones se emprendían monumentales complejos industriales y obras de infraestructura, se concedían subsidios y se importaban desde artículos de primera necesidad hasta cepillos y aguas aromáticas. Venezuela pulsaba por un alza mínima –cinco por ciento– para seguir financiando sus planes de expansión. De concretarse un acuerdo en la reunión de la OPEP, además de potenciar el poder de la organización en el mundo, se fortalecería además el liderazgo de Carlos Andrés Pérez, el presidente en ejercicio. En esos días se hablaba del nuevo orden internacional y del papel que debían jugar las naciones en desarrollo, con Venezuela a la cabeza.

La asamblea de Caraballeda era, entonces, trascendental, y se cuidaron los más mínimos detalles. Las medidas de seguridad se habían levantado y extremado con varios meses de anticipación, llegando al extremo de hacer seguimiento estricto de toda persona que resultara sospechosa de mantener vínculos o relaciones con organizaciones subversivas. La preocupación de entonces no era la subversión interna –porque hacía diez años que la política de pacificación había terminado con la lucha armada en el país–, sino un enemigo aparentemente más osado y personalista: el venezolano Carlos Ilich Ramírez, *El Chacal*, quien identificándose con la causa palestina y movimientos revolucionarios árabes, dos años antes había comandado un espectacular asalto a la sede de la OPEP en Viena, secuestrando a más de cien personas, entre ellas a todo el gabinete de ministros petroleros que se encontraba reunido precisamente en una cumbre. Aquel asalto culminó al cabo de tres días en el aeropuerto de Argel, luego de un largo periplo, dejando tras de sí tres muertos –personal de seguridad–, tres heridos y un supuesto pago de cincuenta millones de dólares.

Desde entonces, todas las reuniones petroleras afinaron sus sistemas de vigilancia y control, y para la conferencia número cincuenta, que se iba a realizar en Venezuela, los esfuerzos se redoblaron. En fuentes de inteligencia internacional se manejaba con insistencia la hipótesis de que El Chacal buscaba una nueva hazaña, y qué escenario más destacado que su patio natal.

Entonces, por aire, mar y tierra se blindaron los alrededores del hotel Meliá Caribe, en Caraballeda, convertido en un verdadero fortín desde semanas antes de la celebración del encuentro. Cinco mil hombres –entre militares, policías y personal encubierto– vigilaron el área. Hubo fusiles, miras telescópicas, subametralladoras, tanques, carros blindados, buques, lanchas patrulleras, y cuadrillas de helicópteros vigilando el área y asegurando los veinte kilómetros que separaban el hotel del aeropuerto de Maiquetía, en donde aterrizaban aviones cargados de invitados. Cuando llegó el día de la cumbre, la zona fue totalmente acordonada, inclusive se bloqueó el acceso a las playas públicas y los periodistas acreditados para la reunión tuvieron que conformarse con cubrir la noticia desde el Sheraton, un hotel aledaño, porque no les permitieron acercarse al salón de debate.

Más nunca supe del tipo al que le di la cola en Bonaire. Sé que estuvo preso. Es decir: me dijeron que lo trajeron preso desde Bonaire.

En diciembre de 1977, en la cumbre de Caraballeda no terminó por suceder nada espectacular. En ningún sentido. No ocurrió el temido atentado, pero tampoco se produjo un acuerdo para elevar el precio del crudo como lo demandaban con alharaca algunas naciones. Y la reunión número cincuenta apenas duró día y medio. El tiempo suficiente para sacudir la normal carestía de noticias que registran los periódicos en Navidad, para perturbar a los vacacionistas del litoral central, que no tuvieron paso libre a las playas, y para que Arabia Saudita impusiera su tesis y los precios del barril de petróleo se congelaran por seis meses más. Solo eso: ni Libia se alebrestó y abandonó la organización ni Carlos, *El Chacal*, protagonizó un dramático ataque.

Pero a mediados de 1977, seis meses antes de que militares, policías, guardaespaldas y ministros petroleros convirtieran a Caraballeda en una fortaleza, nada de eso podía anticiparse. Al contrario, las alarmas se habían encendido y los sensores de contrainteligencia estaban al máximo.

Estuvieron más de treinta días detrás de mí, investigándome. ¡Y yo no sabía nada! Hasta intervinieron mi teléfono… Después, yo estuve con la gente de la Disip de Maracaibo, y con uno más que mandaron desde Caracas. Fue todo un día interrogándome, y todo eso era tipeado a máquina.

Era interrogatorio e interrogatorio. Buscaban confundirme, a cada rato me trataban de llevar al mismo punto:

—Pero ese amigo tuyo...

—¡Coño!, que ya dije que no es amigo mío, que yo lo conocí allá.

—¡Ah!!... cuando lo viste en Caracas, él...

—No, no… Yo he dicho que no lo volví a ver.

Ellos trataban de ver si caía. Y me preguntaban, y me volvían a preguntar. El trato que tuve fue de un interrogatorio, pero de un interrogatorio muy civilizado, no puedo mentir. Yo estaba en un sillón cómodo, en la oficina de uno de ellos. Dos personas preguntaban y otra escribía lo que decía. No me trataron mal, la verdad, lo que me sentí fue hambreado. Empezamos a las ocho de la mañana, y era la una, las dos de la tarde y yo, sin comer. Llegó un momento en que les dije: «Si estoy preso, déjenme preso; pero si no, me voy, porque tengo mucha hambre». Y ellos: «Cálmate, ya vamos a terminar». Estuvieron todo un día con eso de cálmate, ya vamos a salir. Y salí a las cuatro de la tarde.

Por supuesto, yo les conté la verdad: ¡Es que yo le iba a prestar mi tarjeta de crédito para que el tipo alquilara un carro!

Eso fue en el año 1977. En 1978 ya había roto de una vez por todas con mi novia maracucha, y en 1979 renuncié a Exxon y me fui a Francia.

8

Cuando Manuel estaba pequeño, y no barría bien el patio, su papá lo llamaba, lo miraba fijo a los ojos y le decía: «Haz el trabajo, barre otra vez». Esa era la sanción, repetir la tarea hasta que quedara bien hecha. Si la falta era mayor, el castigo era más estricto: leer un capítulo íntegro de *Venezuela Heroica*, de Eduardo Blanco. Pero no solo leerlo, sino aprobar el examen al que era sometido luego. Él —o cualquiera de sus hermanos impuesto del castigo— además de contar la batalla que le tocara en suerte, tenía que interpretar lo sucedido. Porque para Marcelino Parra Jiménez, lo importante era entender el significado y la trascendencia de cada acto, así fuera a emprender una pelea o asegurar la puerta del potrero. Por eso, cuando Manuel le dijo a su papá que se iba a París, a estudiar un postgrado en Comercio, Marcelino le dijo que lo pensara mejor. Después de ponerse zapatos, ¿andar en alpargatas? Después de ganar un sueldo, ¿retroceder a estudiante?

Pero Manuel quería cortar. Con la anuencia materna partió de nuevo *(mi mamá me dijo: «No esperes a tener más edad, porque no lo vas a hacer»)* aunque al cabo de un año ya estaba de regreso. Se devolvió para apurar el afecto antes de que se le convirtiera en recuerdo.

Me vine a no hacer nada, sino a estar ahí: con mi mamá, que se moría.

Sin embargo, no demoró mucho en hacer de nuevo el equipaje. Poco después de morir la madre, se hallaba trabajando en una filial de Petróleos de Venezuela y lo asignan en comisión técnica a Europa Central. Viviría en medio de las montañas, en una ciudad antigua al lado de un río azul. Iniciaría una nueva vida. A pesar del duelo, se sentía esperanzado, animado. Entendió que –como reza el dicho llanero– herencia de madre no prescribe: el cariño dado lo llevaba consigo. Además, en su viaje se llevaba un trozo del paisaje tomado de la mano: una esposa bonita, joven e impresionable, acostumbrada a mirar a lo largo.

Cuando yo estoy en Francia y se le detecta el cáncer a mi mamá, vengo a ver cómo sigue. Ahí es cuando conozco a la que será la mamá de mis dos hijos mayores. O mejor dicho, no la conozco sino que la vuelvo a ver, porque yo era amigo de sus hermanos. La veo, me gusta, nos empatamos y me regreso a Francia. Estando allá –ya tenía como un año– resulta que mi mamá se pone más enferma y me vengo, a estar con mi mamá, pero me vengo también a buscarla a ella. No tuvimos nada de novios, nos casamos ahí mismo.
De soltero tuve muchísimas novias. En Estados Unidos, en Francia. Pero nunca me quise casar con extranjeras. Todo el tiempo con venezolanas, y las dos veces que lo he hecho es con barinesas. Y más jóvenes, siempre: caballo viejo, chaparro nuevo.

En enero de 1982 llega a Austria para ocupar una plaza en la sede de la Organización de Países Exportadores de Petróleo. La OPEP atravesaba una crítica situación, reflejo fiel de lo que sucedía en el mercado: había demasiado petróleo y muy caro. El valor del barril tambaleaba.

Desde mediados del año anterior, empezaron a verse las primeras señales de que la organización no ejercía el poder omnímodo de otras épocas. El imperio de los precios altos, que en los últimos diez años la había hecho invencible, socavaba su hegemonía como cruel paradoja. Por un lado, los consumidores golpeados por las alzas recortaban sus compras y buscaban fuentes alternas de energía; y por otro lado, los países productores que no eran miembros de la organización –ayudados por los atractivos precios– salían a vender crudo en cantidades considerables, cosa que antes no podían hacer. El mercado estaba saturado. Muchos contratos fueron cancelados y, en el desespero, más de una nación del cartel comenzó a vender por debajo del precio oficial que era de treinta y cuatro dólares por barril. La organización, en aprietos, se jugaba su permanencia.

Pero en la OPEP las decisiones se toman por unanimidad. Cada país, por pequeño que sea, cuenta, y cada país vigila por lo que cree que es su propia conveniencia.

En la OPEP, eso de la organización era entre comillas. La OPEP es uno de los lugares más desorganizados en donde he trabajado. Cuando yo estuve, la integraban trece países, pero trece países diametralmente opuestos desde el punto de vista cultural, religioso y social. Había países extremadamente musulmanes como Libia y países netamente católicos como Ecuador. Países latinoamericanos y países del Oriente Medio. Países como Indonesia y países como Nigeria y Gabón, donde todavía existían tribus peleándose por el control. Era muy difícil hacer coincidir todo eso. Aquello parecía una pequeña ONU, con la diferencia de que no había consejo de seguridad ni posibilidad de imponer sanciones o veto. Allí nadie es jefe de nadie, sino que tú me das esto y yo te doy aquello.

Para febrero de 1982 los precios seguían cayendo y el petróleo de la OPEP no encontraba colocación. Por primera vez se habló de reducción coordinada de la producción. En cuestión de días se preparó una reunión extraordinaria. Se realizó entre el 19 y el 20 de marzo en Viena. Fue la primera asamblea a la que asistió Manuel.

Yo era el encargado de hacer seguimiento a los programas y procesos de refinación de los países miembros, pero cuando había una conferencia me reunía con la delegación venezolana. Con voz pero sin voto. Aquello era una experiencia increíble. Eran reuniones interminables, maratónicas, y cuando llegaban los ministros, nos podían dar las dos y las tres de la mañana. Nada se paraba por la hora.

Pero lo que sí es verdad, hay que reconocerlo, es que antes de que se realizara la conferencia todo estaba preestablecido, porque por el lado nuestro

*había un gran negociador que era Carlos Julio González, el gobernador por
Venezuela. Cuando llegaba el ministro Humberto Calderón Berti a Viena, ya
Carlos Julio González le tenía todo suavizado y palabreado con los que eran
gobernadores de Arabia Saudita y de los Emiratos Árabes. Cuando llegaba
Calderón nos reuníamos, él nos preguntaba, discutíamos; y después, cuando
aparecía el ministro árabe, Ahmed Yamani, nos encontrábamos con él. Se
intercambiaba información, pero ya todo estaba listo. Después teníamos que
convencer al resto, a los otros países.*

Lo resuelto en asamblea el 20 de marzo de 1982 estaba cuadrado con
antelación. Días antes, se había sellado el acuerdo que pretendía mantener el
precio oficial y recuperar el control de mando. Por primera vez en su historia,
la OPEP estipuló un límite de producción y fijó un cupo específico a cada
país miembro. De ahí en adelante, las cuotas controladas, con más o menos
éxito serían el instrumento para equilibrar el mercado, y desde ese momento, independiente de lo que dijera ese mercado, cada nación lucharía por
aumentar su porción. Para ello negociaría con las armas que tuviera a la mano.

*Humberto Calderón Berti y Ahmed Yamani hicieron una gran amis-
tad. Tanto, que Calderón era un hombre que se besaba con Yamani, y el beso
entre los árabes es un gesto de amigos. Es una vaina de amistad. No es que se
besan porque sí, por cortesía, porque me encontré a este y mucho gusto y ahí
va: ¡te estampo tu beso! No. Eso no es así. Calderón y Yamani eran amigos de
verdad, se respetaban mucho. Calderón llegaba, y nos reuníamos primero con
los árabes antes que con nadie. Esos eran los grandes aliados. Los venezolanos,
conciliadores, y los árabes sauditas con su poder. Ahí iba todo: Venezuela y
Arabia Saudita dicen esto, y ya está; se jodieron los demás.*

Pero los días de mayor esplendor de la OPEP estaban pasando. Entre
1982 y 1986, la organización fue perdiendo influencia. Ni sombras quedaban del espíritu optimista que la henchía en 1960 cuando fue creada –por
iniciativa venezolana y saudita– para enfrentar a las grandes petroleras. Ni
restos de la otrora todopoderosa que en la década de los setenta decreta-
ba precios y arrodillaba compradores. A mediados de los años ochenta,
el valor del barril se derrumbaba y los integrantes del cartel, de crisis en
crisis, se peleaban entre sí para mantener su porción en la cada vez más
reducida torta petrolera.

Mientras tanto, en ese mismo lapso –entre 1982 y 1986– Manuel Parra Parada acunaba una crisis personal. Tras el alboroto y la excitación de las conferencias, después de las visitas, los cursos y las negociaciones petroleras, le tocaba lidiar con un dilema exclusivo. Enfrentar vicisitudes propias. Privadas. Y comenzó a pensar en el llano. En los corredores vieneses oyeron por primera vez hablar de Corozal.

9

En Viena, contrario a lo que sucede en Barinas, la mirada no se pierde sino que se tropieza con las montañas. El viento es helado y el trato distante. Curtido de paisajes como estaba, Manuel se acomodó rápido a la nueva vista, no así su compañera, que resintió la ausencia. Ella apenas encontró un brazo conocido, y no siempre, porque Manuel cada vez la dejaba más sola. Debió sentirse abandonada, sin saber en dónde encontrar cobijo. Acostumbrada a la familiaridad y al roce diario como alimento de la confianza, se topó con una sociedad diferente, y quizá hosca a su entender. Austria era flemática para su gusto; y la OPEP, un mosaico de gentes y culturas. Un mosaico tan vasto como imposible era abarcarlo en un abrazo.

Mientras estuve allí nunca existió una cohesión como para poder hablar de «la familia OPEP», como uno ve aquí, que existe la familia Corpoven, la familia Maraven, y hay una reunión y van las esposas y se comparte. Allá no, porque no se puede. No se puede porque la esposa de un funcionario de un país árabe –y los árabes son mayoría y son poderosos– no va a ninguna reunión. Allá, cada uno anda por su lado. Los nigerianos por una parte, los árabes por aquí, los latinos más allá.

Y a la esposa de Manuel le hacía falta calor: el de la llanura, el del idioma, el de la comida y el de la gente. La cofradía latina que la acompañaba a toda hora no pudo animarla para que aceptara un himno con cascabeles, una bandera antigua, un río flaco y unos veranos muy cortos.

Para mí, llegar a Viena fue lo más fácil. Me acomodé al hábitat, a la sociedad vienesa, a su modo de vida. Hice excelentes amigos. En cambio, ella no. Ella no pudo integrarse.

Y él continuó ausentándose. Las reuniones de trabajo muy seguido se extendían hasta la madrugada, y con el correr de los años se hicieron más frecuentes los viajes –a veces hasta por tres meses– a Libia, Kuwait, Inglaterra o Estados Unidos. Su mujer, entretanto, se quedaba encerrada en un apartamento frente a la ciudad antigua. Aun con dos niños, se sentía sola, y la nostalgia hizo crisis y estalló en las calles vienesas. La esposa de Manuel Parra Parada no se había apertrechado para dejar la sabana.

Teníamos dos caracteres totalmente opuestos que no podían convivir. Fue duro. Por supuesto, yo comprendía lo que le pasaba. Pero no hubo arreglo. Era muy joven. Tenía veintidós años cuando nos casamos. Y yo, treinta y seis. En realidad lo que pasó fue que no tuvimos tiempo de conocernos bien. Los cinco años que estuvimos en Austria fueron muy difíciles. Para los dos. Después, tan pronto regresamos a Venezuela, a los seis meses de haber llegado, nos separamos.

10

Río crecido / río crecido / rebaja tu tempestad / que los chinchorros de noche / se mueren de soledad.

La primera vez que a Manuel le hablaron del cero absoluto –en sus tiempos de estudiante–, enseguida pensó en la oscuridad de Corozal. En la tranquilidad completa de sus madrugadas. Recordó las noches negras–negras en las que ni siquiera podía verse la mano aunque se la pusiera delante de la nariz. El cero absoluto –le decía su instinto– más que el espacio vacío o la temperatura bajo cero, era el silencio grueso de algunas noches de verano en Corozal. La calma absoluta. Ni los grillos cantan ni la brisa se mueve ni el calor existe.

En los últimos meses que vivió en Viena, le dio por pensar más de lo acostumbrado en esas noches cerradas del llano. En el cero absoluto que venía con él. Comenzó a considerar la posibilidad, remota todavía, del retiro: para esa hora se reservaba el reencuentro con la sabana. Hasta ese día lo esperaría el camino de corozos, el canto del gallo a deshora. La parsimonia del pavo real caminando entre las gallinas. La medianoche sin ruido y sin miedo.

Yo siempre, en mi subconsciente, pensé en volver. Pero pensaba volver de mayor edad. Jubilarme, y venirme.

En 1986, Manuel salió de Viena para establecerse con su mujer y dos hijos en Caracas. Atrás dejaba la OPEP, y con ella los precios del petróleo llegando al sótano de los ocho dólares y el mercado de vendedores agonizando. De ahí en adelante, y durante bastante tiempo, inquietudes muy distintas a las laborales le quitarían al sueño. Para esa fecha, Venezuela vivía la dictadura del horizonte fijo: precios, moneda, tasas de interés y medios de comunicación bajo control. Se agotaban las reservas internacionales y escaseaba el empleo. Corría el tercer año del mandato de la primera mujer que gobernó a Venezuela: Blanca Ibáñez, la secretaria privada de Jaime Lusinchi, el presidente de la República.

A mi llegada no tuve tiempo de apreciar el país porque yo venía destrozado sentimentalmente. A mi mujer la quería mucho pero nos separamos, aunque no nos divorciamos en ese momento. Eso me dolió bastante. Me costaba mucho aceptar que estaría separado de mis hijos. Por eso no tuve tiempo de pensar en el país. Cuando vine a pensar, ya estaba aquí. Me costó mucho también adaptarme a la industria petrolera. Ese primer año después que llegué, hice un trabajo pésimo. Pésimo. Pésimo. Por lo agobiado que estaba.

En Petróleos de Venezuela se acomodó lo mejor que pudo a una plaza en comercio internacional que lo obligó a continuar su peregrinaje. Por tres años más estuvo haciendo y deshaciendo maletas, y dilatando la hora del regreso definitivo.

Toda mi vida creí que una finca bien gerenciada podía darme lo suficiente para vivir bien. Pensaba en venirme a Barinas, pero venirme mucho después. ¡Claro!, no imaginaba que mi papá iba a morirse tan pronto; porque él tenía setenta y nueve años cuando murió, pero era un viejo lleno de salud, intacto. Murió mientras yo estaba en Madrid. Me dicen sus amigos y mis hermanos que él tenía el temor de que yo me quedara viviendo fuera de Venezuela.

Marcelino Parra Jiménez no llegó a saber que al penúltimo de sus hijos se le estaban apaciguando las ganas de seguir corriendo, que le llegaban deseos de asentarse de una vez por todas, y devolverse al lugar de donde había salido.

Decido venirme a Barinas, porque todo lo que yo tenía estaba aquí: mis hijos y mis tierras, las que me había heredado mi papá y las que él mismo había comprado en mi nombre en 1977 y que, por cierto, todavía ni sabía en dónde quedaban. Venirme para Barinas era atender mis cosas materiales y mis cosas espirituales. Todas mis raíces estaban aquí.

Después de haber recorrido el mundo entero, decidió guardar el traje y la corbata en el escaparate, y ponerse ropa de campaña: bluyines y camisa de algodón para dedicarse por entero a la tierra, como lo habían hecho sus antepasados. Y se refugió en el único sitio que le ofrecía seguridad y tranquilidad.

Cuando el golpe del 4 de febrero del 92 ya me encontraba en Barinas. En cuanto me entero de la vaina, me compré dos sacos de sal y me vine para Corozal, porque dije: «¿De aquí, quién me saca?, aquí estoy blindado: si la cosa se pone peor, primero me como las gallinas; después, los ovejos y después, el ganado. ¡¿Quién coño me va a sacar de aquí?!». Es que yo pensé que venía una guerra civil.

11

Fantasmas de sombra y luna / espantos y aparecidos / Fantasmas de sombra y luna/ espantos y aparecidos / El gallo de mi totumo / ahuyenta con su cantío / fantasmas de sombra y luna / espantos y aparecidos.

El fundo Corozal está delimitado por dos caños y atravesado por una carretera que une a las poblaciones de Santa Inés y Santa Lucía, en el centro del estado Barinas. En su interior, además de ganado de buena raza, encierra los recuerdos más preciados de Manuel. Por eso, se entregó confiado. Antes que él, dos generaciones de Parra habían encontrado seguridad y habían salido adelante.

La vuelta a la patria chica no fue como ensayar una tonada llanera, que cuando se canta el primer verso viene todo el sentimiento de golpe. En Barinas, la plaza Bolívar está en el mismo sitio, la iglesia ocupa el mismo lugar, continúa en pie la casa en donde una vez funcionó la Inspectoría de Tránsito y a las riberas del río Santo Domingo la muchachada se sigue reuniendo los fines de semana. La llanura está ahí, pero hay algo diferente en el ambiente.

Y de repente, una historia reciente –el robo en Corozal– le hace olvidar la historia antigua –el refugio, la calma, la palabra de honor–.

Yo quería saber por qué no me habían devuelto mis cosas. Las que me robaron y que reconocí cuando la policía las sacaba de una casa. Por qué no me las entregaban si ya las habían recuperado. Fui a averiguar, y el comandante me citó a las ocho de la mañana, pero él se presentó a las doce y media. Le dije que no quería hacer ningún careo con nadie, que solo buscaba lo que me habían robado, pero el comandante no me hizo caso; llamó al jefe de Inteligencia, un cabo, y lo puso al frente mío. Yo solo quería contarle lo que había visto, no quería confrontación. Al salir de ahí, el cabo me dijo: «Como que no saliste muy bien parado, para la próxima vez te preparas mejor».

Y es que el careo fue lo que yo dije contra lo que dijo él. Fue mi palabra contra la suya. Contra la del cabo.

Tres semanas después, ese mismo cabo me llamó para pedirme dos cauchos. ¿Qué iba a hacer? ¿Ponerme en la mala con él? Le contesté que estaba bien, que yo tenía unos cauchos en la finca. Pero a los dos días lo llamé, y le dije: «¡Qué va!, los ladrones se llevaron los cauchos también».

Entonces el cabo me pidió plata.

Después de todo lo que anduvo, el terruño le reservaba amarguras. No esperaba hallar superautopistas, peajes electrónicos, pasillos con mármol. Nada más abrigaba la esperanza de encontrar lo que había dejado el día que salió para Valencia a estudiar. Nunca pensó que a su llegada una sensación extraña le subiera desde el estómago, invadiera el pecho y llegara a dolerle en la garganta.

De Barinas guardé ciertos recuerdos, y Barinas cambió como cambié yo. Las cosas son distintas ahora... Ni siquiera consigo quien me trabaje seis meses seguidos. ¡A nadie le gusta trabajar! Y no estoy hablando de encontrar un trabajador bueno, responsable, que conozca su oficio. No, hablo de cualquiera. Busco a cualquiera. Pero no consigo. Es que viene un peón, se queda cuatro o cinco meses, y se va. Nada lo amarra. Ni dinero ni nada. La gente llega, acumula plata para vivir un tiempo y renuncia. Es como un desgano, un desinterés, una flojera. Y así es todo.

Por ejemplo, yo me reúno con alguien —me refiero a cualquier perso-
na— y no puedo llevar una conversación por más de quince minutos: que si
yo tengo tantos toros, que si tú tienes aquel carro, que si las reses mías son de
calidad. Y no es que a mí no me gusten esas cosas, pero ese no es mi tema de
conversación. No, no ¡y no! Yo quiero que mis hijos sean educados bien y que
se nutran conmigo, pero temo que la mayoría vaya venciendo, encajonando,
y que uno mismo pueda terminar pareciéndose a los demás.
   Ese es mi miedo: ¿qué le va a quedar a mis hijos? ¿Qué les vamos a dejar?

Cuando Manuel tenía treinta y tres años quería dos cosas en la vida:
un carro deportivo y viajar. Cumplió sus deseos: compró el auto importado
y conoció lugares de los cinco continentes. Hoy en día no persigue nada de
eso. Quisiera poder recuperar, no tanto para él sino para sus hijos, el cero
absoluto de Corozal. La calma espesa de una noche de verano. La voz franca y la mano segura que sacuda la hamaca y espabile al que está acostado.

No me parece que dejarles cien reses o mil hectáreas va a hacer más
felices a mis hijos. Es el ambiente en donde ellos van a vivir lo que cuenta.
Eso era lo que yo trataba de decirle al comandante cuando fui a hablar con
él, cuando fui a reclamar por lo del robo: «Ustedes, que tienen el poder, que
también tienen hijos, pueden hacer algo. Ahorita, ustedes tienen el poder pero
mañana sus hijos no van a tenerlo. Nadie le garantiza al gobernador o al Pre-
sidente que sus hijos van a gozar del mismo poder. Entonces, vamos a poner
un granito de arena: devuélvanme lo que me robaron, hagan presos a los que
me robaron, y no porque me robaron a mí que vengo a hablar con usted, sino
porque ellos robaron. Pongan preso al que le robó el radio a la viejita. Hágan-
lo preso y denle una lección, porque solo así es que vamos a ir cambiando. No
hay que esperar a que roben a un señorón pesado para ir a dar una lección.
No. Vamos a comenzar ahora, y así podemos pensar que le vamos a dejar algo
mejor a nuestros hijos».
   Pero dije todo eso, y el tipo, el comandante, me miró como si yo fuera un loco.

12

No llores más nube de agua / silencia tanta amargura / que toda
leche da queso / y toda pena se cura.

Manuel cuenta cincuenta y dos años de edad, está casado por segunda vez, y tiene tres hijos, dos varones de su primer matrimonio y una hija de apenas dos años de edad del segundo. Es un tipo alto, delgado. Ostenta profundas entradas en la frente y un par de ojos chiquitos –dos paraparas lustrosas– que abre lo más que puede cuando recuerda algo bonito: el miedo no puede ser tan grande, el cariño es más. En ese momento su mirada se asemeja a la de un becerro cuando se está aprendiendo el paisaje.

De mi mamá me quedó su bondad: quien llegara a pedirle algo ella se lo daba. Era muy profunda, muy espiritual. Yo salía con ella y era ver los azules del cielo, los verdes de la naturaleza, disfrutar de una noche de tempestad. De ella me quedó eso. Eso y su confianza. Yo le tenía entera confianza, y ella a mí me contaba todo. Pero todo-todo. Ella me llegó a decir: «Es que cuando Marcelino me besa, a mí se olvida lo brava que he estado con él». Hasta ahí llegaban sus confidencias. Hasta eso me contaba.

Y si me preguntan: ¿Qué me quedó de mi papá? Que yo no le tenía miedo a nada. Nada-nada. Si me decían: «Mira ese río». Yo decía: «Vamos a meternos». Que, «mira, tres hombres armados»; «vamos a enfrentarlos». Yo lo que veo es el recuerdo de mi papá: «Haz la vaina sin miedo; si lo vas a hacer con miedo, no lo hagas».

Unos escasos hilos blancos se le asoman en el bigote, y dos líneas hondas le enmarcan la boca de donde deja salir una voz clara y fuerte, como es de imaginarse que sea la voz de un llanero. Con ese tono de cuento echado desde el chinchorro, con ese aire de relato agudo e ingenioso.

Todavía me acuerdo de la primera vez que vi un teléfono. Tenía como nueve o diez años, y estaba con mi hermana mayor de visita en la casa de una amiga de ella, en Valencia. ¡Qué vaina tan buena! El bicho sonó, mi hermana atiende y me dice: «Toma, es mi mamá, salúdala». Yo nunca había visto un teléfono ni me lo imaginaba. Lo agarré, y cuando oí la voz de mi mamá, largué esa vaina, me arrodillé y junté las manos: «¡Bendición!...».

Estaba saludándola…

Manuel Parra Parada se ríe y pela las paraparas de ojos. De repente la historia antigua es la historia reciente.

—Plé-plé-plé…a respirar el aire puro de la mañana— lo despierta Marcelino meciéndole la hamaca.

Corozal, 1997

HISTORIA MENUDA 5

Un antiguo dicho popular propagaba que toda mujer que se preciara –además de las consabidas virtudes y habilidades que debían adornarla– tenía que saber hacer tres cosas específicas: coser, escribir a máquina y aplicar inyecciones. La conseja la escuché por primera vez hace ya bastantes años en boca de Enrique Pérez Guanipa, el pediatra de mi hija, quien me la sacó a colación a raíz de una emergencia médica. El médico, que me conocía de sobra, hizo el comentario en son de broma. Él estaba bien enterado de mis habilidades y competencias y, a excepción de la mecanografía, sabía que no me caracterizo por pericia artesanal. Así que, de acuerdo a aquella clásica fórmula, no entro en la categoría de mujer que se precie. Soy muy torpe con las manos. No sé recortar ni dibujar ni pintar. Por lo mismo, no sé maquillarme con soltura, ni usar el secador de cabello, ni pintarme las uñas tipo francesas. Tampoco coso o tejo, y confieso que mi examen final de Manualidades de segundo año de bachillerato lo pasó con veinte puntos mi tía Milena –una hermana de mi papá– que fue quien hizo el bordado que yo presenté para la evaluación de fin de curso. En términos de motricidad fina reconozco sin empacho que mis manos solo sirven para garabatear letras en un papel, presionar con empecinamiento las teclas de una máquina y acariciar a mi hija, a mi marido, a mi gata. De resto, para más nada. Para más nadie.

También soy nula para la cocina, área en donde además de mi torpeza con los cuchillos sobresalgo por la más absoluta falta de talento, o de sazón que viene siendo lo mismo. Aunque, en realidad, entre los míos esto no es raro, porque la gastronomía no es un arte en el que mi familia nuclear descuelle. Pese a lo que puedan reclamar mis hermanas, que a lo mejor quieran sacar a relucir el sabroso pan de ajoporro que hace Rossana para las fiestas o el rico arroz chino que de vez en cuando cocina Carla. De las cuatro hijas de mi madre y de mi padre, ninguna sabe guisar, como tampoco lo sabía hacer mi mamá. En casa se guisaba para satisfacer una necesidad fisiológica, y a veces, con mucha suerte, se podía deleitar el sentido del gusto con algún plato –arroz con lentejas, por ejemplo–. Pero no era lo acostumbrado. Era más maña que gracia.

Mi mamá no destacaba por la forma en que cocinaba el almuerzo o la cena diaria, pero, en cambio (y a diferencia de la mayor de sus hijas), sí supo cultivar el arte de las tortas y los pasteles. Comenzando los años sesenta, tomó varios cursos de repostería; en parte, buscando ingresos propios y, en gran parte, tratando de llenar su necesidad de aprender. Sus ganas de superarse. Al terminar el sexto grado –al contrario de la mayoría de sus hermanos– intentó continuar estudiando, y se inscribió en la escuela Gran Colombia, el instituto público para formar maestras que quedaba en Los Rosales, en Caracas. En la Venezuela de mediados del siglo XX, ser docente era la elección natural para una aspirante con pocos recursos pero con muchas ganas de progresar. No sé por qué razón mi mamá interrumpió los estudios –nunca se lo pregunté–, pero sospecho que algo tuvo que ver la situación económica –¿cómo mantenerse en la capital del país?– y algo el enamoramiento. Luego de casada, ahorró del gasto diario para costearse el primer programa de repostería y desde el día en que tuvo la clase inaugural demostró que podría dominar con genio el oficio amable que impregnaba toda nuestra casa con el exquisito aroma de una torta recién horneada.

Mi madre preparaba como nadie esponjosos bizcochos, y luego cuando conoció los secretos para decorar y confeccionar los adornos de pastillaje, también supo bañar y vestir esos bizcochos con cubiertas lisas y lustrosas hechas con clara de huevo, azúcar y limón. Hizo pasteles para cumpleaños, bautizos, bodas, primeras comuniones, graduaciones. Unos simples, otros más elaborados, pero todos los que hacía le sacaban un brillo de satisfacción en la mirada. Nunca asumió el oficio como negocio. Lo tomó como una ocupación extra que, al margen de las tareas domésticas, le aportaba ganancia monetaria, pero sobre todo le proporcionaba un enorme entusiasmo personal al ver salir de sus manos las creaciones que había ideado en su cabeza. De los tiempos iniciales rescato en especial el pastel de bodas que tenía al obelisco de Buenos Aires como motivo central. Para ese encargo, después de ver fotos, postales y revistas, mi mamá amasó y cortó infinidad de planchas de pasta blanca, que luego unió y montó, una sobre otra, para asombro de sus hijas, que mirábamos cómo crecía la columna de confite que después se elevaría en el centro de la torta. Otra vez hizo una réplica de la torre Eiffel de París –construida con endebles hilos de azúcar nevada–, y otra, una inmensa fuente llena de diminutas y variadas flores blancas. Y es que mi mamá (también a diferencia de su primogénita) además de batir y hornear mezclas para ponqués y cubrirlas con sabrosos baños, tenía una notable habilidad con las manos que le permitía inventar fantasías de azúcar. En la primera mitad de la década de los sesenta, en la mesa del *pantry* de la cocina, era usual verla armar casas, muñecos, palomas, árboles y, sobre todo, flores de todo tipo: rosas, calas, mimosas, margaritas dulces que adornaban con elegancia desde los pasteles más sencillos hasta los más sofisticados.

Después de las clases de repostería que tomó vinieron los cursos de floristería, corte y costura, mecanografía, redacción, ortografía... De cada uno de ellos mi mamá sacó provecho, y cada uno de ellos, al concluirlos, le pintaba de alegría la cara. Todos los disfrutó, pero ninguno la llenó tanto de orgullo como el programa de estudios que, con año y medio de clases nocturnas, le dio en 1965 el diploma de Bibliotecaria de Historias Médicas –con mayúsculas iniciales lo escribía–, que la facultó para un oficio que ejerció hasta poco antes de morir, veintiocho años después.

Casi toda mi vida había creído que la profesión de mi mamá era el producto lógico de su carrera por aprender. Un paso más en el trayecto que había iniciado cuando tomó la primera clase de repostería o, tal vez antes, cuando quiso ser maestra. Y hasta cierto punto fue así. De una u otra manera, ella hubiera insistido en la búsqueda de horizontes; sin embargo, en la primera mitad de los años sesenta, entre 1963 y 1964, un hecho en especial le dio el empujón que le hacía falta.

Mi papá se encontraba en cama, convaleciente por cálculos en el riñón. Llevaba varios días en la casa y unos amigos llegaron a visitarlo. En el grupo había una mujer que presentaron como hermana de un compañero de trabajo. Era una trigueña buenamoza de uñas largas que, pintadas con medias lunas rojas, relumbraban al menor movimiento. La dama se sentó en una silla, justo al lado de la cabecera de la cama. Mi madre, mientras tanto, entraba y salía del cuarto atendiendo a los recién llegados. En una de esas entradas y salidas vio un comportamiento extraño, una actitud sospechosa. La visitante –confianzuda y zalamera– inclinada hacia adelante, acariciaba afectuosa el brazo de mi papá. El gesto pudo ser inocente, podría pasar por preocupación y cariño honesto, pero algo vio mi mamá que le desagradó. Y desde ese día se dijo a sí misma: «Lo que soy yo, no me quedo de ama de casa», porque entonces no se decía *cachifa*, contó después.

Semanas después de aquella escena, se matriculó como alumna regular en la Escuela Nacional de Bibliotecarios de Historias Médicas que funcionaba en el centro de Caracas. La escuela había sido fundada en 1950 por el Ministerio de Sanidad y Asistencia Social, pero su origen según los cuentos se remontaba al año 1946 cuando, bajo la primera presidencia de Rómulo Betancourt, el ministerio decidió enviar gente a Estados Unidos para que se capacitara en el área de organización y registro de estadísticas de salud. Ese primer grupo de profesionales egresó de la Universidad de Pensilvania y, una vez en Venezuela en 1950, formaron parte del primer plantel docente de la escuela, ya en tiempos de la Junta Militar que encabezaba Carlos Delgado Chalbaud.

No sé cómo mi mamá se enteró de que existía esa carrera, ni por qué razón en especial la escogió; lo que sí tengo claro es que cuando comenzó sus clases, que eran de siete a diez de la noche, quien la llevaba y la traía de esas clases, y quien además cuidaba de sus pequeñas hijas era mi papá. Y durante dieciocho meses.

Hoy, mientras la pienso y escribo, la veo enfundada en una bata blanca, con una carpeta y un bolígrafo en la mano, apoyada en un archivador cargado de expedientes médicos. Está riéndose, y está mandando a no sé quién. La veo también en otra parte. Está sentada en una silla de la cocina, un pañuelo le cubre la cabeza; con una mano sujeta una paila inmensa de peltre y con la otra bate sin parar la mezcla de azúcar y mantequilla que está dentro de la paila. A veces está riéndose, y a veces está mandando. Manda a sus hijas para que le pasemos los huevos, la leche o las medidas de harina que le toca agregar, o para que dejemos la pelea por la paleta con los restos de la mezcla que ni siquiera se ha terminado de batir.

En el preciso momento en que mi madre aprendió la técnica exacta para batir y hornear un bizcocho, llegó a nuestra casa el aroma dulce de la torta recién horneada. Un aroma exquisito que trae memorias gratas, sabores dulces. Ese olor agradable fue el que reconocí en cuanto me abrieron la puerta de una vivienda en el barrio Los Planazos, en Maracaibo. En la casa de Lísbeth Vílchez, la siguiente voz que contará su historia.

Con Lísbeth, la charla fluyó desde el primer contacto –que fue telefónico– y continuó fluyendo fácil en todas las visitas que le hice. Abordó sin tapujos y de manera expresiva el cuento de su vida, sus deseos, sus intereses. En todo momento pareció querer demostrar que se puede vivir en un rancho, pero no por eso hay que llevar el rancho metido en la cabeza. Hija biológica de Clara Luisa Vílchez y Amílcar Boscán, hija de crianza de Carmen Ferrer y Silverio Villasmil, Lísbeth nació en terrenos de un fundo a orillas de la carretera a Carrasquero, en el norte del estado Zulia. Durante los primeros veinte años de su vida vivió del timbo al tambo –itinerante– en distintas zonas rurales del estado, y luego se estableció en Maracaibo. Es zuliana de cabo a rabo, y maracucha por adopción. Cuando la abordé, pensé que en alguna oportunidad me hablaría de la gaita, la Virgen de La Chinita, el petróleo y el dulce de huevos chimbos. Pero me equivoqué. Y eso que conversamos varias veces, y por largos ratos. En música, comentó de pasada las rancheras y los vallenatos que sonaban en un tocadiscos de batería y nombró las orquestas que se presentaban en las verbenas de pueblo. En materia religiosa, mencionó a san Benito –el santo negro– y distinguió a Dios, por encima de todas las cosas –*me encomiendo a Dios desde que me paro y le pongo todas mis necesidades en sus manos, y él me las provee. Nomás creo en él. Si ese es el rey máximo, si es el que le da poder a todos los santos, cómo voy a pedirle a otro. A la Chinita, yo la respeto, pero yo no le pido a ella. ¿Le voy a pedir a un soldado, pudiéndole pedir a un general?*–. De petróleo no dijo nada. Y en asuntos de dulces, habló –ya se intuye– de tortas y de bolos, que es como llaman en Maracaibo a los pasteles de boda. Habló también de Silverio, su papá prestado, y de lo que él le dejó. *Yo me reía de él, pero ahora, viendo bien, fue el que me formó. Yo soy así como era él.*

ESO FUE LO QUE ME GRABÓ MI SUBCONSCIENTE

Allí todos tratan de poner en sus vidas las mejores cosas que pueden, y así recogen una flor,
una novia y un espejo.

JAIME JARAMILLO ESCOBAR, *Problemas de Estética*

*A mí se me olvidan algunas cosas. Las fechas, los años... Hace poco vino
tía Matilde y me dijo que nosotros vivimos en Santa Bárbara, en el propio
pueblo, que por las inundaciones nos mudamos un tiempito para allá. Pero yo
no me acuerdo de eso, me acordaba del rancho que estaba en la hacienda, en
las afueras, y, eso sí, de las inundaciones, porque casi nos ahogamos dentro del
rancho. Yo me acuerdo es de eso. ¿Será que fue tan impresionante que se me
quedó en el subconsciente?... Tía también me dijo cómo era que se llamaba la
parte de La Guajira en donde viví, pero ya se me olvidó el nombre. Cuando
ella me lo dijo, lo repetí varias veces para acordarme después, pero debe ser
que cuando lo repetí no miré hacia el lado izquierdo de la cabeza, que es para
donde tiene que mirar uno para que no se le olviden las cosas. Porque dicen
que el lado izquierdo −¿o derecho?− del cerebro es donde se almacena todo...
Pero a mí como que no se me almacena nada. Normalmente mantengo la
mente en blanco, o la tengo ocupada pensando en las tortas: cómo voy hacer
el relleno, qué le voy a poner. Ahora mismo, estoy tan ocupada en eso que no
pienso en más nada. ¡Y como me gusta tanto cocinar!*

*Desde chiquita me encantaba. Mamá se ponía a cocinar, y yo ahí:
pendiente de lo que hacía... Yo hago la comida como la hacía ella. Como yo
aprendí. Nada de salsas o pimientas. Por ejemplo, a una sopa de gallina le
pongo: gallina, verduras, sal y recado de olla. Más nada. Eso sí: dos gallinas.
Tiro dos gallinas en una olla Renaware de doce litros, aviento todo ese poco
de verduras... y ¡a revolver se ha dicho! Porque el difunto Silverio me decía
que la comida había que revolverla para que agarrara los sabores, y para que
la verdura no se viera. Y eso es lo que yo hago: revolver mi comida, revolverla
y probarla. Porque él también me decía que la comida había que probarla, y
si yo la sentía sabrosa, estaba sabrosa para los demás.*

2

Caracas, Oct. 16. El Partido Social Cristiano Copei no va a considerar la fórmula de Gobierno Colegiado propuesto por Acción Democrática. Este firme propósito de los socialcristianos fue revelado por el doctor Rafael Caldera, Secretario General de ese Partido. Antes de proseguir su gira política con rumbo a las tierras zulianas, el doctor Caldera expresó: La convención del Partido rechazó por completo la consideración de las fórmulas de Gobierno Colegiado, incluyendo el Consejo Consultivo ... Para que pudiéramos pensar en términos de consideración de esa fórmula, sería necesario que se reuniera una nueva convención. Y eso es sumamente difícil.

Panorama, 17 de octubre de 1958

Silverio Villasmil tenía pensado asistir al mitin en la plaza Baralt y, con suerte, colarse entre la gente que recibiría a Rafael Caldera en el aeropuerto Grano de Oro. Tenía todas las intenciones. En diciembre serían los primeros comicios después de diez años de dictadura, y Caldera –inteligente, católico– era a su entender el hombre ideal para salir adelante en la nueva era. Iría a vitorearlo. Hizo planes. Aireó el flux marrón que reservaba para ocasiones especiales, lustró los zapatos negros y fraguó su estrategia. Saldría temprano en el autobús hacia Maracaibo, no fuera a ser que se repitiera una tormenta como la del martes, y el río Limón se desbordara en su paso por Carrasquero. Con esos pensamientos se echó ilusionado en la hamaca la noche del jueves, pero no había amanecido el otro día cuando le trajeron la noticia de lo que sucedió con Clara, la hija de Carmen.

El médico le había avisado a Clara Luisa que no debía arriesgarse con otra barriga: no hay quinto malo, y del quinto parto se había salvado. Tenía veintiséis años de edad y ya estaba bueno, no debía tener más hijos. O mejor dicho, más hijas; porque Clara Luisa lo único que sabía traer al mundo eran hembras. Pero ella siguió empeñada en buscar al varón. Y por andar en esa búsqueda fue que se murió en la carretera a El Moján, dos horas después de haber parido otra hembra. A las tres de la mañana del viernes 17 de octubre, el grito se le quedó ahogado en el pecho cuando la llevaban para el hospital.

La velaron en el Fundo Fortuna, territorio del Caño Majayura, a orillas de la carretera. En la misma casa en donde había vivido los últimos seis años. La urna la dispusieron en una habitación que se abría a un lote boscoso y a una hilera de trinitarias de todos colores. La enterraron a las cinco de la tarde del sábado 18, bajo un sol desconsiderado que parecía no encontrar nube que le gustara para descansar.

Lo que sobrevino después se conoce por los cuentos que, años más tarde, Silverio le contó a la niña. Varias manos se pelearon por la última descendiente de Clara: un bojotico de carne indefenso que aún no tenía nombre propio, solo unos ojos inmensos que veían sin ver lo que pasaba a su alrededor. El padre, que tenía otra mujer, se desentendió de la criatura y prefirió pelearse por las hijas grandes, aunque luego también se desentendió de ellas. Carmen, la abuela, que terminó siendo la madre, se la había disputado a una tía que siempre había querido tener una hija, pero que al final tuvo que conformarse solo con darle el nombre a la recién nacida: Lísbeth la llamó. Lísbeth con acento en la i.

COPEI: A los miembros y simpatizantes del partido que desean asistir al recibimiento del doctor Caldera, que no posean vehículos, pueden pasar a la Casa Central del partido a partir de las tres de la tarde de hoy para ser trasladados al aeropuerto y a la Plaza Baralt.
Panorama, 17 de octubre de 1958

Silverio Villasmil no acudió a la cita que tenía en la plaza Baralt. Se quedó con las ganas. Tuvo que conformarse con aplaudir a distancia. En el velorio de Clara —metido en su traje marrón— leyó el discurso de Rafael Caldera que salió en el periódico, y, como si hubiera estado presente enarbolando una bandera, aplaudió para sus adentros.

Pueblo de Maracaibo: todos los venezolanos queremos que haya un gobierno democrático que nos deje pensar, nos deje hablar, que empiece de buena fe y sinceridad a hacerle frente a los grandes problemas, pero que al mismo tiempo no nos ponga en la zozobra de esperar esa amenaza inclemente de golpe... Estamos dispuestos a tener un gobierno que no nos satisfaga completamente en su posición ideológica... pero queremos votar por alguien que tenga la mayor posibilidad de acopiar fuerzas morales... Cualquiera que razone con frialdad llega a decir que esta candidatura mía es, entre las que se presenta, la que quizá tiene la mayor posibilidad de hacer frente a

los obstáculos, de convencer a Venezuela de que la democracia no
es bochinche, de convencer a todos los venezolanos de que se pueda luchar por el progreso social y de que se puede vivir ordenada-
mente dentro de la vida democrática, sin que el manido argumento
del comunismo pueda echar sombras sobre el titular del gobierno...
Vengo a hablar a todos y a pedirles que en el momento de votar
piensen cuál de los candidatos es el que está en mayor capacidad de
asegurar a los venezolanos el disfrute firme y seguro de las libertades
públicas conquistadas el 23 de enero.

Panorama, 18 de octubre de 1958

3

La apariencia, decía Silverio, es lo más importante. La camisa man-
ga corta, irreprochable, por dentro del pantalón sujeto con una correa.
Los zapatos como espejos, así fuese para caminar por sobre pantano seco.
El rostro limpio y el cabello peinado *(la gente con clase no tiene ni lunares
porque se los manda a quitar)*. Silverio Villasmil, de lo pulcro que era, hasta polvo se echaba en la cara porque no admitía presentarse con la frente
o las mejillas grasosas.

Parecía una figura de tiras cómicas dibujada al frente del rancho de
zinc. Sentado y a la sombra aguardaba el autobús, con la mochila de medicinas en las piernas y un termo de café a un lado. Cuando llegaba el colectivo, dejaba el termo, se enganchaba la mochila de tela a la espalda *(hay que
tener las manos libres para cualquier emergencia)* y limpiaba sus zapatos con
un trapo que llevaba en el bolsillo. Moreno, alto, flaco como un lápiz, feo
como él solo, pero impecable. Así salía a la calle y así le gustaba regresar,
aunque regresara con una botella de aguardiente blanco *(el único licor que
no daña el organismo)* y un loro, un pato, o un pollo prendido de la mochila.

Fumaba y bebía, pero bebía en su casa y durante el fin de semana,
acompañado de un tocadiscos a pilas que nada más sabía tocar rancheras y
vallenatos. En eso gastaba sábados y domingos, porque de lunes a viernes
se entregaba a su oficio: preparación y venta de pócimas y medicamen-
tos. Tricóferos para la calvicie, tabonucos para la tos, mezclas con bórax
para la caspa. Potingues que él mismo elaboraba y encerraba en frascos de
vidrio que llevaban una etiqueta estampada: *Villasmil y compañía*, aunque

la compañía fueran nada más que él, su mujer y los tres muchachos que criaba. Los frascos de vidrio los recogía en cualquier parte y después de un meticuloso proceso desinfectante –hervir, enfriar, lavar, secar al sol y lavar de nuevo– procedía a llenarlos con sus menjunjes curativos. El mentol en tarros de mayonesa. El vino de garrafa que vendía como brebaje para el desgano *(bueno para la sangre y estimulante del apetito)* iba en botellas de perfume. Y el Bay–rum que recetaba para la cefalea y los dolores en los huesos *(hecho con agua destilada, salicilato de metilo, alcohol, mentol líquido, color artificial y esencias de clavo y canela)* lo vertía en frascos de vainilla.

Mercadeaba los elíxires de casa en casa, y por lo que fuera. Había días que regresaba sin un centavo *(sin cobre)* para ponerle al altar de san Benito, pero con un animal a cuestas que le habían dado a cambio por los remedios. Porque un loro, eso decía, se puede vender más adelante, y un pato, un cochino o una gallina sirven para comer *(y eso también es cobre)*.

Caminaba mucho, y le gustaba asentarse en distintos lugares. De ahí que se hayan perdido detalles sobre sus orígenes. Se dice que nació en una granja de San Francisco, al sur de Maracaibo, y que había heredado de su madre el apellido y la manía por la limpieza extrema. Doña María Villasmil, refieren, era tan escrupulosa con el cuidado personal que nunca permitió que alguien le lavara un vestido. Ella misma se encargaba de sus batas de popelina y de sus fondos de color blanco. Blanco como sus uñas y como su pelo.

Se calcula que fue a mediados de los años cincuenta, mientras hacía uno de sus tradicionales recorridos de venta, cuando Silverio conoció a Carmen Ferrer, una viuda diez años mayor que él. Ella vivía en la Hacienda El Rincón, en las inmediaciones de la Cañada El Indio, una cuchilla de terreno localizada entre la ribera del Guasare y la frontera con Colombia. Carmen era alta y gruesa, con el cabello lacio y negro enrollado en la nuca y una bonita piel blanca que doce embarazos –y doce hijos– no habían podido deteriorar.

Silverio se enamoró de ella y abandonó a la mujer que entonces tenía. Y Carmen se enamoró de él, y desoyó a sus propios hijos, ya grandes, que menospreciaban al pretendiente diciendo que era un borracho. El cuento dice que él la quiso mucho –quizá más de lo que ella lo quiso a él–, y que se fueron a vivir juntos; pero el cuento también dice que el amor no fue suficiente como para que él dejara de emborracharse. Por eso Silverio Villasmil no figuró en el aviso que se publicó en el periódico invitando al entierro de Clara –la hija de Carmen–. Nadie en la familia de ella lo aceptaba.

4

Yo creo que ella, mi abuela, se metió a vivir con él mucho antes de que yo naciera. Él era quien me contaba a mí lo que pasó después de que murió mamacita. Y cómo fue que mi abuela se hizo cargo de mí, y cómo yo empecé a llamarla mamá porque ella en verdad fue mi mamá. La otra, la que me parió y se murió, era mamacita.

Silverio me contaba que yo estaba muy enfermita, y tuvieron que darme huevos de iguana para fortalecerme. Me habló de dónde fue que nací y cómo fue que pasó... ¡Porque ese hombre sí hablaba! Ese contaba todo lo que le pasaba. Siempre que salía llegaba con un cuento distinto. Contaba lo más mínimo... y mi mamá le oía. Mamá casi ni hablaba. Todo lo que ella no hablaba, lo hablaba él.

Él era de los que se sentaba con uno y explicaba. Hacía ver las cosas buenas, las cosas malas. Él era el que me decía, porque mamá, mamá a lo más que llegaba era a: «No hagas eso porque eso es malo, eso es malo y es malo ¡porque sí!». Él no. Él, cuando me decía que no, explicaba por qué no. Y me corregía: de una mala postura al sentarme, de si chasqueaba al comer. A ese señor no se le escapaba nada. Cuando estaba cuerdo, nada se le iba.

Él tenía tres hijos: Ita, la hembra —que fue la que me cuidó a mí cuando estaba chiquita, pero después se casó y se fue— y los dos varones, que vivían con nosotros. Osmer y Rafael Ángel. Nosotros éramos «su compañía». Nosotros tres nos criamos juntos, y éramos los que lo ayudábamos a preparar medicinas. Él nos explicaba que había que lavar los frascos bien, y después de lavar, ponerlos al sol porque el sol mata los bichos. Todo nos lo explicaba. ¡Todo! Yo a veces me ponía brava, porque mamá hacía unos collaritos de cuentas y él los vendía diciendo que eran para la suerte, y yo les reclamaba: «No estoy de acuerdo, ustedes hacen mal porque están engañando a la gente, eso no es ningún para la suerte porque eso lo hace mamá». Entonces él me decía: «Mi'ja, eso es la fe; yo te doy a vos una hoja, y vos decís que esta hoja te va a ayudar a vos, y esta hoja te ayuda porque es la fe que vos tengas en lo que hacéis y en lo que veis. Eso es lo que la gente cree que es...».

Nosotros decíamos que estaba loco, pero, ahora, analizando: era un tipo muy inteligente. Yo no sé por qué la gente tan inteligente la coge por beber.

Él, por lo menos, hacía sus ranchos, y en la casa no había ni luz —en dondequiera que vivíamos no había luz— pero él buscaba un sitio donde hubiera agua porque, aseguraba, el agua es vida, y donde hay agua hay de todo. Si un día se acaba el agua, se acaba todo.

5

... la población, como todos los años, comienza a inquietarse por el
volumen de agua que traen los ríos Catatumbo, Zulia y Escalante...
Panorama, 10 de marzo de 1962

A Silverio no le hizo falta leer la noticia en un diario para enterarse
de lo que estaba ocurriendo con la entrada de las lluvias al sur del lago de
Maracaibo. Él mismo, con sus propios ojos, percibió los signos de abundancia que traía el invierno: los ríos de aguas revueltas arrastraban cada vez
más cantidades de limo verde, los carros se atascaban en las calles emba-
rrialadas de Santa Bárbara, y el antiguo puente de hierro se estremecía por
la fuerza del Escalante.

Ubicada en las tierras bajas, calientes y húmedas del sur del estado
Zulia, Santa Bárbara es apenas un vecindario de la población que crece en
la ribera de enfrente: San Carlos. Subiendo por el Escalante, Santa Bárbara está en la margen izquierda del río y San Carlos en la derecha. Una
frente a la otra. Viéndose y compartiendo el destino de puerto, desde que
ambas fueran fundadas con un año de diferencia a finales del siglo XVIII.
Hoy en día, San Carlos es un poblado mucho más grande que logró ser
ascendido a capital de municipio, pero no por eso ha logrado arrebatarle
a Santa Bárbara su sitial en el recuerdo de la gente. Cuando alguien va o
viene de esos rumbos, nadie habla de San Carlos.

La vida de vendedor ambulante había llevado a Silverio hasta esas
tierras. Y como era costumbre, en el viaje cargó con su familia y con los
dos perros callejeros –Blaky y Regalito– que venían con ella.

Se embarcaron en el malecón de Maracaibo, en una piragua estrecha
acostumbrada a navegar por ese mar sin olas que es el lago. Navegaron
hasta llegar a una boca angosta, en la ensenada Zulia, y remontaron el río.
Descendieron en una costa cenagosa y de ahí en un carro de alquiler tomaron hacia el oriente, internándose en los predios de una hacienda situada
entre la aldea de Santa María y el cauce del río Chama. En un claro en el
monte se bajaron todos.

Experto en construir ranchos, Silverio levantó el suyo de la noche a
la mañana, en medio del platanal y de una densa nube de mosquitos que
ni siquiera la quema del palo de cari–cari lograba espantar. Era una habitación de zinc, con un fogón afuera para que Carmen hiciera todas las tardes

los cañuelos amasados con el queso y la leche que abundaban en las fincas de la región. Alrededor, crecían todas las variedades de plátano: dominico, topocho, cambur, guineo morado, titiaro. De hambre no iban a morir.

En la zona oscurecía temprano, y el calor pegostoso amainaba entonces para dar paso a un frío sabroso que invitaba a dormir. El sueño, sin embargo, no a todos les llegaba igual. A Silverio, por ejemplo, nunca le llegaba. Y a Lisbeti –como comenzaron a llamar a la niña de Clara–, el miedo no lo dejaba llegar. En las noches oscuras de los plantíos, la niña, por más que abría sus ojos, no veía nada, y cuando los cerraba, por más que quisiera dormir, en sus pensamientos aparecían los más raros animales que salían del agua y se escondían en los pantanos.

Platanales arrasados, viviendas destruidas, animales domésticos desaparecidos y más de 300 cuadras de maíz desaparecidas... Muchas personas, principalmente mujeres y niños estuvieron a punto de perecer ahogados al verse sorpresivamente rodeados de aguas por todas partes, no quedándoles otro recurso que trepar a los árboles y subirse a las rústicas trojas de desgranar maíz para ponerse a salvo.

Panorama, 11 de mayo de 1962

En el sur del lago de Maracaibo, cuando el invierno llega, el cielo se vuelve plomizo y espeso, y revienta en lluvias interminables. Los chaparrones lo llenan todo. Colman el cauce de los ríos que bajan de la cordillera de los Andes. Empantanan los suelos, ya de por sí cargados. Expulsan a los campesinos. Obstruyen trochas y caminos. Ahuyentan a los vendedores de pociones y artificios.

De aquel temporal, Silverio por poco se queda sin contar el cuento. Al regresar a Maracaibo, en una bodega rescató un periódico viejo y se puso a leer.

... continúa lloviendo sobre las cabeceras de los ríos Zulia, Catatumbo y Escalante... Se puede observar que las poblaciones de Santa Bárbara del Zulia, Encontrados, El Guayabo se encuentran anegadas. Así como Laguneta y Punta Gallinazo, Santa María, San José, San Antonio y San Francisco del Pino se hallan afectadas también... Grandes cargamentos de productos agrícolas como el plátano y frutos se están perdiendo...

Panorama, 28 de mayo de 1962

6

¡Yo sí he rodado en esta vida! Nosotros no duramos mucho viviendo en Santa Bárbara, porque nosotros no durábamos mucho en ningún lado. Como Silverio no tenía un trabajo fijo y mamá era muy pata caliente, nos mudábamos a cada momento... ¡Mamá! Eso sí es verdad, le gustaba mucho la calle. Ella decía: «Mañana voy para casa de Nerita, y arrancaba». Y si él cogía a beber, ella arrancaba más rápido. Y se iba a la casa de tío Roger o a la casa de tío Domingo. A donde Silverio no supiera. ¡Eso fue un trauma para mí! Yo porque era muy buena estudiante, pero casi ni podía ir a la escuela. Iba nada más que a los exámenes. Porque todos los meses nos mudábamos.

Por lo menos: si él bebía el fin de semana, ella los lunes ya se estaba yendo. Y yo, con ella. ¡Sí pasé pena, Dios mío! Él se iba a las cuatro de la mañana a vender sus medicinas, y ella, a las cinco, me vestía, agarraba su máquina de coser —su única propiedad: una máquina Singer a pedal— la desarmaba, y nos íbamos. ¡Hasta que él daba con ella otra vez! Ahí la contentaba, y la traía de vuelta. Siempre la convencía... Viajábamos en carro, en canoa, en bus... ¡Mamá! Esa visitaba a todo el mundo, y se quedaba días...

Íbamos para casa de tío Roger por donde quedan los carbones del Guasare; para casa de tío Iván que estaba en Las Morochas, más allá de Cabimas; para casa de tío Jóvito que vive en Puerto Cabello... ¡Fuimos a parar a Machiques! porque allá tenía otro hijo. A todas partes se iba a vivir para que Silverio no la encontrara, y de cuando en cuando, a mí me dejaba en las casas de la familia. En donde más me dejaba era en donde tía Nerita, en Ziruma. Allá me dejaba y: «Ya te vengo a buscar». Y me venía a buscar a la semana, a los quince días...

Y si era por él, no es por períodos largos que vivíamos en cada parte. Ese señor hacía un rancho aquí, lo ponía bien bonito, lo vendía ¡y a mudarnos! Alquilaba un camión y cargaba con todo: los dos perros, los cuatro loros, el mono, la ardilla, las gallinas, la pareja de pericos... En Santa Bárbara, yo no recuerdo que viviéramos mucho: se tocó inundar todo eso y nos tocó evacuar. Nos vinimos otra vez para acá para Maracaibo. Pero aquí, él no se quedó: en la carrera fuimos a parar a La Guajira.

Y allá tampoco duramos. Eso era tan horrible que uno no hallaba ni cómo entrar ni cómo salir. Yo no sé cómo pude vivir allá. Era como del lado del limbo. Como cerca del mar que pega con Colombia. Lejos, lejos. Ahí me enfermé. Me dio lechina, sarampión, rubéola... ¡yo no sé! Fiebre amarilla me

tuvo que haber dado... Siempre me pregunto ¿qué fuimos a hacer nosotros para
allá? ¿Por qué él nos llevó a vivir tan lejos?... A lo mejor fue para que mamá
no se le fuera.

7

El viaje a La Guajira fue largo y tortuoso. Una parte transcurrió en
un camión desvencijado que iba sin ganas por una senda de huecos. Dentro
del camión, en hileras de asientos improvisados, los pasajeros –abrillan-
tados de sudor– se acomodaban con todas sus pertenencias. Saltando en
cada bache. Compartían el polvo del camino y el olor penetrante de los
que no se habían bañado. Silverio y su compañía se sentaron juntos, y al
frente de ellos una fila de guajiras ensimismadas.

No era la primera vez que Lisbeti veía guajiras, pero sí fue la primera ocasión que contó con tiempo para detallarlas. Le causaban curiosidad. Parecían seres impenetrables dentro de sus batas inmensas de colores
oscuros y sus modales extraños. A ratos lucían ausentes, como si viajaran
solas. A ratos rompían el silencio, pronunciando palabras nuevas. Sonidos
desconocidos. Sonidos que le atraían. Se sentía maravillada por lo que
creía era un lenguaje mocho. Un idioma de juego. Trató de entender, y
quiso aprender. Mientras vivió al lado del pozo adonde las guajiras iban
por agua, lo intentó. Pero no pudo ir más allá de unas cuantas voces.
¿Caspén?, ofrecía sonriendo. *Nojoseguaira,* le contestaban. *¿Halanshepío?*,
preguntaba de nuevo, pero hasta allí la llevaban sus conocimientos. Casi
nunca entendía la respuesta que le daban, pero igual insistía: ¿Halanshepío?
y las guajiras –que ya eran amigas– la montaban en el burro y se la llevaban a su choza a pasar el día.

Una peste diezma el ganado en La Guajira y amenaza con extenderse
a otros animales e incluso personas, en su mayoría niños. En Jasai,
Cojoro, Sinchipeis y grandes extensiones de Paraguaipoa y Sinamaica
los guajiros están asombrados y llaman al mal «la peste del burro».
Panorama, 4 de noviembre de 1962

La parada inicial del trayecto que llevó a La Guajira llegó luego de
atravesar San Rafael del Moján –el pueblo más importante que hay al norte

de Maracaibo– y la Ciénaga de La Tigra. Con el sol en el centro del cielo llegaron a Puerto Mara, y en medio del zumbido de las moscas y un desfile de
gente que iba y venía de Puerto Guerrero, abordaron un bote para atravesar
el caño en que terminaba el río Limón. Lisbeti se sintió mal. Prosiguieron.
Un trecho en camioneta; y otro trecho en burros. Dejaron atrás los manglares
y el poblado de Sinamaica para encontrarse, de sopetón, sobre una sabana
polvorienta azotada por la brisa. Era una explanada interminable. Como
si el mundo se hubiera interrumpido. A lo lejos, una caravana de formas:
tres o cuatro hombres borrosos conduciendo un escuálido rebaño de cabras.
Siguieron avanzando. Continuaron. Antes de llegar a las playas de Caimare
Chico se internaron hacia el este por una vereda amarilla demarcada por
matas de cují. Pararon a las afueras de Puertecitos. En el comienzo –o el
final– de la parte venezolana de La Guajira. El sol fulminaba las pupilas, y
hacía que los viajeros inventaran mariposas transparentes.

> Por lo menos cinco niños han muerto y muchos se encuentran
> seriamente afectados como consecuencia de la aparición de una
> peligrosa fiebre... Las últimas defunciones registradas fueron la de
> un niño de 2 años, natural de la región conocida como Puertecitos
> y la de otro pequeño cuya ubicación exacta no se logró establecer...
> Las regiones en que la población infantil resulta más afectada son las
> de La Guajira adentro, donde se carece de medios asistenciales para
> combatir la enfermedad. Hasta ahora, los lugares que han reportado
> más afectados por la fiebre son: Sinamaica, Paraguaipoa, Guarero,
> Pararú, La Gloria, El Cañito, Urubá y Calle Ancha.
> *Panorama*, 6 de noviembre de 1962

La Guajira es una prolongación de tierra llana y seca en forma de
península que, en la parte más al norte de la América del Sur, se reparte
entre Colombia y Venezuela. Fue descubierta por el español Alonso de
Ojeda en 1499, al final del viaje que permitió trazar el mapa primigenio
de lo que serían las costas venezolanas. Entonces era un peladar con cerros
de poca altura y ríos flacos. Hoy, el lado que le corresponde a Venezuela
es un delgado pasillo de arena. Médanos que se mudan al son que tocan
los vientos, con charcos de agua salada, cujíes, tunas, cocoteros y uveros.
Los caseríos, perdidos y abandonados, se encuentran distantes y aislados
unos de otros.

Los síntomas de esta epidemia son fiebre alta que llega a alcanzar los cuarenta grados, dolor de cabeza intenso, diarrea y dolor de garganta. La crisis de la enfermedad se registra por las noches.

Panorama, 7 de noviembre de 1962

El sitio que Silverio escogió para hacer el rancho estaba en el medio de ninguna parte *(cerca de la mar salada)* al lado de la única mata con sombra que se veía a varios kilómetros a la redonda y una duna inmóvil a la que le había crecido el monte. El árbol, alto e inusitadamente frondoso, debió avisar que en el lugar había agua. Silverio escarbó y escarbó hasta que encontró un pozo salobre y caliente. Junto al pozo, dispuso el nuevo nido. Una pieza con techo a mediagua que se ocupaba de noche, cuando se colgaban las hamacas que durante el día permanecían pegadas al árbol.

Ayer fue declarado en cuarentena el distrito Páez, a objeto de evitar que se propague la epidemia, y se ha designado a las Fuerzas Armadas de Cooperación para hacer cumplir tal medida... En el distrito Páez hay 19.710 habitantes, de ellos: 12.747 pertenecen al Municipio Guajira y 6.963 al Municipio Sinamaica.

Panorama, 9 de noviembre de 1962

El sendero que llevaba a Puertecitos y Calle Ancha se encontraba distante y las únicas personas que en ocasiones se acercaban al rancho en donde paraba Lisbeti eran los guajiros que iban en busca de agua o medicinas. Las aldeas eran muy pobres, y muy poco lo que Silverio conseguía vender o cambiar.

Se inició en Paraguaipoa la vacunación de burros, de cuyos animales han muerto hasta ahora cerca de 500. Para su correspondiente estudio, que permitirá establecer con certeza el origen de la epidemia, fue enviada ayer a Caracas la cabeza de un burro.

Panorama, 10 de noviembre de 1962

La vida se hizo monótona. Sobre todo para Lisbeti, que vivía estragada por la resolana y el malestar que tomó por asalto su cuerpo en cuanto pisó aquel playón solitario. Cuando a la pequeña no le dolía la cabeza o no la quemaba la fiebre, se trepaba a la mata gigante y desde allí escudriñaba el cielo: de día, en busca de algo que volara; de noche, dibujaba figuras con las estrellas. A veces acompañaba a recoger sal bruta en la salina. Eran las únicas distracciones: la mata y la salina. Y escuchar los cuentos que traía Silverio, cuando regresaba de hacer trueque por sus remedios.

Con una cruz colorada en la frente distinguen a los burros vacunados entre los diecisiete mil ejemplares locales.

Panorama, 18 de noviembre de 1962

Una de esas tardes en que, trepada al árbol, miraba hacia arriba, oyó un ruido de motor. Casi enseguida vio un avión, y más atrás vino la lluvia. Una lluvia de cajas. Cajas y cajas cayeron del cielo y se reventaron contra la arena dejando ver lo que llevaban dentro: paquetes de camarones que no se sabe por qué *(yo creo que era un contrabando)* habían lanzado desde el avión. Camarones inmensos que parecían langostinos *(¡una bendición de Dios!)* y que saciaron el hambre por unos días.

Confirmó el ministro de Sanidad, doctor Arnoldo Gabaldón, que se trata de encefalitis pero explicó que la enfermedad es benigna pues en la mayoría de los casos no afecta al cerebro.

Panorama, 25 de noviembre de 1962

8

Todos los días por la mañana, Silverio abría puertas y ventanas para dejar que Dios entrara a su casa. Al despertar, ventilaba el rancho para que, junto con la brisa, Dios echara la bendición. Después, daba gracias, y hay quien todavía cree que, con la ayuda de Dios, dictaminaba todo lo bueno que iba a producirse en el resto del día: «Hoy voy a conseguir los cobres para comprar la pintura amarilla con que voy a pintar las ventanas», sentenciaba. Y en la tarde —podía apostarse—, Silverio llegaba con el pote de pintura. «Hoy voy a vender bastantes collaritos para cambiarle las gomas a Lisbeti, porque las que tiene ya están comidas». Y la niña estrenaba zapatos. «Hoy voy a regresar con doscientos bolívares para hacer una sopa de gallina». Y en la casa tomaban sopa. Nadie sabía cómo, pero lo lograba. Igual ocurría cada vez que se asentaba en algún sitio; cuando empezaba a abrir los huecos para clavar las estacas, en ese instante hablaba de lo que iba a encontrar en ese sitio. «Aquí hay agua», y había. «Aquí nos va a ir bien; vamos a hacer un gallinero, para meter bastante gallinas, y vamos a tener un cochino, y una barbacoa para sembrar tomate, cilantro y cebolla en rama». Y así pasaba. «En este lugar voy a hallar mi descanso», y así sucedió.

Esotérico, cabalístico, aseguraba que los colores transmitían energías, y en consecuencia le gustaba pintar sus casas con tonos que emitieran vibraciones positivas. Amarillo para que llegara sabiduría. Verde agua para atraer salud y prosperidad. Azul celeste para llenarse de tranquilidad. Rosado para conseguir paz. Desde que llegó de La Guajira, todas sus viviendas, además de limpias y ordenadas, destacaban por el color. Eran ranchos de zinc. Con paredes y techo de zinc, pero ranchos acicalados. Iluminados por el colorido efímero que le otorgaba la pintura de agua –que cuando llovía se desvanecía– y por las cayenas, las trinitarias y las bella a las once que sembraba alrededor *(porque una casa sin flores es lo más triste)*. Eran ranchos coloridos y alegres a los que, como si fuesen quintas, les ponía nombre. Tuvo uno que llamó La Puerta del Cielo, y otro, más arreglado aún: La Sucursal del Cielo. Al último lo bautizó El Descanso.

Una casa, pensaba, podía ser pobre pero no tenía por qué estar sucia o descuidada. Y la suya, siempre estaba arreglada. Tanto, que cuando se montaba en el autobús, bastaba con decirle al chofer: «Déjame en la casa más bonita que hay». Y el chofer, obediente, lo dejaba justo frente a la suya. Porque la casa de Silverio era la más bonita que había en toda la carretera. Bonita, por los colores.

A un rancho así, decía, provoca llegar y reposar. Y sentarse a leer en voz alta el periódico para que Carmen, que no sabía las letras, se enterara de las noticias y de las conclusiones que él sacaba de esas noticias.

9

... tripulantes del supertanquero de la Creole informaron que ocurrió entre las doce y las doce y quince de la madrugada... Íbamos navegando a poca velocidad –explicó Felipe Marval–. De pronto, la nave quedó a oscuras, debido a un cortocircuito en el generador número 2, y sin control... Se lanzaron las anclas y la nave viró a babor para estrellarse violentamente contra las pilas. Allí mismo hubo el desplome de aproximadamente 300 metros del puente y una gran parte se precipitó sobre la proa del Esso Maracaibo, el cual quedó varado en el sitio... Todo estaba sumamente oscuro... Se calcula que el primer auto cayó al agua 10 minutos después... Todos los carros que cayeron iban de Maracaibo para el otro lado del Lago. Un señor que viajaba desde Punta Iguana a Maracaibo vio cuando el puente se quedaba a oscuras y quedó sorprendido al ver que los carros que se desplazaban en dirección contraria desaparecían. Puso la luz alta y detuvo su carro cuando estaba a cinco metros del borde. En medio de una fuerte crisis nerviosa dio retroceso, llegó a Punta Iguana y allí notificó: yo no sé lo que ocurre... pero es muy espantoso. El puente se está derrumbando.

Panorama, 8 de abril de 1964

Eso fue asombroso: cuando un barco tumbó el puente sobre el lago. Fue algo muy terrible. No tenía ni cuatro años de hecho, y lo tumbaron. Se murieron como seis o siete personas.

Antes de eso, yo no le daba importancia al puente. Ni me acuerdo de la primera vez que lo vi. Me acuerdo de los viajecitos en el ferry entre Maracaibo y Palmarejo, en la costa de enfrente, antes de que fabricaran el puente. Antes, era algo normal que lo llevaran a uno para allá y para acá. A mí me llevaban a pasear, ida y vuelta, cuando me daba la tos ferina, una tos espantosa que lo único que me la quitaba era el aire puro de mar. De eso sí tengo memoria, pero del puente no mucho.

Me contaba el difunto Silverio que, en tiempos de Pérez Jiménez, al puente lo querían hacer por debajo del mar, pero como Pérez Jiménez cayó, decidieron hacerlo por encima, y se echaron cuarenta meses para terminarlo... Era el puente más largo que se había hecho en el mundo.

10

A finales de 1968, Silverio vistió de verde su rancho. Pero no de verde agua que promete salud y prosperidad, sino de verde Copei que para él representaba esperanza. Era época de elecciones, y él hacía campaña aportando su posesión más hermosa: su casa en Cerro Cochinos.

El año anterior había tomado como suyo un pedazo de terreno aledaño a la vía que une a las poblaciones de Las Cuatro Bocas y La Paz, al noroeste del estado. Construyó su morada al pie de una loma, en un solar arcilloso cubierto de maleza, rodeado de corrientes intermitentes y atravesado por la tubería que llevaba agua a Maracaibo desde la represa de Tulé. Como para entrar a la casa había que sortear la tubería, Silverio dispuso un pasadizo de madera, especie de puente, y de ahí sacó el nombre de la nueva residencia: El Puentecito.

Era una caseta un poco más espaciosa que otras que había hecho antes, aunque también era una caseta de zinc, sitiada por una cerca vegetal de chipichipi para que no entrasen las culebras. Tenía porche para sentarse a esperar el autobús, recibo *(para poner el altar a san Benito)*, comedor, cocina –con un fogón enorme–, un cuarto para los chinchorros y un cuarto *(que se llamaba estudio)* para hacer las mezclas medicinales e instalar el armario con remedios. Afuera estaba el baño para bañarse, con agua que se robaba de la tubería del INOS, y un poco más allá, una troja con una bacinilla para que los adultos hicieran sus necesidades, porque los niños para eso tenían el monte. Al fondo, y en dirección opuesta a los baños, levantó un bohío de troncos forrado con matas de parchita: un cobertizo amparado por la sombra fresca y perfumada que daban las plantas, donde los domingos pasaba el sesteo.

Así era su cuartel general. Que pintó de verde para hacer propaganda al candidato de su preferencia: el postulante del conservador partido socialcristiano Copei, del cual se declaró adepto casi desde el instante en que se fundó en 1946. Aunque no se sabe si era más seguidor del partido o de su máximo líder. Para el año 1968, una foto inmensa de Rafael Caldera brillaba en la pared de la entrada de su rancho en Cerro Cochinos.

Ayer domingo muchachas vestidas de verde vendían en las puertas de las iglesias el disco *El cambio va*.

Panorama, 2 de diciembre de 1968

Tanto Silverio como Carmen, más que copeyanos, eran devotos incondicionales de Caldera, de quien decían era todo un caballero. Un ser fino, inteligente y educado. No como esos adecos vulgares y ordinarios que no tenían ni la más mínima idea de lo que eran cultura o buenos modales. Por Caldera, ambos profesaban admiración profunda, y ese sentimiento trataron de sembrarlo en Osmer, Rafael Ángel y Lisbeti, las criaturas que en noviembre de 1968 participaron bulliciosas en los preparativos de una fiesta.

En la víspera de los comicios, Silverio compró cohetes en varillas, puso pilas nuevas al tocadiscos y la radio, y compró dos botellas de aguardiente. Estaba ilusionado: Acción Democrática lucía en desventaja por la división del partido y por el desgaste de dos períodos de gobierno. El domingo 1.º de diciembre salió a votar muy temprano. Esa vez no llevó puesto su flux marrón. Fue vestido de verde.

A la una y cuarenta y cinco de la madrugada, la oficina electoral de Acción Democrática ofreció los siguientes resultados: Gonzalo Barrios, 531.000; Rafael Caldera, 510.500; Luis Beltrán Prieto, 347.006; Miguel Angel Burelli, 321.000. Por su parte, Copei dio las siguientes cifras: Rafael Caldera, 120.000; Gonzalo Barrios, 95.000. Estos datos son procesados por las oficinas de los partidos, que ni son oficiales ni concuerdan con los ofrecidos hasta ahora por el Consejo Supremo Electoral...

Panorama, 2 de diciembre de 1968

En la madrugada del lunes, Silverio saltó de alegría cuando oyó los primeros números. Nadie le quitaba la seguridad de la victoria. Fue grande su alboroto.

Al acercarse la medianoche, la votación escrutada hasta esa hora en el Zulia indicaba resultados de: 57.783 votos para Acción Democrática... 23.732 para URD; 18.856 para el FDP; 9.693 para el FND; 81.265 para Copei; 62.965 para el MEP...

Panorama, 3 de diciembre de 1968

Dos días después de las votaciones, ya había lanzado todos los cohetes y agotado las existencias de licor, pero todavía no habían anunciado el nombre del vencedor. Decidió acercarse a Maracaibo. El miércoles por la mañanita pidió una cola. A su llegada, la ciudad despertaba de un letargo de cuarenta y ocho horas. Los comercios acababan de abrir y los autobuses y carros de línea iniciaban sus rutas. Todo el mundo comentaba la situación, pero no fue mucho lo que pudo averiguar: Prieto había ganado en las mesas de Lagunillas y Tía Juana, Gonzalo Barrios se había reunido con el presidente Raúl Leoni, y Rafael Caldera denunció que estaban reteniendo los telegramas con los resultados.

El Ministerio de Relaciones Interiores hizo un llamado a la calma. En alocución pasada la medianoche, el doctor Reinaldo Leandro Mora afirmó que el gobierno acatará y hará cumplir el fallo del Consejo Supremo Electoral. Dijo así el ministro: «el gobierno está informado del sentimiento de inquietud producido por algunos rumores como consecuencia del estrecho margen de votos que se ha presentado entre los dos candidatos presidenciales que aparecen con posibilidades de triunfo... Los partidos se anticipan a adjudicar la victoria según sus respectivos cálculos produciéndose un estado de tensión y de preocupación. En cumplimiento de su deber, el gobierno informa que está orgulloso de la normalidad del proceso eleccionario...».

Panorama, 4 de diciembre de 1968

Al acercarse el fin de semana, la emisora *Ecos del Torbes*, desoyendo advertencias, radiaba con insistencia la canción copeyana que propagaba el cambio. Los adecos protestaban, pero Silverio, cada vez que la oía, subía el volumen y desafiaba: «Va ganando, va ganando». Sin embargo, para ser feliz por completo quería escuchar la proclamación. El anuncio gubernamental de que Acción Democrática había perdido la Presidencia. Las noticias seguían confusas.

Barrios descuenta ventaja. Rafael Caldera sigue adelante, pero vio bajar su ganancia de 41 mil votos a 28 mil votos, anoche. Escrutados 3 millones de votos.

Panorama, 6 de diciembre de 1968

El domingo, una semana después de la votación, por fin conoció los resultados oficiales. Al día siguiente desempolvó el flux marrón. El traje le bailaba en el cuerpo. Después de tomar un café con leche se fue para Maracaibo a celebrar. Estaba orgulloso de que el Zulia había asegurado el triunfo. Fue el estado en donde más pesó la división de Acción Democrática.

Con 1.075.375 votos ganó Rafael Caldera. Gonzalo Barrios ocupó el segundo lugar con 1.044.081 votos. Burelli Rivas y Prieto Figueroa quedaron en tercero y cuarto puesto.

Panorama, 9 de diciembre de 1968

11

Yo me desarrollé en el bus. Bajándome del bus me di cuenta de que estaba manchada de rojo. Tenía como once años pero no me puse nerviosa: ya Silverio me había dicho que no me fuera a asustar, que me iba a venir sangre, pero que eso quería decir que me había convertido en mujer. Él fue quien me explicó. Me dijo que eso pasaba porque ya era una señorita, y entonces yo tenía que ver bien las cosas. Tenía que comportarme: no sentarme con las piernas abiertas; no andar descalza sino con las gomas o las cotizas... Y me dijo: «Cuídese, mi'ja; cuando esté sola no deje entrar a nadie, y cuando venga un enamoradito, usted le dice que haga el favor de esperar a que esté su madre o que esté yo. Sola, no deja entrar a nadie».

Y yo sí que tenía enamorados. Muchos. Si el que es marido mío me estaba dando vuelta desde que yo tenía como doce años: él estaba emperraísimo, emperraísimo conmigo. No me dejaba ni pensar.

Porque en el monte no lo dejan crecer a uno. Más yo, que antes de desarrollarme ya tenía unas tetas inmensas. En el monte, los hombres nomás le ven a uno que le nacen los pezoncitos, ya empiezan a enamorarlo a uno. Es que si uno llega a los quince años dicen que uno ya es vieja. Yo, con catorce, decían que me iba a quedar... Que me iba a quedar sin marido.

Tuve enamorados buenos. Tenía pretendientes de todas las edades que me regalaban anillos, chocolates... ¡Dios mío, sí me regalaban cosas!... Pero eso no tenía nada que ver: yo no se lo iba a dar por eso. No. Yo era muy rebelde, muy grosera; no creyeran que me podían meter mano. No. Conmigo, no.

Antes de irme con el marido mío, tuve muchos enamorados. Había un negrito. Negrito-negrito. Ese me cortejaba en la casa. Tuve unos que eran colectores de los buses; otros, choferes, viejos verdes de esos que tenían plata. Inclusive hubo uno italiano que tenía una hacienda para allá para Cachirí. Había otro que también era hacendado, pero ese no me gustó mucho porque me dijo que si nos casábamos tenía que irme a vivir a su hacienda. Y yo le dije: «¡¿Más monte?! ¡Noooo!...».

12

Un día Silverio dejó de ser Silverio. Toda su vida había sido un hombre delgado, pero, de pronto, era tan solo un montón de huesos envuelto en un saco de cuero macilento. Un saco que se inflaba de humo con cada bocanada de cigarro y que temblaba tras el primer buche de licor blanco. Cada fin de semana bebía más, o por lo menos cada fin de semana se le notaba más lo que bebía. Cuando tenía dinero, bebía aguardiente y fumaba hasta el filtro de los cigarrillos que compraba detallados. Cuando no tenía, se tomaba la reserva de la bebida fermentada –conchas de piña, pan tostado y panela– que guardaba enterrada bajo las matas de parchita, y se fumaba las colillas *(recogeme los chicotes)* que conseguía en la calle.

El deterioro fue creciendo. Al principio, imperceptible. Un poco más doblado por el peso de la mochila de medicinas, y más sangre y menos orines en la bacinilla que amanecía al lado de su hamaca. Quizá, tos y flema. Un dolor en el costado. Y el humor quebradizo: ayer animado, hoy irritable, mañana quejumbroso. «Nadie hace nada en esta casa», peleaba a veces. «Nadie me quiere», lloraba otras. «A nadie le importo», se quejaba por último, y con un mecate en la mano amenazaba: «Me voy a matar». Pero nadie lo tomaba en serio. Y Silverio, derrotado y deprimido, se iba a dormir la curda.

Los excesos y la enfermedad acabaron por minarle salud y entendimiento, y el cuerpo que había sido de un hombre confiado y conversador, fue tomado por un ser diferente. Un alma distinta. Alguien triste, apretado, lastimoso. Y ahí, Silverio dejó de ser Silverio.

No contó más cuentos ni explicó más cosas. Le dio por recitar impertinencias. Por repetir entre balbuceos las propuestas que le ordenaba al oído la borrachera. «Vení, venite para acá –llamaba a Lisbeti desde la hamaca–, vení a acostarte aquí conmigo». Pero Lisbeti, hecha mujer, no quiso oírlo. Molesta y herida dejó de hacerle caso. Desencantada, no volvió a llamarlo papá. Un buen día, harta de insinuaciones se le enfrentó *(me deja tranquila, ¿oyó?, porque cojo esta plancha y se la pego por el espinazo)* y rompió con él.

Lisbeti se fue a vivir al rancho de al lado, para que Matilde, la tía, la terminara de criar *(porque no es bueno ni es recomendable que una niña, cuando se hace señorita, viva con un señor que no es su papá).*

13

Quizá si yo me quedo viviendo con mamá y Silverio, no me hubiera casado ni me hubiera ido ni me hubiera enamorado tan rápido. Pero me fui con tía Matilde, y tía no tenía recursos y no era tan estricta como Silverio. Allá no había control ni nada.

Tía tenía dos hijas, y como el marido estaba en el Ejército, ella tenía que salir a trabajar: a lavar y a planchar ropa. Tampoco tenía casa propia, siempre andaba rodando con sus muchachas: vivía unos días con tía Unice, un tiempito con nosotros y un ratico alquilaba un rancho. Ella se estabilizó fue en Cerro Cochino, cuando Silverio le regaló una parte de las tierras que él había agarrado, y le hizo un rancho al lado de la casa. Ahí me fui a vivir.

Antes de eso, yo quería estudiar Derecho. Quería ser abogado. Soñaba. Cuando salí de sexto grado fui a buscar a mi papá. A mi papá-papá: Amílcar Boscán. Para que me diera el apellido, porque yo sentí que él no me reconoció. Ni a mí ni a ninguna de mis hermanas: no nos dio ni un caramelo. Yo fui, le dije que quería estudiar y que necesitaba que él me diera para comprar unas cosas; pero me dijo que si era por eso, él también necesitaba. ¡Esa fue la contesta que me dio! Que él también necesitaba. Fue lo más terrible: como que me hubiera echado un balde de agua encima.

Nadie me quiso ayudar, porque toda la familia era pobre y cada quien tenía su propia necesidad. Y lo que opté fue por buscarme un novio. Lo más fácil. Era una muchachita. Muy chamita. Demasiado. Si cuando yo me fui con el que es mi marido, casi ni tenía vellito entre las piernas.

Mis hermanas, cuando lo conocieron, lo odiaban; y me decían, en son de burla: tan bello, tan bonito. Yo no contestaba. Para mí, como si nada. Porque yo veía que él tenía ideas como las mías. Él tenía pensamiento de futuro: de sacar a uno del monte, de hacerle una casa, de darle a uno cosas que no tenía. Comodidades.

A mí siempre me han gustado mis cosas buenas. Cuando estaba chiquita, yo jugaba y me veía en una casa linda, de dos pisos. Esa era mi fantasía preferida. Y eso lo aprendí yo: me gustan las cosas finas. A mí, por ejemplo, me encanta una casa con cuadros. El difunto Silverio recortaba cosas de las revistas, las pegaba, les hacía un marquito y las ponía en la pared; pues yo ahora compro mis cuadros, de a poquito, pero los compro. Hay gente que me dice que es mucha plata para pagar por algo tan chiquito, y yo contesto que no, que yo me lo merezco, y me lo regalo. Cuando puedo me regalo cosas. Siempre

he hecho así: cuando me mudé para acá, de la plata que el marido mío me
daba para la semana, me compré mi cristalería. Fui ahorrando, ahorrando, y
la pagué. Ahora, esa cristalería tiene veinte años. ¡Y es cristal superior!

14

Lisbeti se enamoró de un hombre diez años mayor, con nombre de
conquistador: Alonso, como Alonso de Ojeda. El primer nombre castellano que se oyó al oeste del Cabo de San Román. El primer hombre que los
reyes católicos mandaron para las tierras nuevas con título de Gobernador.
El primer europeo que se enamoró de una guajira.

Alonso Castillo, el conquistador de Lisbeti, es hechura de varias razas.
Su padre descendía de una indígena paraujana que vívía en un palafito de
la laguna de Sinamaica y un alijuna –polaco, por únicas señas– que llegó
al estado Zulia para trabajar en las instalaciones petroleras de la Shell. Su
madre provenía de la unión entre una wayúu de Puerto Rosas, al sur de la
Ciénaga de Tastús, y un alijuna alto, blanco y de ojos azules. De esa mezcolanza de sangres salió un tipo catire, feo, delgado, de piernas y nalgas
gruesas, y ojos verdes y alargados. Es uno entre siete hermanos que nacieron
en El Matacán –asentamiento de pocos habitantes al sur del río Socuy– y
emigraron en busca de fortuna. A mediados de la década de los cincuenta
se establecieron en El Picante, un caserío en lo más alto de la trocha que
en la actualidad lleva al fuerte militar de Campo Mara.

Él andaría en los veinticuatro años, la vez que Lisbeti lo vio pasar
por su casa. Estaba regando las matas como lo hacía todas las tardes *(si*
se riegan por la mañana, el sol calienta el agua y las quema), y él regresaba
de Tulé, conduciendo una camioneta cargada de obreros que trabajaban en el nuevo acueducto. Al verse, ella reconoció al hombre feo que
había visto en otras oportunidades, y él a la niña linda que descubrió en
ese mismo lugar tiempo atrás *(tan bonita la muchacha, pero no dejan ni*
que uno la vea). Lisbeti no le prestó importancia al encuentro; Alonso,
en cambio, en ese momento olvidó la relación intermitente que desde
hacía ocho años mantenía con Olga, una guajira que ya le había dado
cuatro hijos. Y comenzó el asedio. Se le pegó a Lisbeti como el chicle
a la suela de un zapato. A toda hora se dejaba ver en la casa de Matilde
–la tía alcahueta– con un corte de tela bajo el brazo o con carne para
hacer la comida *(aquí traigo el almuerzo, para que lo hagáis y me deis)*.

Mientras Lisbeti cocinaba, él se aplastaba en una silla a leer el ejemplar de *Panorama* que siempre llevaba consigo. Leía hasta las propagandas del periódico, y como un perro que marca su territorio, ahuyentaba a cualquier otro que pretendiera enamorarla.

Lisbeti se resistía, y lo retaba *(síiiiii... tan bonito que sois, ahorita que me voy a enamorar ¿oíste?)* Pero él, sin darse por aludido, seguía declarando sus intenciones *(vos vais a ser mi esposa)*.

Por las noches, la invitaba a los bailes en La Sierrita o a las verbenas en El Moján, y los fines de semana, la convidaba a paseos para Maicao, en el territorio colombiano. Lisbeti disfrutaba de las verbenas con música bailable –Los Blanco, Los Master, Los Melódicos, Billo's– y la tía Matilde de los viajes para pertrecharse de mercancía que luego vendía en el mercado de La Limpia.

A Colombia iban los domingos. Por lo general acompañados por diez, doce o quince mujeres en la camioneta. Lisbeti iba adelante, entre Matilde y Alonso. Salían a las tres de la madrugada porque el trayecto se llevaba más de dos horas y había que aprovechar el día. Pasaban por Sinamaica, Paraguaipoa, y llegaban a Paraguachón, el último poblado antes de la frontera. Allí encontraban la alcabala de la guardia venezolana, y como veinte metros más allá, al traspasar la línea divisoria, la guardia colombiana. Entre uno y otro paisaje no había diferencia, a no ser por la barra amarilla más gruesa en la bandera colombiana y las siete estrellas en la venezolana. Por lo demás, todo era igual. En Maicao, la mañana se iba en tiendas, y a la una de la tarde iniciaban el regreso después de parar un instante en una hacienda del lado colombiano. Ahí pagaban una suma para poder encamellarse la compra *(encamellar es encaletar: esconder la ropa)*. Las mujeres se enrollaban una cabuya en la cintura, y en esa cabuya doblaban pantalones, blusas, franelas, suéteres. Se ponían y ponían prendas hasta que ya no podían caminar, y encima de todo ese ropero se vestían con sus mantas guajiras. Al llegar a la frontera, los guardias de Venezuela registraban el carro, las carteras, las bolsas, pero con las mujeres no se metían *(no podían meterse con las guajiras)*.

Varios meses y muchos viajes y regalos después, el cortejo de Alonso rindió frutos: Lisbeti agarró dos mudas de vestir y fue a tocar a la puerta del rancho de al lado *(mamá: me voy con Alonso)*. Porque ella no era de las que se iba a escondidas. No era lo que le habían enseñado. Se fue de su casa, no porque ya se le había entregado a Alonso sino porque se le iba a entregar.

Se mudó para El Picante, a una casa amplia hecha con bloques. Pero una casa ajena, una casa sin agua y sin gracia plantada al borde de una carretera sin asfaltar. Lo mejor que tenía era la electricidad –por la televisión–. Al día siguiente de haber llegado se quiso devolver *(yo creía que ya estaba, que ya había pasado todo, o sea: que ¡ya!)* pero Alonso la hizo recapacitar *(ya eres mi mujer, ahora tienes que vivir conmigo).*

Durante los cuatro años siguientes, vivió una vida distinta. Bajo el nuevo techo, limpiaba, cocinaba, veía el programa de Tarzán todas las tardes a las seis y toreaba el mal carácter de la suegra y de una cuñada, que revisaban incluso debajo de las camas para comprobar si había barrido la última tela de araña. Así terminó de crecer, limpiando una casa ajena y tratando de no escuchar los reproches porque no sabía quedar preñada.

Cuando por fin llegó el embarazo, le llegó también la hora de irse. Su cuerpo no estaba hecho para aguantar tanto maltrato *(si la madre de él me cayó a golpes)* y a la vez soportar los malestares que vinieron con la barriga. Apenas salió en estado, le dio por vomitar y desmayarse. Tuvo que ser hospitalizada en dos ocasiones. Ojerosa, demacrada, transparente, parecía que iba a desaparecer en cada esquina. Cualquiera hubiera dicho que no tendría fuerzas para enfrentarse a la parentela política. Pero la maternidad le dio valor. Cuatro años después de haber llegado, dejó la casa fea y se regresó con la tía Matilde.

15

Cuando nació Anyelith, Alonso andaba alborotado con una prima hermana mía, pero yo no sabía nada. Yo lo adoraba. ¿Cuál no es mi sorpresa cuando me entero de que él lo que andaba era echándole pichón a la prima? Lo supe después que parí, y en cuanto lo supe le dije que no, que con él no vivía más.

Pero Alonso, con la excusa de la hija, iba a verme todos los días. Y yo: nada de nada. Le hice ver que nanai nanai conmigo. Yo no se lo di más. ¡No señor! No se lo di. Entonces a él le dio por maltratarme. Se puso bravíiisimo. Y yo le dije: «Con vos no vuelvo. Cómo creéis vos que te voy a aceptar eso, si yo soy una niña todavía y me puedo conseguir, no un macho, ¡una docena de machos! si quiero. Yo me puedo conseguir otro hombre que me quiera. A mí esa hija no me hace peso. Y conmigo no vas a conseguir lo que pretendes. ¿Cómo creéis vos que yo te voy a aceptar eso?».

Y así fue como él dejó a la mujer. A la prima hermana mía. Es que si yo se lo llego a dar, nos tiene a las dos. Se queda con las dos. Ahí fue que él dejó a la mujer y se puso a construir esta casa, porque ya nosotros no podíamos seguir rodando.

De día yo vivía con mis tías, y de noche dormíamos en habitaciones de hotel. Prácticamente vivíamos en la camioneta, con la muchachita. Y no podía ser.

Después que me mudé —eso fue hace veintiún años—, viví muy bien. Tenía con él una vida muy apacible, porque yo no le paraba. Él podía tener sesenta mil mujeres en la calle pero yo no me enteraba, siempre estaba encerrada. A mí no me gusta visitar ni estar brollando, así que no me enteraba.

Estuve tranquila hasta hace como diez años cuando le dio por meterse con una muchacha de quince que le hizo un hijo, y esa sí me puso la vida de cuadrito. Anteriormente, él pudo haber tenido muchas, pero la que por poquito me vuelve loca fue esa muchacha de quince años. Yo estaba recién paría del más pequeño —ya eran cuatro muchachos— y esa mujer vivía molestando. Y yo, que lo quería muchísimo, me enfermé de los nervios, y digo que fue por los mismos nervios, por el estrés, que me empecé a llenar de manchas. Era vitiligo. Me tenían superatroná.

Un día le dije que no iba a vivir más con él, que se quedara con esa muchacha y que se mudara con ella, porque ya no iba a tolerar más. Que yo también había sido una muchachita cuando él me había llevado, y él no había hecho aprecio de mí, así que, mejor, se quedara con su mujer.

Ahí fue cuando él, todo cambiado, me dijo: «Y yo que te pensaba regalar un carro...». «¡Ahhhh! esas son palabras mayores —le dije—, vamos a ver cómo arreglamos esto». Y fue cuando aprendí a manejar.

Después que se dejó de esa mujer, tuvimos muy mala situación económica. Esa mujer lo empavó al extremo que hasta preso estuvo tres años, porque mató a una persona con el carro.

Cuando pasó eso, la cosa cambió y yo me puse a trabajar: viajaba a Caracas, compraba cosas y vendía. Vendí zapatos, vendí oro, empecé a vender ollas. Alquilé dos habitaciones en mi casa, trabajé como cocinera...

Todo eso me hizo madurar muchísimo. Agarré mínimo. Después que él salió de la cárcel, estuve por dejarme de él. Pasaron las mil y una cosas pero a partir de ese entonces, yo no lo peleo ni le digo nada. Aprendimos a convivir. Los dos.

16

Caracas, febrero 04. Al admitir el fracaso de la intentona golpista lanzada en la madrugada, el Jefe de los alzados en armas llamó a rendición a sus tropas con la advertencia de que «vendrán nuevas situaciones...». El mensaje del jefe rebelde se produjo en el Palacio de Miraflores, donde fue presentado por el Inspector General de las Fuerzas Armadas Nacionales, vicealmirante Elías Daniels, tras lograr su rendición y detención. Con voz firme y actitud serena, el Comandante del Regimiento de Paracaidistas acantonado en el Estado Aragua, habló: «Este mensaje va dirigido a los valientes soldados que se encuentran en el regimiento de Paracaidistas de Aragua y en la Brigada Blindada de Valencia: lamentablemente, por ahora, los objetivos que nos planteamos no fueron logrados en la ciudad capital, es decir, nosotros aquí en Caracas no logramos controlar el poder... por favor depongan las armas, porque ya en verdad los objetivos que nos hemos trazado a nivel nacional es imposible que los logremos...». *Panorama*, 5 de febrero de 1992

El martes 4 de febrero de 1992 es una de las pocas fechas de las que Lisbeti se acuerda. Ese día, como de costumbre, despachó a los muchachos a las cinco y cuarenta y cinco de la mañana y prendió el televisor para entretenerse al tiempo que recogía las camas. El gesto marcaba el comienzo de su jornada cotidiana. Desde que se puso a vivir con Alonso, todas las mañanas hace lo mismo: enciende el televisor, y como si fuera un radio lo deja encendido mientras hace el oficio.

Aquel día fue igual. De espaldas al aparato se puso a doblar sábanas. Lo que oyó la sobresaltó. Un locutor hablaba de asonada: «La gente debe permanecer en sus casas». Volteó a mirar la pantalla, y en el acto vio al presidente Carlos Andrés Pérez. En dos minutos se enteró. Se sobrepuso de la impresión y salió en busca de los tres hijos que estudiaban en el colegio católico, casi al lado de la Plaza de Toros. Al niño menor, medio dormido, lo arrastró con ella –Alonso seguía preso–. En aquellos segundos imaginó a militares por todos lados. La avenida cerrada y la universidad tomada. Se arriesgó conduciendo el carro por caminos verdes y atajos.

El barrio donde vive es un sector populoso que surgió a finales de 1970, a partir de unos terrenos invadidos en el extremo norte de Maracaibo. Se encuentra en las cercanías de la Ciudad Universitaria y del Cuartel

El Libertador. Ese martes por la mañana, cuando salió a la calle, todavía no estaba enterada de que el cuartel era utilizado por los insurgentes. Protegida por un colchón de aire acondicionado, a su casa no llegaron los ruidos del desplazamiento de tropas y equipos militares que había empezado a la medianoche.

Cuando se detuvo en el colegio, los soldados ya tenían tomada la zona *(toda la ley estaba en la calle)*. Las monjas estaban alarmadas. Los niños lloraban por los gases lacrimógenos. Lisbeti recogió a sus hijos y se devolvió a su casa.

Caracas, martes 04 (AP). El presidente Carlos Andrés Pérez dijo esta madrugada que los rebeldes que intentaron derrocarlo y asesinarlo para imponer «una sangrienta dictadura» en Venezuela se han rendido. «La lealtad tradicional de las Fuerzas Armadas impidió este intento criminal», dijo en un discurso por televisión, el cuarto que pronunció durante esta madrugada informando del motín militar... Horas antes, tropas rebeldes cortaron accesos a la capital e intentaban capturar Maracaibo, la segunda ciudad más grande del país. Pérez había denunciado previamente que unidades del regimiento de paracaidistas José Leonardo Chirinos encabezaban el intento de golpe de Estado. El regimiento tiene sede en la ciudad de Maracay, a unos cien kilómetros al oeste de Caracas, donde se halla una de las bases militares más poderosas. En Maracaibo, la segunda ciudad del país, y donde se concentra la mayor parte de la industria petrolera, los rebeldes rodearon el palacio de la gobernación. Se ignora inicialmente si se han rendido.

Panorama, 5 de febrero de 1992

En el Zulia, la sublevación estalló minutos después de las doce de la noche cuando una tanqueta blindada invadió la residencia del gobernador del estado. En simultáneo, distintos comandos de alzados bloquearon los accesos a la ciudad de Maracaibo y tomaron las instalaciones del Puente sobre el Lago, el aeropuerto de La Chinita, las sedes del destacamento treinta y cinco de la Guardia Nacional, el comando regional número tres, el cuerpo de patrulleros, el comando de guardacostas y la Disip. Un poco más tarde asaltaron la planta regional de televisión y los emplazamientos petroleros en Tía Juana, Lagunillas, Cabimas y Santa Rita.

Tanques y camiones militares equipados con baterías antiaéreas, ametralladoras y bazucas, estaban en distintas avenidas. La situación parecía controlada por los insurrectos, aunque en Maracaibo, a partir de la una de la madrugada, hubo enfrentamientos. Se sintieron disparos en diversos y distantes sectores. Las detonaciones se oyeron en El Milagro, Los Haticos, La Trinidad, la plaza Bolívar, el paseo Las Ciencias, la plaza Baralt y la plaza de toros.

> El movimiento sedicioso tiene su centro de operaciones en el Cuartel El Libertador, donde uno de sus líderes identificado en medios oficiosos es el Comandante del 103 Grupo de Artillería Misilística Monagas, que es la Unidad Superior de Combate de mayor poder del Ejército venezolano. El oficial en una entrevista que le hiciera la Radio Calendario... señaló que la situación en el Zulia la tienen bajo su control... Justificó la acción tomada manifestando que había llegado la hora de definir posiciones en el sentido de que Venezuela, siendo un país inmensamente rico, el gobierno de Carlos Andrés Pérez lo había colocado de rodillas ante el Fondo Monetario Internacional, el Banco Mundial, las transnacionales y lo más grave: haber puesto en peligro a la Patria de Bolívar de perder su nacionalidad y uno de sus patrimonios más caros y vitales como es el Golfo de Venezuela, que ha puesto en bandeja de plata ante Colombia.
>
> *Panorama*, 5 de febrero de 1992

A las siete y media de la mañana, cuando Lisbeti y su familia se encontraban a resguardo frente a la pantalla del televisor, en las adyacencias a la Facultad de Ciencias hubo un combate entre los amotinados y las fuerzas leales al gobierno. Baterías antitanques se apostaron detrás del estadio deportivo y las miras de los cañones se dirigieron contra el cuartel El Libertador. El movimiento sedicioso, que había sido dominado en Caracas, se mantenía vivo en Maracaibo *(aquí no había fracasado nada)*. En el transcurso de la mañana, un helicóptero artillado y dos aviones *Mirage* sobrevolaron el fuerte militar. A las once, uno de los aviones se dejó caer en vuelo rasante sobre la instalación. Casi a las doce del mediodía, desde la capital de la República, se vio y oyó rendirse al que dirigía el golpe. Entonces fue cuando en el estado Zulia creyeron que era verdad lo de la rendición. Cuarenta y cinco minutos más tarde se entregó el grupo que había tomado la residencia del gobernador y a la una, en El Libertador, sonó el toque de clarín que declaraba la retirada de los últimos alzados. A esa hora, fue que a Lisbeti se le quitó el susto (*no es el golpe, sino la consecuencia: el sacrificio de los que pudieron matar*).

A las nueve de la mañana el Hospital «Doctor Adolfo Pons», del Instituto Venezolano de los Seguros Sociales, había recibido tres pacientes por causas imputables al intento golpista. El primer ingreso se recibió a las 5:55 de la mañana con una herida de bala, la cual le ocasionó la muerte a la paciente. Respondía al nombre de Ana Ligia González, quien, muy temprano, se dirigía a su trabajo cuando recibió la voz de alto, la cual fue desacatada. El hecho ocurrió en el sector La Tubería. Los otros dos heridos son efectivos del Ejército.

Panorama, 5 de febrero de 1992

17

La casa que Alonso le hizo a Lisbeti no tiene nombre. Se reconoce por las baldosas de ladrillo y la reja de color negro. Esas son las señas que ayudan a encontrarla, porque el cartel que dice «Dulcería y Repostería Lísbeth» tampoco se distingue. Un árbol de pino y una mata de mango le roban la atención. La vivienda es una construcción agradable y cuidada, pintada de blanco (*una quintica*). De la reja de la entrada, un corredor de granito flanqueado por jardineras con ixoras rojas conduce a una puerta de madera que permanece cerrada: el que quiere entrar tiene que tocar el timbre. El hecho de que allí se trabaje con repostería y la gente toque y pregunte y se devuelva, no es excusa para dejar la casa abierta. Tampoco lo es el calor. Para eso están los aparatos de aire acondicionado. En el hogar de Lisbeti, la puerta siempre está cerrada. Ni siquiera se mantuvo abierta cuando, hace cuatro años, inventó el negocio de los dulces para vender y puso una mesa en el porche que exhibía los manjares. Ni siquiera entonces. El que quería comprar, tocaba y esperaba hasta que el aroma a galleta y golosina le golpeara en la cara.

La idea de la dulcería le vino a Lisbeti una noche que regresaba del restaurante en donde trabajaba preparando platos con mariscos y pescado (*Dios, si yo soy tan buena en la cocina, por qué tengo que seguir corriendo*). Quería trabajar bajo su propio techo. Probó pegando un aviso al lado de la ventana: «Se hacen tortas». La suerte sonrió. No había terminado de hornear un bizcocho cuando ya tenía tres personas esperando por una ración. Se las llevaron calientes.

Al principio hizo tortas blancas, luego de chocolate y de durazno. Si un día no vendía, al siguiente sacaba la mesa más temprano y variaba los postres. Se fue arriesgando. Galletas, suspiros, tres leches, enrollado. A los cuatro meses tuvo que quitar la exhibición porque solo podía atender los encargos: pasteles para cumpleaños, brazo gitano, profiteroles, bolos para celebrar matrimonios y fiestas de quinceañeras.

Desde esa época el aroma a bizcocho se riega por todos los ambientes y a veces se cuela hasta el patio en donde están el loro, los periquitos y las cuatro jaulas de los hámsteres. Es un olor agradable que hace pensar a la visita en una taza de café con leche y un desayuno de domingo, aunque sea martes por la tarde y la dueña de la casa no tenga tiempo de preparar café sino atender lo que ya está haciendo: un pastel de chocolate decorado con fresas y crema que debe estar listo para las siete de la noche. En ese momento, la cocina luce revuelta. La licuadora funcionando, el pote de azúcar abierto y fuera de su puesto, dos de las cuatro hornillas encendidas, tres recipientes y varias cucharas sucias en el lavaplatos y en la mesa un rollo de papel aluminio y una torta marrón abierta en dos esperando que le rellenen el corazón.

Lisbeti está cocinando y trata de recordar cosas de su pasado. De repente, pide excusas por el rebulicio. Pero el rebulicio es momentáneo y solo es en esa habitación. El resto de la casa está intachable. Lustroso. Alfombras de área y muebles de tela de color blanco impecable, mesas y vitrinas brillantes, copas transparentes, sillas y adornos en su sitio *(cada cosa tiene su puesto)*.

En los últimos tiempos le llueven pedidos. Cada vez está más ocupada *(la semana pasada hice nueve kilos de torta, aparte de los dulcitos)* y no le sobran minutos para hacer o pensar en algo diferente a recetas. Por eso, cree, se le pierden los cuentos. Su mente está llena de encargos y no guarda espacio para detalles. De su cabeza han desaparecido datos antiguos, cronologías, fechas exactas. Dice que se le han olvidado, y en este preciso instante se encuentra muy atareada: sus ojos y sus manos están con una olla que está sobre la hornilla. Deja de revolver, deposita un punto de la mezcla azucarada en la palma de la mano. Prueba *(está bueno)*, apaga el fuego y continúa. Envuelve dos tabletas de chocolate derretido en tres tazas de crema pastelera y un pellizco de recuerdos. Nada más que una pizca.

Amílcar Boscán, el padre biológico, murió de peritonitis hace muchos años y ella no le guardó luto. La tía Matilde tuvo tres hijos más y vive con varios de ellos en el rancho que dejó Silverio en Nueva Lucha *(ahora es un rancho de bloques)*. De sus hermanas: Emirsa reside en Maracaibo y es dueña y señora de su hogar; Margarita es costurera y vive en Santa Cruz de Mara; América trabaja como secretaria y está en Maracaibo; Hilda estudió Educación en la universidad y Desis se graduó de maestra.

De los hijos de Silverio, Ita sigue casada y se encuentra en Machiques. Osmer se perdió en el mapa, no se sabe si está vivo o muerto: lo último que se supo fue que se internó en la Sierra de Perijá, en territorio de los yukpa. Rafael Ángel *(el más guachafitero)* murió a los diecinueve años, víctima de sus propias bromas: apuntó con un dedo a la espalda de un amigo *(¡manos arriba! Estás atracado)* y el amigo, sin reconocerlo se volteó y disparó el arma que traía consigo.

Carmen Ferrer, abuela y madre, siguió caminando y visitando familiares hasta que falleció a principios de la década de 1980, ocho o diez años después de haber sufrido un accidente que la dejó con medio cuerpo paralizado *(pero chueca y todo, no dejaba de caminar ni de salir a la calle)*.

Silverio Villasmil, el papá prestado, murió sin que nadie se diera cuenta. Una fecha cualquiera de 1976 se acostó a dormir la borrachera y cuando lo fueron a despertar, estaba muerto. Tal como lo había pronosticado el día que levantó el rancho en Nueva Lucha: «Aquí voy a encontrar mi descanso».

18

El difunto Silverio me decía que cuando tuviera mis hijos, les hablara, los enseñara a que las cosas tenían que ir en su lugar, porque cuando a uno no le dicen nada, se cría como sinvergüenzo. Yo hablo mucho con ellos, y les digo las claridades en su cara. Les digo que tienen que hacer las cosas bien, porque eso es muuuuy bonito, muy bonito, que a uno lo recuerden porque sabe hacer las cosas. Yo me siento muy satisfecha cuando me dicen que está sabrosa una comida, que está buena. Eso me llena el ego. Me llena mucho de regocijo. A mí me gusta que las cosas me queden bien. Puede ser que yo no sepa cómo hacer algo, pero yo busco y aprendo. Una vez una señora me pidió una torta para la hija que cumplía quince años. Yo había hecho tortas pequeñas, pero nunca un bolo para quince años. Empecé a preguntar, y conseguí la receta, y preguntando logré saber cómo era el asunto. Hice una torta para probar, y quedó riquísima. Pero no sabía cómo hacer la pasta con que se cubren los bolos. Pues no me di por vencida: compré ingredientes dobles, para probar. Hice la pasta y se cayó. La masa no me daba consistencia. La volví hacer, ahí no se cayó pero quedó durísima, no se podía amasar. Puse a toditos a que me ayudaran, hasta Alonso mismo me ayudó a amasar... Y así fui, hasta que al fin la saqué. Esa torta era para las siete de la noche, y yo llegué como a las doce, pero la hice, y quedó bien bonita.

Nadie nace aprendido, y todo el mundo aprende. ¿No voy a aprender yo? Y eso es lo que tienen que ver los hijos míos. Y por eso, se los vivo diciendo.

Yo no me lamento. He podido tener malos momentos, pero ¿mala suerte? No creo en la mala suerte. Lo que no se hace es lo que se pierde. Yo, pueda que tenga una semana mala en la que solo me encargan una torta, pues yo digo: «No importa, eso es que la semana que viene me van a salir bastantes». Y me voy para el mercado, y compro diez kilos de harina, porque, seguro, voy a hacer diez kilos de torta. ¿Y qué pasa? ¡Que me salen las diez tortas!

Ahorita, gracias a Dios, tengo bastante trabajo, y estoy ahorrando. Estoy reuniendo porque me propuse comprar un carro. Y yo no dejo una cosa sin terminar, eso también lo aprendí yo. Me voy a comprar un carro para ponerlo de taxi, porque hay que buscar los cobres. El difunto Silverio decía que la plata está hecha, lo que hay que hacer es buscarla.

Ese hombre a todo le sacaba lo bueno. Cuando nos tocó vivir en Cerro Cochino, allá la tierra era dura, eso era piedra: du-ra, y él tenía unas matas bellísimas. La energía la tenía buena, era muy positivo. No me acuerdo de haberle oído algo negativo. Nunca. Cuando no había nada para comer, él llegaba y hacía un arroz, un arroz aguado como una sopa, le echaba auyama y yuca, que era lo que había, y cuando lo comía nos decía: «¡Mmm!, está sabroso, probalo, ¡quedó rico!». Y eso era horrible, pero él consideraba que estaba sabroso. Jamás, jamás en la vida se quejaba. Él buscaba cómo resolver. Y si no era arroz aguado, llegaba: «No te preocupéis, que ya vengo con doscientos bolívares y vamos a hacer una sopa de gallina». Y salía y regresaba, y si no traía los cobres, traía la gallina. ¿Cómo hacía? Se las averiguaba. Él no se quejaba, él hacía que las cosas pasaran.

Y así soy yo.

Estuve analizando las cosas y debe ser verdad, tiene que ser así: como yo soy, tiene que ser que lo traigo desde niña, que eso fue lo que me grabó mi subconsciente.

Maracaibo, 2000

HISTORIA MENUDA 6

Durante muchos años leí el periódico comenzando por el final. Así me acostumbré de niña y así me gustaba leerlo. De atrás para adelante. Agarraba el legajo de papel, lo desplegaba y dándole vuelta, me detenía en las notas de la última página. En la crónica roja. Luego, continuaba con el resto del periódico. Era un ritual inalterable, una costumbre que adopté desde pequeña y que mantuve por muchos años, hasta que la publicidad (que acaparó los espacios), los estudios de periodismo y la intensidad de las crónicas –que de rojas pasaron a ser moradas– acabaron con la costumbre.

En los días de mi infancia, las noticias llegaban solas –mejor dicho, las llevaban– a mi casa, y eran lo primero que uno veía al abrir la puerta del apartamento en la mañana. Alguien había llevado el diario en la madrugada y lo había dejado ahí, en el suelo. No hacía falta que lo metieran por debajo de la puerta o en un buzón bajo llave o lo dejaran con la conserje o lo tiraran por una ventana para asegurarse de que no se perdiera. ¿Quién se iba a llevar un periódico? ¿A qué ocioso se le ocurriría robarse un montón de papel? Ni siquiera por maldad.

La vida capitalina era serena y segura, a pesar del rebulicio modernizador que traía nuevos rostros a la capital, y de la inestable situación política que hablaba de alzamientos militares, atentados guerrilleros, voladuras de puentes y de oleoductos en el interior del país. En aquellos primeros años de mi infancia, la gente grande atendía cosas grandes y no malgastaba tiempo en ocuparse –o preocuparse– por algo tan menudo como improbables hurtos de diarios.

Las noticias impresas llegaban sin falta a mi casa y a la niña que era yo, más temprano que tarde debió llamarle la atención el fajo de papeles que aguardaba a que mi papá, después de un vistazo, lo depositara en la mesa de la sala, y a que mi mamá, después del suyo, lo pusiera en el cuarto para revisarlo en la noche, con más calma. En cuanto aprendí a leer, el periódico se convirtió en una invalorable compañía. En los momentos muertos en que no había más tarea que hacer, no tenía ganas de jugar con las muñecas y estaba prohibido ver televisión porque «estas no son horas», repasar las inmensas hojas del diario se convirtió en un hábito del que todavía no me he podido librar. Me atraía lo que escondían las letras en blanco y negro, y lo que contaban las fotos y los dibujos animados. Los domingos esperaba con emoción el suplemento de muñequitos, y en cuanto lo veía sobre la cama de mis padres (los domingos se leía el periódico en la cama), lo tomaba y no lo soltaba hasta que terminaba. Era inusual un fin de semana sin las aventuras de Popeye, Pilón, Brutus y Rosario (en mis días, jamás se le llamó Olivia) que salían en la primera página o sin los episodios continuados de *Mandrake, el mago*, que iban en la penúltima. Pero era impensable agarrar el suplemento y pasar de largo sin saber cómo continuaba la historieta de *El Fantasma*, que –como la noticia más atractiva– salía en la última página de la edición de «las comiquitas». Cada siete días, sin falta, comenzaba a leer el suplemento por la última página, por las aventuras del duende que camina.

Pronto, las notas de última página acapararon mi atención: el periódico inmenso se desdoblaba fácil revelándome el encanto de las noticias de sucesos. Fue por la pluma de periodistas como Ezequiel Díaz Silva y Germán Carías que me enamoré de la lectura de los textos periodísticos, de los relatos, de las historias que me son fáciles de asir y fáciles de creer porque –desde una perspectiva intimista– me remiten a paisajes y realidades concretas. Como las crónicas policiales de Díaz Silva o los reportajes vivenciales a que me acostumbró Carías.

Mientras los periódicos y el país en pleno se ocupaban de la situación política que se vivía en aquellos delicados años de los sesenta (guerrilla, asonadas, división de partidos, allanamientos, protesta estudiantil), y destacaban la trascendencia de la primera transmisión de mando entre dos gobiernos democráticos, yo me entretenía leyendo los títulos de la sección que reseñaba robos, homicidios, peleas maritales entre famosos, accidentes aéreos, suicidios de artistas y de políticos. Noticias de última página que a cada tanto daban cuenta de la aparición de un nuevo enemigo público número uno: ayer, un estafador; mañana, un ladrón de bancos; pasado mañana, una sofisticada mezcla de esos dos tipos de malhechores.

Leyendo primero los titulares y más tarde las crónicas de sucesos supe –en 1964– de los entretelones del caso de Luis Biaggi –el padre Biaggi–, a quien tres años antes habían encarcelado por el asesinato de su hermana; del choque del tanquero Esso Maracaibo contra uno de los pilares del puente General Rafael Urdaneta, que se había inaugurado apenas en 1962; de las muertes violentas que –en 1965– tuvieron la esposa de un capitán de aviación y la de un diputado al congreso; y de las andanzas y fechorías de un asaltabancos y ladrón de casas llamado Alfredo Ventura Linares –creo que entre 1966 y 1967–.

De las muchas historias que leí entonces no creo que pudiera entender los entresijos que las rodeaban, menos su alcance o magnitud. Tomaba de ellas el cuento, la anécdota que me llegaba con los encabezados de grandes letras, y después –cuando me enamoré de la crónica– con las reseñas de escritura fluida. Eran textos que me atrapaban por sus historias, llenando mis horas tanto o más que las fotografías con leyendas inmensas de la revista *Life* que encontraba justo al lado de los suplementos y las novelitas de Marcial La Fuente Estefanía cuando visitaba la casa de mi tío Felipe, o las fotonovelas de Corín Tellado que devoraba a escondidas cuando me quedaba con mis tías Conchita y Milena o cuando iba a Tejerías, y me encerraba a leerlas en el cuarto de mi tía Aleja o en el escaparate de mi prima Victoria.

Leer el periódico es una costumbre que se me instaló en la infancia, al igual que le sucedió a mucha gente que recibía el diario en su casa, muy temprano en la mañana. *El Nacional* llegaba todos los días a mi puerta, como *El Universal* llegaba a la del que hoy es mi marido, y *El Nacional*, *El Universal* y *El Mundo* llegaban al hogar de José –la figura central del próximo cuento–. Él también en su niñez aprendió a familiarizarse con la prensa, y también convirtió en hábito su lectura diaria.

Y sigue con la misma práctica, aunque a su puerta ya no llega ninguno de esos tres periódicos, y cuando sale a la calle tampoco consigue un pregonero que se los venda ni un quiosco que los exhiba, junto con cigarrillos, chicles, chocolates y refrescos. Desde hace años, el diario que dejan en la casa de José no destaca en su última página los sucesos de Caracas, lo que no quiere decir que los ignora. El periódico que él lee ahora (y que leía en 1998, año en que hablamos por primera vez), de vez en cuando se detiene en los asaltos, los robos, los asesinatos y los hechos más importantes que ocurren en Venezuela. Y José toma nota. Conoce las estadísticas que registran decenas de homicidios en un fin de semana. Las informaciones sobre las tasas de interés. Los resultados de la liga de beisbol profesional. Los reportes de la política nacional. Y de esas novedades habla y habla, a veces sin parar. Porque entablar conversación con José no es difícil. Al contrario. Como si narrara un hecho noticioso, él atrae con sus historias, atrapa con sus cuentos. En nuestra reunión inicial, después de tres horas de charla fue cuando me di cuenta de que el micrófono del grabador no funcionaba. Y es que José envuelve con su cháchara. *Yo cuento toda vaina. Todo. Tanto, que en mi trabajo me dicen: «¿Por qué todo el mundo tiene que saber de tus peos?...». Y es que a mí me importa un coño que la gente sepa mis peos. ¿Sabes qué? Que cuando uno cuenta sus problemas, uno, sin darse cuenta, encuentra soluciones.*

MAL SUEÑO

Me bastaría un murmullo en una calle de Helsinki para reconocer a un caraqueño,
me bastaría verlo de reojo en un bazar de Samarkanda, eligiendo un tomate
y lo gestual me lo haría fraterno, como los saludos masónicos.

JOSÉ IGNACIO CABRUJAS, *Caracas*

¿Por qué me vine? Ya ni sé. ¿Por qué me quiero ir?... Eso sí lo sé. El día
más feliz de mi vida será el día en que pise el aeropuerto de Maiquetía. El
sueño mío, la fantasía mía es esa. Lo juro.

A veces, parece que hablara solo. Habla hasta en medio de una plaza
y al frente de la estatua. Si lo apuran mucho, le saca conversación a la propia estatua. No se anda con rodeos; enseguida entra en confianza, y si por
casualidad a la estatua le da por no responder, igual se pone a contarle sus
cuentos. No se intimida por las miradas de piedra. Hace mucho aprendió
que hablando se entiende la gente, por más dura que sea. Cuando habla,
descarga, ventila asuntos y encuentra solución a sus problemas.

El dilema que tiene es que en el lugar donde vive ahora, no hay plazas con figuras de piedra. Aunque, la verdad sea dicha, sí hay personas que
se le parecen: monumentos fríos a los que, sin embargo, en alguna ocasión
le provoca recitarle sus cuitas. Echar para afuera su agenda personal. Su
minuta de mañas, el laberinto de sus secretos.

He llegado a decir: «Me voy, yo me voy ¡ya! Me la voy a jugar, y me voy
a ir y después veo...». Es como una fantasía de volver. Volver a mis raíces. Es
que me entran unas ganas mucho más grandes que las que me trajeron para
acá, porque aquello es lo mío, ¿me entiendes? Esto no. Esto era algo nuevo que

yo estaba experimentando, y aquello ya lo conozco. Aquí, yo llegué a lo más que podía llegar, y si me quedo voy a seguir en lo mismo, y no quiero estar en esto toda la vida, todos los días.

El reloj suena a las 6:10. El quehacer está cronometrado. A las 6:20 se levanta de la cama, se lava la cara, se cepilla los dientes, se cambia. Listo para tomarse el café que espera en el termo desde la noche anterior. Prende el primer Marlboro y sale, recoge el periódico, se devuelve y lo deja en el sofá. Son las 6:30 de la mañana. Lo espera media hora de manejo. A las 7:00 está traspasando el *hall* de la empresa y minutos después enciende el *walkman* que lo acompaña como un escapulario bendito. 8:30: toma un *break* de media hora, suficiente para desayuno y noticias. 9:00: de vuelta al trabajo. 11:45: almuerzo. A las 12:00 oye radio por quince minutos más y luego reposa hasta la 1:00, cuando retoma sus labores. A las 3:00 en punto es la hora de salida. Se quita los audífonos, y apaga el escapulario.

Desde hace cinco años ese horario le llena la vida y le lleva comida a su casa. Sin fallar, de lunes a viernes. Si ocho años antes le hubieran dicho que así iba a ser su rutina diaria, a lo mejor se hubiera burlado. Ningún pitoniso le iba a pintar un horizonte de entradas y salidas o un futuro con tareas y recreo. Hace ocho años no hubo vaticinio: no hubo brujo que se cruzara en su camino, y si lo hizo ya se le olvidó. Como también olvidó muchas cosas de su historia de antes. De esa, casi ni se acuerda. De esa, nada más retiene fragmentos. Episodios. Fogonazos de una memoria que aún no se había inaugurado de manera oficial. Porque lo recordable es reciente. Porque lo memorable pareciera tener que ver con la maleta que hizo una mañana azul caraqueña, en enero de 1990. Como si la vida hubiera comenzado a ser importante en el momento en que llegó a los Estados Unidos.

2

(De mi infancia no recuerdo nada en especial. Será porque como éramos tantos no hay nada que se destaque. Nada especial. Nosotros somos nueve. Nueve hermanos y todos muy unidos. Frank, Elina, Elba, Evelyn, Estela, Pedro, Enrique, José y Jesús. Cinco varones y cuatro hembras).

3

La línea aérea American Airlines confía en que a corto plazo podrá incrementarse el volumen de turistas transportados por esa empresa hacia Venezuela, como consecuencia tanto de la promoción que realiza en el mercado estadounidense, como por el hecho de que este año comenzarán a operar la ruta Maiquetía-Miami...

El Nacional, 5 de enero de 1990

Yo me vine por aventura. Nada más que por eso. No fue por situación económica o por otra cosa, fue solamente por aventurar. Toda la vida había querido hacerlo. Miami siempre me había atraído... Bueno, Miami específicamente no, más bien eran los Estados Unidos. Miami sería porque era lo más cerca. Mi hermana Estela y yo, hablábamos de venir a estudiar aquí. Mi sueño era hablar inglés. Para mí, esto era el paraíso. Lo máximo.

Una muchacha bonita intenta abrirse paso en el autobús que baja por Ocean Boulevard. Carga una inmensa bolsa de plástico de Dillard's que casi le cae encima a un niño de aspecto latino que dormita en un asiento. La muchacha logra conseguir un puesto y se acomoda a observar por la ventana. Es de Venezuela, no hay duda. Y no solo por la bolsa de compras. Tal vez sea por lo bonita o por la manera en que gasta el tiempo disfrutando del paisaje, en vez de ocuparlo leyendo un libro o resolviendo un crucigrama.

Los venezolanos en Miami son fáciles de reconocer. Unos visten pantalones Levis, franela Tommy Hillfiger, calzan Timberland, lucen lentes Oakley y exhiben un celular. Otros no son tan pretenciosos y se descubren por el acento rochelero; aunque si fueran mudos, igual los delataría la calcomanía tricolor en el parabrisas, el paquete de cerveza Polar en el carrito del automercado o la franela del Instituto Regional de Deportes del Estado Miranda.

Unos y otros tienen sus antepasados en los etiquetados 'Tá barato que a finales de los setenta arrasaban las tiendas y compraban de a dos, y después en los banqueros y políticos que buscaron exilio. Todos siguieron la misma estela al país de las maravillas. Todos (turistas, políticos, desempleados, empresarios, estudiantes, aventureros, fugitivos) buscan su propia nube. El mundo precioso y feliz que sienten comprando apartamentos en efectivo en Brickell Avenue. O apenas pisando la tierra prometida acompañados de cosquillas en el estómago y mil dólares en el bolsillo.

Virginia y yo llevábamos casi dos años de novios, y un día le dije: «Me voy.
Yo me voy un tiempo para allá, a ver qué puedo hacer». Y me vine. Así, sin más.
Es que yo soy ambicioso. Siempre he querido superarme. Siempre quise
subir. Y no es por lo económico. Quería hacer otra cosa... ¡Coño, triunfar!...
Ser alguien.

4

Hoy es el día más importante de la historia política contemporánea de Venezuela. Rómulo Betancourt, presidente de la República electo
libremente por el pueblo, entrega el poder a Raúl Leoni, también electo
presidente de la República libremente por el pueblo. Es la primera vez que
ello sucede en el Gobierno de Venezuela. Y la historia grande recogerá este
hecho singular y las generaciones por venir lo aprenderán en los libros y por
siglos se recordará, cualquiera que sea la adjetivación subsiguiente. Esta es
la pura y escueta verdad. Esta es la realidad de hoy 11 de marzo de 1964.
El Nacional, 11 de marzo de 1964

Irma tenía novedades a las diez y media de la mañana cuando comenzó
la toma de posesión, pero no dijo nada. Todo el mundo estaba pendiente
de la ceremonia de traspaso y ella, callada, aguantaba. Irma, de ojos claros, piel blanca y baja estatura, se sentó en el mueble a ver la televisión,
como todos los demás. Aún faltaba para arreglarse. No había apuro. La
situación le era familiar. Ya la había superado siete veces. Había parido un
varón, del primer matrimonio, y cuatro hembras y dos varones más, del
segundo. Este sería el octavo hijo.

Al terminar los discursos y el cambio de banda, solo dijo: «Tengo
que irme». Y salieron en volandillas para una clínica en Las Acacias porque
en El Valle ya no quedaban médicos parteros. Mientras se montaba en el
carro, echó una ojeada. A la plaza y a la iglesia que quedaba más allá. Aún
estaba en pie el cine pero ya no había huella del nicho de san Roque en
la esquina de enfrente. Volteó a la izquierda, y vio cómo crecían las casas
cerro arriba. Su nuevo hijo no conocería la Calle de Atrás ni sabría en qué
lugar estuvo una vez la estación del tranvía o por dónde pasaba la proce-
sión del Nazareno o de dónde bajaban los Reyes Magos en enero. Mucho
menos podría ubicar la esquina de La Bodega. Su paisaje sería otro, y

sus cuentos, también otros porque ni siquiera valdría la pena hablarle de
recuerdos que se quedaban sin escenario.

En 1964, la parroquia El Valle no era el mundo abigarrado que se
padece hoy día; tampoco el sitio apacible y de aguas benéficas al que se iba
a temperar cincuenta años antes. En 1964, la orden de renovación había
sido impartida y las casonas grandes de paredes de adobe, techos de teja y
jardines internos estaban contando sus días. Manzanas enteras comenzaron
a perderse en medio del estruendo de cornetas de vehículos y cuadrillas
de demolición. En su lugar quedaban carapachos vacíos para festejo de
los zancudos y de los muchachos que se escondían entre las ruinas de los
últimos valleros, los descendientes del antiguo poblado de agricultores. El
Valle seguiría siendo refugio de familias modestas, pero nunca más volvería
a ser el pueblo agradable y tranquilo que quedaba al lado de Caracas. La
ciudad se lo había tragado y, como ella, se reinventaría a diario, creciendo
siempre, cambiando siempre, volviendo nunca.

5

Cuando me vine a Miami, ya llevaba tres años de mi vida trabajan-
do en publicidad. Casi desde que me gradué. ¿Por qué estudié eso? Porque sí,
porque me gustaba y el trabajo facilísimo. ¿Por qué lo dejé? No sé. Trabaja-
ba en la producción de un programa en el canal ocho: estaba cómodo, tenía
horario fácil, buen sueldo, pero... no sé... el mundo de la publicidad se me
hizo pequeño. Me puse a pensar que tendría que pasarme por lo menos diez
años en eso para tener mejor posición... y como ya tenía la idea de venirme...

Arribar al aeropuerto de Miami no es llegar al puerto de entrada
de los Estados Unidos. No. Es pisar el territorio liberado de la República
de Extranjia: el lugar de donde proceden todos los extranjeros. O por lo
menos donde todos son extranjeros. Todos. Hasta los que piden pasapor-
tes y revisan valijas. Ni más ni menos. Es una zona autónoma, un espacio
etéreo que es de todos y de ninguno. Todos están en lo mismo, aunque
unos hagan fila en la línea de *Citizens* y otros en la de *Visitors*.

Lo que pasa es que soy una persona cambiante, voluble. A mí me gusta cam-
biar, me fastidia la rutina. No soy de los que se clava veinte años haciendo lo mismo.

Llamé a mi hermana Estela que ya vivía aquí. Así, de un día para otro le dije que venía. Y llegué.

«Último llamado para el pasajero Julio Montalbo», dicen los parlantes. «Pasajero Julio Montalbo que viaja en el vuelo de Taca para Quito, Ecuador, favor presentarse en la puerta de salida E 23». Mientras se oye el llamado, Fabiola Moreno, de Ciudad de Panamá, estampa sus señas personales en una caja amarrada con mecatillo. Sven Dau identifica con etiqueta un maletín que viaja a Francfort. Marie Ellen Jacoby pregunta dónde se recoge el equipaje. Ingrid Contramaestre lucha por montar en el *counter* tres maletas plastificadas, un portabebé, un bolso de semicuero y una caja con un esterilizador de teteros. José Suárez Núñez se toma un café cubano.

Todos son propios. Nadie es extraño. O todos son extraños en un lugar que no es de nadie. Pese a lo que digan las banderas.

Estela me fue a recibir al aeropuerto y me llevó directo al restaurante de Marta. Y ahí: «¿Tú eres Marta? Yo soy José, el que trabajaba con tu hermana en Caracas». Y Marta: «...Ahhh, sí». Y yo: «¿Dónde me puedo quedar?». Y Marta: «Yo no sé». Pero el novio de ella me miró, y sin conocerme me dijo: «Hermano, usted se queda con nosotros». Así fue. Quince minutos viéndome, y me ofreció su casa. De pura solidaridad... Ahí mismo me puse a trabajar.

En Miami, las calles van de este a oeste, las avenidas de norte a sur y el enrejado de autopistas lleva a todos lados. En forma de cuadrícula, en un trazado planificado de modo perfecto se pavonean edificios y mansiones sacados del lavaplatos. Pulidos. Brillantes. *Downtown. North Miami. Speed limit 45. Exit only.* Que no quede lugar a dudas: si se sale por aquí se llega allá y si se mete por acá se encuentra aquello. Ahora, una urbanización de viviendas bonitas y jardines de grama podada y, más tarde, gigantescos estacionamientos cortejando a un *mall* con señoras en *shorts* y peinados de peluquería.

La primera noche fue rara, estaba sorprendidísimo de lo que estaba haciendo: ¡estaba trabajando de mesonero! Algo que en mi vida había hecho, que para mí lo hacían otras personas. Pero yo decía: No importa, una cosa me compensa a la otra. No estoy perdiendo nada y estoy ganando dinero.

Llegar al sur de la Florida es como guindarse de la barba de Dios. O colgarse del brazo corto que extiende (sin ganas) el poderoso reino del norte. Luce mucho más fácil que arribar a Los Ángeles y menos traumático que aterrizar en Nueva York. Miami, se especula, es más cálida. Más familiar. Y a veces, cuando se circula por la 836 y se acerca la intersección que lleva a la 826, pareciera que se está en un tramo de algún distribuidor caraqueño. ¿Será El Pulpo? ¿O El Ciempiés? Sucede en un trecho muy corto. Un instante. Algo que desaparece cuando se mira a un lado y no está el cerro verde: El Ávila se movió de sitio y en su lugar crecen *freeways* y se anuncian cincuenta y seis kilómetros cuadrados de tiendas. La clase media llegó al paraíso.

Resultó que el restaurante no tenía ganancias, y yo tenía que mantenerme con las propinas. Vivía en la casa de Marta; pero ella y su novio, los fines de semana, se iban a visitar familiares dejándome solo en ese apartamento. Desde el viernes hasta el lunes. Me quedaba ahí solo, comiendo espagueti. Sin real, sin carro ¡y con una tristeza!... Una soledad que me moría... Virginia allá en Caracas, y yo, aquí...
Todavía me estoy preguntando por qué no me devolví.

6

Caracas tiene 1.800.000 habitantes. De todos ellos, sólo los menores de 2 años no podrán contar con exactitud todo lo que sintieron después de las 8 de la noche del sábado 29 de julio... En El Valle, a la 1:30 de la madrugada, la gente andaba por las calles como si fueran las 7 de la noche. Sólo dormían algunos que habían parado sus carros por la salida de las autopistas.
El Nacional, 31 de julio de 1967

El octavo hijo de Irma no supo qué hacer cuando empezó todo. Vio cómo se cayó al piso el cuadro de la Virgen y cómo se fueron las ganas de seguir jugando. Al rato llegó su papá, mojado y con los zapatos en la mano, diciendo que no podía cruzar la carretera que estaban construyendo.

Esa noche Irma también vio cómo se movía la mesa, se bambolearon las lámparas y se cayeron adornos. Fueron dos temblores fuertes. Tan fuertes que (eso se supo después) desquiciaron las agujas de los sismógrafos. El primero fue muy largo y el otro empezó justo cuando creían que todo había terminado. Pedro, su esposo, estaba reunido con amigos en un bar cercano; las hijas mayores veían a Mariela Pérez Branger llegar de primera finalista en el concurso de Miss Universo; los hijos pequeños jugaban dardos con Cheo, el amiguito de al lado, y su sobrino Pancho estaba hablando por teléfono. De repente, todo fue ruido y la tierra se sacudió como para quitarse un bicho que le molestaba en la espalda. Después empezó a llover, y Pedro llegó empapado y sin zapatos: se los quitó en la carrera, creyó que se resbalaba por las suelas lisas. La sorpresa la traía pintada en la cara.

En agosto de 1967, después del terremoto, a El Valle lo que le quedó fue susto, matas en el suelo y paredes agrietadas. Las calles rotas y las briquetas en el piso no eran obra del cataclismo sino de la Avenida Intercomunal que estaban construyendo. Tras ella era que caían los techos y las ventanas.

La nueva avenida se le atravesó a la calle San Roque y se asomó a la puerta de la casa número diecinueve, una casa-quinta de paredes altas, sala, antesala y doce cuartos, un jardín con mango, trinitaria y berbería roja y un patio con un palo de cereza. En esa casa vivió Irma de soltera. La compró su papá poco antes de morir de un infarto, y la mantuvo su mamá durante muchos años como residencia para estudiantes de agronomía. Allí, Irma conoció a quienes serían sus dos esposos. De allí salió para casarse, y allí regresó, una vez casada y con una familia hecha, para acompañar a la mamá enferma y esperar a Pedro, su segundo esposo, que como agrónomo iba y venía por todo el país. Hoy, jefe de zona en Acarigua; mañana, profesor en Maturín; pasado, director de un instituto en Porlamar.

Ese es el caserón hermoso que recuerdan sus hijos cuando les preguntan por la infancia. Ahí se reunía un batallón de gente para oír la ciudad que se acercaba a El Valle. Una ciudad desenfadada, inconforme y estridente que avisaba su llegada con tractores. Una Caracas que se presentó acompañada. Con personas que estaban aprendiendo a vivir unas encima de las otras. En los superbloques que se levantaban o en los cerros que comenzaban a poblarse de fachadas de cartón y ladrillos al descubierto.

7

(Mi papá era un tipo trabajador y muy bromista. Lo que más me gustaba de él era que hubiera criado a mi hermano Frank —que no era hijo de

él– con el amor que lo crio. O sea, Frank era su vida. Yo no sé por qué mi
papá le cogió tanto cariño, pero era así... Era que si Frank quería un caballo,
mi papá le compraba un caballo).

8

Yo llegué a Miami en enero del noventa y volví a Caracas en junio de
ese año, antes de que se me venciera la estadía.
Y llegué a Caracas... pero para venirme otra vez.

Historias de venezolanos que se van a Estados Unidos hay a montones. En Miami nada más se pueden contar como cincuenta mil. Cada
una muy parecida a la otra, aunque hay quien piense que un vendedor de
aspiradoras no tiene que ver con la joven que estudia en la Universidad
de Florida, o que el vendedor callejero de frutas en Westwood Lakes se
diferencia de la señora que maneja una tienda en Lincoln Road. Coinci-
dencias se encuentran. La mayoría proviene de familias con vidas hechas
y economías resueltas. Personas jóvenes y de clase media que, sin embargo, dicen no tener chance en Venezuela, el país que, aseguran, se lo llevó
quien lo trajo.

Las maletas se hacen por distintos motivos y a veces hasta sin ellos.
Como la familia de Daniel, que un buen día decidió vender todo lo que
tenía y emigrar. O Jackeline, que fue a South Beach de vacaciones y desde
ahí mandó su renuncia por fax porque ella no regresaba ni para cumplir
con el preaviso. O Fuad, el turco preparador de caballos en La Rinconada
que ahora reparte periódicos en Kendall entre 3:00 y 6:00 de la mañana. O
Marlene, que rompió con el novio de toda su vida y como no pudo borrar
al sujeto del mapa, decidió que ella se cambiaba de mapa. O Virginia, que
de un día para otro decidió casarse y dejar pendiente el acto de graduación
en el colegio universitario.

Cuando regresé a Venezuela, ni siquiera sabía que lo iba a hacer. Fue
después que estaba allá que me dije: «¿Devolverme a Miami, solo?». Le dije
a Virginia: «Vamos a casarnos», y nos casamos. Fue tan repentino, que todos
pensaban que ella estaba embarazada. Fue matrimonio por civil y por la igle-
sia. Hasta hicimos fiesta.

Hace casi cien años, riadas de irlandeses, italianos, polacos y alemanes pobres dejaron sus tierras por el sueño americano; hoy en día, venezolanos acomodados dejan la suya persiguiendo una mutación de ese mismo sueño. Las calles pavimentadas en oro y rociadas con piscinas que dejan ver los programas de televisión. El territorio mágico con techo propio y carro nuevo en la puerta. El Mundo Disney que se extiende más allá y más acá de la ciudad de Orlando.

En Caracas me quedé dos meses. Regresé a Miami en agosto de 1990. Casado, pero solo, porque a Virginia le faltaba un mes para terminar la carrera. Llegué aquí, y todo fue peor: habían cerrado el restaurante.

Y la gente se va apañando. Se usa el esmoquin del matrimonio para servir mesas en banquetes de lujo. Se cuidan niños. Se llenan estantes en una juguetería. Se arman moños de peluquería. Se pegan baldosas en Collins Avenue. Hay que resolver y mirar para adelante, porque para atrás ni a tomar impulso.

Cuando llegué no tenía trabajo, pero ¡tenía solidaridad! Vamos a ver qué hacemos... Uno se la juega.
Yo me he puesto a analizar y es una cosa que no puedo entender. ¿Por qué no nos devolvimos? ¿Por qué no regresamos entonces? Si cuando llegó Virginia, pelamos más bola que cuando estaba yo solo...
¿Qué es lo que tenía metido en el cuerpo? ¿Por qué no salí corriendo?

9

Mi muchacho se especializa en el exterior. La ilusión de 15 mil familias, hecha realidad. 15 mil jóvenes venezolanos de escasos recursos se han venido capacitando en las mejores universidades e institutos tecnológicos del mundo, gracias al Plan de Becas Mariscal de Ayacucho creado por el Gobierno del presidente Carlos Andrés Pérez.
El Mundo, 10 de mayo de 1978

José, el penúltimo hijo de Irma, pudo haber estado revisando el periódico a la misma hora en que ella negociaba la compra de una nueva vida al otro lado de Caracas. El muchacho estaba familiarizado con la prensa. Era normal ver ejemplares de *El Nacional, El Universal* y *El Mundo* rodando por los cuartos, la mesa de comer o la cocina. Cada día compraban los tres, y José pudo estar viendo las fotografías impresas y los avisos del gobierno mientras su mamá firmaba los papeles para asegurar la mudanza a una calle en el estribo Galindo, al pie de El Ávila, en una urbanización nueva colindante con El Marqués. Un espacio pequeño de dos habitaciones más servicio, con balcón, baño, cocina, y sala–comedor.

Un año antes, en 1977, por los trabajos de urbanización en la parroquia habían expropiado la casona de El Valle y la familia entera había tenido que repartirse entretanto se hallaba el lugar para reunirlos a todos otra vez.

La nueva casa por la que Irma se apresuró a adelantar cinco mil bolívares no resultó una casa sino un apartamento. Cien metros cuadrados en la planta baja de un edificio en Horizonte, en el este de Caracas. Eso fue lo primero que encontró después de descubrir que la tos que Pedro tenía no era gripe, y ni siquiera neumonía. Más temprano que tarde, se levantaron tabiques, desapareció un balcón, se compraron literas y se redujo el mobiliario. En adelante, dijo Irma, todos tendrían que echarle pichón a la vida. Los pequeños a estudiar, y los grandes a estudiar y trabajar, y a trabajar para darse sus gustos porque la comida estaba asegurada. La pensión de viudez daba para eso.

En 1979, después de que murió Pedro, Irma se encerró. Siempre había sido seca, cortante, directa. Al contrario de su marido, que era cariñoso y echador de broma, ella no era –no es– de las que anda besando y abrazando a los muchachos a cada rato. No por antipatía o porque no quiera a sus hijos o porque los quiera menos que cualquier mamá a los suyos. No es eso. Es cuestión de temperamento. De estilo. A su modo, el sentimiento materno ocurre sin estridencias, sin empalago, y bajo la premisa lógica de que quien se meta con uno de los suyos –puede escribirlo– hasta ahí llega. Y llega hasta ahí, sin necesidad de gritos o peleas, porque Irma tampoco es amiga de alborotos o discusiones. No le gustan. Ella hace lo que tiene que hacer, dice lo que tiene que decir. Y ya está. Ni una palabra más. Algo parecido le pasa cuando hay dificultades. Al contrario del penúltimo de sus hijos, Irma no ventila los inconvenientes. Ella se los traga. Se encierra, y ve cómo resuelve.

Cuando se murió Pedro, Irma se volvió más seca y se encerró más. Tenía muchas preocupaciones encima para andar con contemplaciones, carantoñas o lloriqueos. Había problemas, pero nada ganaba con ir enterando al mundo. Había que resolver, y eso hizo vendiendo los anillos, la cadena, el terreno o armándole un lío al portugués del abasto. Los demás supieron de sus angustias, o se las imaginaron, por la manera en que permanecía callada más de la cuenta o por las veces en que regañaba a los muchachos que no cumplían con la tarea. El número de regaños era la medida para saber las dimensiones del problema. Y regaño, llovía. Y por igual. Sin distingo, porque Irma a todos sus hijos los trataba –los trata– de la misma forma. A la hora de premio o de castigo. Sin empalago y sin preferencias, cada uno recibía la dosis necesaria de acuerdo con las circunstancias. Ni más ni menos. Aunque hubo uno que creyó recibir más que los otros, y no precisamente premios. José, el número ocho, fue el que recibió más, o por lo menos así lo llegó a pensar.

Y recibió más porque él no sabía lo que era esperar sentado. José era una tara alegre que iba de un lado para otro. Saltando, hablando, riendo. Parecía que le hubieran inyectado azogue. Desconocía lo que era la calma. Desde que aprendió a caminar había exhibido una extraordinaria habilidad para ir de un lado a otro sin detenerse, y a medida que crecía y se volvía un hombre, Irma veía cómo perfeccionaba esas dotes. No podía permanecer tranquilo, todo el día se estaba moviendo, haciendo algo, así fuera comerse las uñas.

En 1979, José era un ser bullero, conversador. Lo que le gustaba era la calle y tener un amigo al lado para marearlo con sus cuentos e inventar travesuras. Y el apartamento en la planta baja de un edificio en Horizonte se prestaba para eso. Le daba puerta franca para escapar más rápido, para huir facilito sin que nadie lo advirtiera. Para salir corriendo, aunque fuera al estacionamiento a fisgonear a los obreros que remataban una obra en la esquina de enfrente. A su alrededor ya no había talleres mecánicos o recovecos sin pintura. Cerca tenía al cerro El Ávila y compañeros que vivían en quintas y en edificios que llamaban residencias.

En contraste con El Valle, José tuvo en Horizonte una ciudad menos estridente y amontonada, mucho más verde y amigable, pero en definitiva, la misma ciudad que había dejado atrás. Concubina de lo nuevo y lo desechable, con carros durmiendo en aceras, autobuses importados amontonándose como chatarra y calles naciendo libres y desordenadas de acuerdo a la topografía. La misma ciudad cambiante. La misma en la que Irma se despertaba todas las mañanas. Caracas, la misma. La propia.

10

Claro que me gusta Caracas. ¿No me va a gustar? Si ahí viví toda mi vida. A mí me gusta lo moderno de Caracas, lo mundano. Pero cuando regrese no voy a quedarme en Caracas. Cuando me vaya, voy a hacer todo lo posible por irme a vivir por fuera, a una parte que no sea tan salvaje, tan llena de gente, de tráfico, de trajín.

Vivir en Miami, llega a pensarse (sobre todo si se piensa desde lejos), es como ser invitado a una superproducción que es la vida misma, con cuentas corrientes que pagan intereses, supermercados abiertos toda la noche y teléfonos que identifican quién llama. Una vida funcional, eficiente e impecable en una ciudad igual de funcional, eficiente e impecable. Los semáforos sirven, los autobuses pasan a tal hora, el verano empieza ese día, la leche se encuentra en el mismo estante y en la caja de la tienda preguntan *paper or plastic?* para saber en qué bolsa empaquetan la compra.

La gente no es como en Venezuela, es completamente diferente. Aquí tenemos amigos, pero no es lo mismo: nos vemos de vez en cuando, hablamos... Pero nunca he ido a una reunión de más de quince personas.
Hacer amistad con los gringos es muy difícil. Son de una cultura totalmente distinta. Yo conozco un tipo que se levanta a las cuatro de la mañana, trabaja como un bestia durante todo el día y se acuesta a dormir a las ocho de la noche, y a esa hora se acuestan todos en su casa. No hacen más nada, no pueden hacer más nada.

En el sur de la Florida los placeres son distintos y los minutos no son de uno sino de los demás. Porque fulano tiene esto y después lo otro y zutano a esta hora estará aquí y después allá y mengana solo se mueve por aquí. Entre horarios ajenos hay que aprender a reírse porque el tiempo tiene precio, los planes ya están hechos y nada más hay que cumplirlos para marcar la tarjeta, conservar el empleo, pagar el seguro social y, mañana, jubilarse.

En este sistema es buena la organización. Si Venezuela tuviese la organización que tienen aquí, Venezuela sería una potencia, porque lo que tene-

mos allá, no lo hay aquí. Aquí falta algo, aquí todo se mueve por el dinero, eso es lo que importa.

¿Y no va a ser así?

Yo paso todo el santo día bajo el sol. ¿Cómo alguien puede pensar que, ganándome trescientos cincuenta dólares a la semana, voy a salir una noche a tirarme cincuenta o sesenta dólares en tres horas? Cincuenta o sesenta dólares comiendo bien y pasando un rato agradable. Si es que para ganarme esos dólares me costó, ¡coño!, sol y sudor...

Entonces uno no gasta, uno se retrae y se retrae. ¿Para qué voy a hacer eso? ¿Cómo voy a botar mi plata de esa manera? Y uno se va como enfermando... ¡Y eso no es ahorrar! Eso es dejar de gastar en uno. Porque esa plata, a lo mejor, después la termino gastando en la luz o en cualquier cosa que salga.

Vivir en Caracas es distinto (eso se sabe cuando se vive lejos). Vivir en Caracas es adivinar cuándo la luz roja se quedó pegada. Es el azoro de encontrar un telecajero que dé plata. El me huele que la camionetica que va para Chacaíto ya pasó. La rutina del Observatorio Cajigal que se peló otra vez porque dijo que iba a llover y salió el sol como un huevo frito.

Vivir en Caracas es todo eso. Pero también es encontrarse con el chofer del taxi que no sabe la dirección pero se las ingenia. Es el muchacho de la arepera que saluda con un «jefe, qué hubo», y la cajera de la panadería que dice cuánto es con el «mi amor» por delante. El canto de las chicharras. Los cohetes que truenan cuando gana Brasil en el fútbol o pierde Magallanes en el béisbol. Los bluyines ajustados de una mujer que atraviesa con gracia la avenida. Y decidir el viernes por la noche que el sábado en la mañana se sacan la cava y el traje de baño porque se viaja a la playa, con los panas.

De Venezuela extraño todo. ¡La vida! La vida que uno lleva en Venezuela. Esto es tan diferente.

Yo quiero vivir con mi familia en Venezuela, con mi esposa, con mis hijos... Aquí se vive para trabajar, y en Venezuela se trabaja para vivir. Y yo necesito eso, yo necesito tener tiempo suficiente para no estar con las presiones de que tienes que hacer esto, tienes que hacer aquello. No puede ser que a mis hijos los vea por un rato, que a Virginia la pueda ver nada más que un momento. Yo quiero disfrutar la vida. Yo necesito disfrutar con mis amigos. Salir. Celebrar cualquier cosa.

11

Concierto de Melissa y Ricardo Montaner en Mata de Coco. Como parte de su gira nacional, anunciando un show de efectos especiales y luces sincronizadas con la música...

El Universal, 9 de junio de 1988

Irma no estuvo en el espectáculo y no se enteró de que esa noche hubo lleno total y que el programa incluía palomas blancas y guitarras a cuestas. Tampoco conoció otros detalles, pero no le hizo falta. Poco después supo que su octavo hijo tenía novia. Una nueva. Hasta entonces, José había tenido varias relaciones, cada una más loca que la otra y la última, la más conflictiva de todas; parecía que iba a ser la definitiva por las horas que desperdiciaban peleando y reconciliándose. Se llegó a creer que los dos habían nacido para eso: para discutir y contentarse. Pero no era verdad. Tanto uno como el otro se cansaron, el uno del otro.

Para el concierto de aquel jueves de 1988, José se puso su mejor ánimo. Iba al encuentro de Virginia, una niña bonita y de su casa que había conocido cuando trabajaba en el colegio universitario: ella había ido a pedirle su récord de notas, y él le contestó que cómo no, que mañana a las tres, para después olvidarse de mañana y de las tres. Disculpas fueron, números telefónicos vinieron y ocho meses después, en medio del griterío de una generación y el *me estoy sintiendo sola* de Melissa, Virginia le tocó el brazo y él pensó: «¡Aaay... esta cantó!». Desde entonces, se acabaron las relaciones tormentosas.

En cuanto Irma conoció a Virginia, observó que era diferente a las otras novias que José le había llevado de visita. Tímida, de aspecto sereno y voz baja. Esa sería la que lo llevaría por la calle del medio. Lo que el muchacho necesitaba: un poco de tranquilidad y de reposo.

Año y medio después del *show* en Mata de Coco, José hizo las maletas y se fue a Miami. Irma supo que lo que él quería era casarse y montar tienda aparte, y se puso en su lugar. Le dijo que probara. Que no se quedara con las ganas; no fuera a ser que le pasara como a ella que una vez estuvo a punto de irse a Costa Rica y, a última hora, Pedro, su esposo, no aceptó el cargo que le ofrecieron. Pedro escogió ir para el llano. Irma no pudo saber si en San José de Costa Rica le hubiera ido mejor que en Calabozo, estado Guárico.

Ella le dijo a José que debía correr el riesgo. Quién quita que le fuera bien. Y si no, él sabía que en Caracas tenía un techo. Lo había dejado su papá para quien lo necesitara.

12

(La muerte de mi papá fue dolorosa... pero me enseñó a querer más a mi mamá. Admirarla. Porque, sin nada, ella levantó a toda la familia. Mi mamá tenía cincuenta y siete años cuando mi papá se murió, y con la liquidación de él y con lo que reunió, terminó de pagar el apartamento. Mi mamá se quedó sin joyas, las vendió todas, salió de todo lo que tenía. Todo lo que podía vender lo vendió. Se quedó sin nada para salir adelante. Y salió adelante. Salimos.)

13

Más de 50 mil venezolanos están ilegales en Florida. Por cada uno que se queda en EE.UU., diez tendrán problemas al tramitar sus visas. El agregado comercial de la embajada norteamericana, Renato David, asegura que están justificadas las medidas que se han tomado para evaluar los requisitos de ingreso a EEUU. Más del 50% de los documentos presentados tienen alteraciones o son falsos. «Estamos manifestando la legítima preocupación por evitar que ingresen a EEUU personas que quieran vivir como ilegales», precisó.

El Universal, 19 de marzo de 1997

En los Estados Unidos, la legalidad se escribe con letras y números. F1. L1. B1. H1B. I24. Dependiendo de las letras y los números se cataloga a los habitantes y se concede y tipifica la habitabilidad. Dependiendo de las letras y los números se puede ser estudiante, inversionista, turista, viajero de negocios o residente. Dependiendo de las letras y los números se gana el derecho a conjugar el verbo *to be* en primera persona.

Yo no tengo papeles porque no califico. Yo no soy estudiante, no estoy becado, no estoy casado con una americana, ninguna compañía ha hecho una

solicitud para mí y tampoco me vine para acá transferido por una transnacio-
nal. No caso con nada.

    Tenía la opción de entregarme a Inmigración cuando cumpliera los
siete años de estar viviendo como ilegal. Si lo hacía, se anulaba la extradición y
podía aplicar para la residencia. Iba a hacerlo, pero yo cumplía los siete años en
agosto de 1997 y una nueva ley entró en vigencia en abril, justamente cuatro
meses antes... Ahora, con la nueva ley, tengo que esperar hasta los nueve años
para poder entregarme y aun así, parece que es muy difícil ganar un caso de esos.

    Sin permiso de residencia, de nada sirven los certificados de estu-
dio, los años de experiencia o las ganas de triunfar. Sin visa no hay sueño.
Ese es el pase de abordaje, el boleto que piden a la entrada de la película.
Sin estadía permanente no hay número de seguridad social, y sin eso, en
los Estados Unidos, no hay vida. O sí la hay, pero vida de segunda que se
paga con una ocupación improvisada: obrero de limpieza, repartidor de
pizzas, mesonero, albañil.

    Al año de haber llegado aquí, conseguí un trabajo pegando cerámicas.
Fue una locura, pero yo no tenía Social Security.

    El tipo que me contrató me pagaba lo que le daba la gana, y no era
porque yo era ilegal, porque él estaba en la misma, sino porque el negocio era
suyo, y yo era su ayudante. Con él estuve nueve meses: todo el día arrodillado
pegando mármol y cerámica, pieza por pieza. Hasta que un día me pagó muy
poquito, y le dije: «¿Sabes qué? No aguanto más». Él me daba como doscientos
dólares a la semana, y esa vez me dio cien. Porque sí. Porque le dio la gana. Y
me fui. Sin saber en qué iba a trabajar, me fui. Le dije: «Chao».

    Cuando no se tienen documentos en la Unión Americana, lo único
que puede escribirse es una biografía a salto de mata. Lo único que puede
tenerse es una existencia clandestina que se acaba en el instante en que a
un agente de Inmigración le da la gana de interponerse en la calzada. Es
vida de ilegal que no puede ponerse a derecho porque le falta, porque no
tiene los nueve números del seguro social.

    El Social Security es básico. Se requiere para abrir una libreta de ahorro,
para trabajar, para pedir un préstamo, para comprar una casa. ¡Para moverse!
Yo lo pedía y lo pedía, y no me aceptaban la solicitud. Ni porque decía que

lo necesitaba para abrir una cuenta en el banco. ¡No me recibían los papeles! Me veían la cara, y me decían que no podía aplicar porque no tenía residencia ni visa de trabajo.

Es un círculo vicioso que empieza y termina con el documento de legalidad en la mano. El *Social Security* se lo conceden a los que trabajan, pagan impuestos y ya pasaron el filtro de las entrevistas llevando la solvencia en la cara y la foto dos por cuatro pegada al formulario en donde queda constancia de fe jurada. Si se pasa la prueba, se recibe el *carnet*, como también lo reciben los que se registran estudiantes, residentes temporales o visitantes por razones médicas. Nada más que los estudiantes, los temporales y los enfermos se encuentran con que en su tarjeta, al lado del número y el nombre propio, hay una leyenda, un sello: «No apto para trabajar».

Solo un golpe de suerte o un toque milagroso, inconcebible en el reino gringo, podría hacer que a vuelta de correo un ilegal recibiera un sobre con el logotipo de columnas, águila y bandera de barras. Eso sería un error del sistema. Algo inaudito. Sería ilógico e improbable que la *Social Security Administration* cometiera la equivocación de enviarle tarjeta a un indocumentado. Sería realismo mágico. Pura ficción latinoamericana.

Virginia fue una vez, lo pidió y se lo dieron, pero le pusieron el sello ese: «No válido para trabajar».

Yo seguí insistiendo y seguían sin aceptarme la planilla, hasta que un día se me ocurrió cambiarme de oficina, y por lo menos me la recibieron. ¿Por qué? No sé, lo hicieron. Supuestamente, la respuesta me debía llegar por correo en dos o tres semanas. Debían responder sí o no. Pasaron dos meses, y como no recibía nada, decidí llamar y preguntar. Me atendió una señora: «¿Y a usted por qué se le va a dar eso, si está en esa situación?». Yo le repetí lo del asunto de la cuenta en el banco y ella, de mal humor, dijo que no podía ser, que qué creía y siguió en ese tono. Como continuó hablándome de mala manera, mi mecanismo de defensa fue fajarme con la señora, pelearme con ella. Decirle: «¿Qué se cree? si quieren no me den un carajo, y si quieren me lo mandan». Y ella: «No, aquí no se le va a mandar nada». Y me tiró el teléfono. Ahí me rendí. «Ahora sí es verdad», pensé.

Pero de repente, casualidades de la vida, un día me llegó ¡y sin sello ni nada!... Sin restricción para trabajar: no había prohibición... No sé qué fue lo que pasó. Sería descuido, error, no sé qué sería, sé que llegó. Tengo mi

número de seguridad social y eso no caduca, se queda conmigo, es mi núme-
ro. No es la residencia, no es un permiso de trabajo, pero me sirve. Con él me
las averiguo.

14

Hace casi nueve años que José se fue y todavía hay gente en Caracas
que le pregunta a Irma por él. Cómo está, cómo le va, qué está haciendo.
Irma da detalles. Que está bien, que ya se recuperó del accidente que tuvo,
que Virginia está embarazada y parece que es varón, que ya se mudó y va
a comprar carro, que anoche llamó y pidió una goma para la greca, que
no, que todavía no puede venir porque no tiene la residencia y si sale no
puede volver a entrar, que sí, que sigue trabajando en jardinería porque,
gracias a Dios, corrió con suerte y le salió la tarjeta del seguro social.

De vez en cuando yo visitaba a mi hermana y la ayudaba con el jardín.
De tanto ir, me hice amigo de un vecino de ella y, a veces, también lo ayuda-
ba a él. En una de esas, él me dijo que en su empresa había una vacante de
jardinero, que si estaba interesado.

Irma de inmediato supo del miedo de José. Miedo de que descu-
brieran que no tenía documentos. Miedo de exponerse a perder el salario
que cobraba en una estación de servicio. Miedo de traicionar la confianza
de aquel hombre, que no sabía nada de su ilegalidad. Miedo de perder
el chance de trabajar para una empresa seria y ganar un sueldo decente.

Yo había pagado doscientos dólares por un permiso de trabajo chim-
bo, pero no confiaba en ese papel. No sabía qué hacer. No quería quedar mal
con el vecino de mi hermana, pero no quería perder el chance. Me animé y
fui. Tuve una primera reunión, y el que me entrevistó me dijo que seguro me
daban el puesto porque quien me había recomendado tenía muchos años en
la empresa. Y mientras el tipo me decía eso, más pena me daba echarle una
broma al otro señor.

Pero yo tenía que jugármela. Si se me daba, ¡era tremendo palo! Yo
estaba ganando cinco dólares la hora en una gasolinera, y como jardinero iba
a cobrar siete dólares, más los beneficios.

Escribió sus datos en una hoja y enfiló hacia la encargada de personal, una cubana que enseguida pidió el número de seguro social. José se lo dio. Preguntó por la autorización de trabajo y el porqué se la habían dado. José iba preparado: dijo que su esposa era norteamericana y estaba tramitando lo demás. La mujer aceptó. «Está bien», le contestó, pero le avisó que cuando se venciera el permiso debía renovarlo. Y cuando esa hora llegó, José llevó la renovación chimba del permiso chimbo: pagó cien dólares más. Y hubiera seguido pagando si la cubana se hubiera quedado en la compañía y hubiera seguido pidiendo. Pero la mujer se fue y no le exigieron más nada. Desde hace cinco años corta grama, barre hojas, siembra arbustos, reconoce la planta que está enferma, la que necesita fertilizante, y a la que no le llega el sistema de riego.

Cuando empecé como jardinero no quise renunciar a la gasolinera. Por si acaso. Pedí que me rodaran el horario para que pudiera llegar y como por tres meses trabajé en los dos sitios. En la empresa estaba de 7:00 de la mañana a 3:00 de la tarde. A esa hora salía, me cambiaba en el carro y a las 4:00 entraba a la gasolinera, con mi uniforme. Trabajaba hasta las 10:00 de la noche. Todos los días. Me estaba cayendo billete como loco, pero me estaba matando.

15

Deportados 91 venezolanos de Estados Unidos. De acuerdo con cifras suministradas por el Servicio de Inmigración y Naturalización de Estados Unidos, fueron enviados a su país de origen debido a situación ilegal o conducta delictiva. Se trata de la primera vez que Venezuela aparece incluida entre las primeras 13 naciones con nacionales deportados desde Estados Unidos.

El Universal, 23 de mayo de 1997

Cuando José llega a una casa, en lo primero que se fija es en el jardín. Así advierte qué clase de gente le rodea. Pulcra o desorganizada, perfeccionista o apurada. Lo detecta viendo si las hojas de las matas están verdes o tienen manchas, si hay árboles o macetas con flores, si hay mala hierba o si en las orillas y en las esquinas la grama está bien podada.

A mí nunca me ha gustado este trabajo, pero lo disfruto. Este es el sitio en donde me he sentido más cómodo, porque no tengo un jefe que me está persiguiendo y porque hay un grupo cheverísimo, andamos todo el tiempo echando broma. Aquí estoy por la estabilidad y porque, para las condiciones mías de ilegalidad, estoy muy bien: mejor sueldo, seguro de vida, seguro médico para mí y para toda mi familia, plan de retiro, diez días de vacaciones. Estoy bien, claro que sí... pero no es lo que yo quiero.

Irma conoce de las fantasías de José. Tendría que ser sorda para no oírselas. Él la llama todas las semanas y le echa para afuera lo que tiene adentro. Cada ocho días da cuenta de Vanessa que ya empezó el kínder y de Saúl, a quien ya le salió otro diente; del viento frío que no lo deja ir a la playa o del café venezolano que se le está acabando. De vez en cuando también le habla de regresar, que lo va a hacer, seguro que lo hace, nada más está esperando reunir unos reales porque no se va a devolver con una mano adelante y otra atrás, y menos con mujer y dos hijos. Cien veces le ha dicho de la finca que se quiere comprar cuando regrese y cien veces Irma, preocupada, le contesta que las cosas no son tan fáciles, que ya está bueno de andar loqueando.

Yo no quiero ser jardinero, no me gusta... Yo no sé qué quiero ser, pero no quiero ser eso... Yo me podría quedar en esto toda la vida, seguir trabajando y pagando el seguro social y retirarme en el año nosecuántos, en el 2027 que es cuando me toca, pero no quiero eso. Yo quiero cambiar.

El afán lo recorre todo. No lo deja tranquilo. Es como el azogue que se le metió en la sangre cuando estaba niño y lo lanzaba al alboroto. Solo que ahora, José ya no es el animalito que se contentaba con salir a la calle a regar afectos. La inquietud se transformó en angustia y el cuerpo se le descompone de tanto buscar y no encontrar lo que le gusta para ser importante y para terminar de ser feliz, de una vez y para siempre.

Irma presiente todo eso. No se vive de tener habitación cómoda en una urbanización bonita. No se vive pensándose preso. Se vive de metas y logros, de tener amigos cerca y de poder ir adonde se quiera. Poder salir y entrar. Sobre todo salir. De la casa sin que la mamá lo regañe. Del país sin sentir que se le está ganando la carrera a la policía de Inmigración.

Uno se obsesiona. Me siento como perseguido. Veo que llega una Van blanca a la empresa, y pienso que es Inmigración que viene por mí. Un domingo fui a comprar croissants frescos, que a Virginia le gustan mucho, y al llegar al centro comercial, cuando me bajé del carro, había como veinte carajos con chaquetas negras, apoyados en una pared. Me quedé tieso, pensé que era una redada. No me moví. Me puse a verlos, vigilando sus movimientos. Pensé: «Cuando ellos se muevan, doy media vuelta, me monto en mi carro ¡y arranco!...».
Al final, resultó que era una banda de motorizados Harley Davidson.

La preocupación reseca la garganta cuando un oficial de tránsito prende sus luces de colores, se atraviesa en el camino y pide la licencia. O acelera el corazón cuando se rellenan líneas punteadas en las planillas. O no deja dormir la noche antes de firmar un préstamo hipotecario.

Es una cosa que tú tienes contigo y ¡te ahoga! ¡Te obstina!... El día que fuimos a firmar la compra de la casa, en una oficina estaba la señora que nos estaba vendiendo, el abogado de ella y otro abogado. Nosotros estábamos afuera, y yo oí cuando uno de ellos decía: «Tengo que estar seguro de que esta gente tiene Social Security y no sean unas personas que compren la casa, la vendan por un poco de dinero y se lo lleven al exterior sin declarar los impuestos». Cuando dijeron eso «¡Ay, Dios mío! –dije yo–, ya nos van a pedir la residencia y aquí se va a acabar el negocio».
Pero no, no pasó nada. No pasó nada ¡pero yo no aguanto más! No he resuelto la situación, no creo que pueda. Y me voy.

16

Florida siente los vientos de la estampida. Un comandante está compitiendo por un cargo a 1.300 millas al sur de aquí, pero su nombre es tan comidilla en la comunidad financiera de Miami como lo es en las Cámaras de Comercio de Caracas. El antiguo militar marcha adelante para las elecciones presidenciales de diciembre en Venezuela, y eso está asustando a alguna gente… Nos vinimos; fue duro, pero perdí la confianza y llevará mucho tiempo restaurar la situación…
El Nuevo Herald, 25 de octubre de 1998

Un día cualquiera, hace tres años, José dejó de oír radio en inglés. No quiso oír más. Se rebeló. En rechazo al sistema que lo mantiene encarcelado. Como gesto de protesta por los juicios de valor que lanzan editoriales matutinos. No le gusta oír el tono moralizante o la conseja salvadora. No sintoniza emisoras anglo, pero no puede hacer lo mismo con los periódicos. José oye estaciones en español pero lee la prensa en dos idiomas, porque en Miami los diarios, tanto en español como en inglés, le hablan de cosas conocidas, espacios concretos, fechas y nombres que son referencia. Le cuentan cosas familiares. Así sea sobre un militar golpista o la inseguridad de las calles caraqueñas.

Estoy pendiente de todo. Estoy informado de todo. Sé lo que pasa allá, y yo lo que creo es que en Venezuela hay que hacer una limpieza total. Yo no soy comunista, ni soy nada de eso, pero a mí me da vergüenza que gente que está limpiando carros y botando basura en los Estados Unidos, gente que está haciendo eso para vivir, venga a decirme que Luis Alfaro Ucero tiene que ganar las elecciones en Venezuela. Eso me parece a mí ¡una barbaridad! Porque los que dicen eso, se han cansado de decir que se vinieron para acá por los políticos. ¡Si es que esa gente está aquí por los Luis Alfaro!
Yo pienso que ahorita es un militar comunista, pero es que pudo haber sido el mismísimo cómico Pepeto el que se lanzara para las elecciones, y Pepeto tendría la misma ventaja que tiene el tipo este. Porque lo que la gente está buscando es una persona ajena a lo tradicional. Todo el mundo ha visto cómo han acabado con el país, y todo el mundo está cansado.

En Miami, entre las noticias de La Habana, se cuelan las de Caracas. José las comenta y las discute con quien sea. Con Virginia que, paciente, lo escucha todas las noches; con Wladimir cuando se encuentran en el supermercado; con Estela, que, menos mal, vive cerca; con Eberto, el chamo que tiene un programa de radio; con Felipe, Román y Polo cuando lo llaman por teléfono desde Caracas; con el hermano que se turna para hacerle la visita cada año. José no pierde pista. Está enterado de que el presidente Rafael Caldera dio un traspiés en un congreso, que la alcaldesa Irene Sáez no va para el baile, que los partidos están poniendo la cómica, que nadie sabe lo que se traerá el candidato militar, que Los Leones picaron adelante en el béisbol profesional, que las tasas de interés están en ochenta por ciento y que si vas de visita a la casa de un amigo, tienes que estar ¡mosca! desde el balcón, pendiente de que no te roben el carro.

Hay unas barbaridades que suceden que no puedo entender, y es ¡un miedo! ¿No es tristísimo? Que a uno le dé miedo volver a su país. Miedo de llegar allá con algo de dinero, pero sin... ¡nada! Empezar de cero y meterse a comprar una casa con esos intereses tan altos. Miedo por la situación, por el crimen, porque uno no sabe lo que va a encontrar. Ese es el miedo...

Por eso, últimamente me ha dado por no escuchar lo que me dicen, porque también es verdad, que la gente cuando viene para acá exagera cómo está el país... ¡¿Que Venezuela ha cambiado?! Sí. Pero en ocho años no puede cambiar del cielo a la tierra. Sigue siendo Venezuela, con sus mil problemas y sus mil vainas, pero es Venezuela.

Una cosa que he logrado, que ya la tengo perfectamente controlada, es el rechazo a las cosas negativas que me dicen de Venezuela. ¡No me interesan! ¿Me entienden? No quiero que me digan: «¡No te vayas!...».

17

Esta es W-F-D-A nueve noventa A-M, su emisora, y desde la torre de control del tránsito, allá está con ustedes el... Cuentas que no requieren saldo mínimo, cuentas... Nosotros podemos prestarle hasta el ciento setenta y cinco por ciento del valor de su propiedad... Ya son las ocho y cincuenta y nueve minutos en Clásica noventa y dos punto tres, y a esta hora, Gilberto Santa Rosa... Desde Mia-mi, el Centro Nacional de Huracanes de la Florida sigue diciendo que *Mitch* se acerca... Yo sé que la novela le ha caído mal a mucha gente en Cuba, y que... El seguro organizado de salud, reconocido con veinticinco programas extraordinarios provee sobre todo a los *senior citizens* de... En solamente minuticos, estará Marco Oza, nuestro entrenador, ofreciéndonos cómo debemos mantenernos en forma... Dimos el nombre ¡el nombre! de Alberto Membreño, que a lo mejor es el ganador de mil setenta y cinco dólares. Así que Alberto, a llamar sea dicho para reclamar... ¡Nueve dos! Es la hora exacta. Un minuto para hablarles de Potenxin diez mil. Potenxin es... No voy a empezar a anunciar ahora si son mejores o peores, pero en el caso

del teniente coronel venezolano si él llega a ganar y toma posesión,
sería un cambio producido a través de las urnas...

Emisoras de radio de Miami, 27 de octubre de 1998

*Tenemos dos carros, más bien dos perolitos, pero como pensamos irnos
el año que viene, ahora vamos a comprar uno. Un carrito más o menos, para
llevárnoslo, si es que nos vamos, porque ahora es esperar por los resultados de
las elecciones... y antes era antes...*

Tomar el avión de regreso no es sencillo. A pesar del oficio duro que
saca ronchas en la piel y dolores en la espalda. A pesar de la rutina que
está amargando el espíritu. La vida no es fácil, es verdad, pero se soporta
con pretextos. Con coartadas. Hoy es un político con olor a militar y ayer,
que también es hoy, era –es– una remuneración de nueve dólares la hora,
unos hijos en la escuela, un seguro de vejez, una casa y un jardín con una
acacia, una palmera y unas flores amarillas.

18

*Yo no me he ido... ¡por comodidad! Por la comodidad de tener un teléfono
que funciona, unas calles que no tienen huecos, una casa con aire acondicionado, un dormir y dejar la puerta del carro abierta, un sistema de policía...
No me voy por eso, por esa paja de estar haciendo esta clase de trabajo para
vivir mejor. Porque a uno le gusta vivir bien...*

Pero no me imaginé que sería tan difícil. Yo sí he pasado cosas aquí.

*Cuando Virginia se vino, la vimos negra. La pasamos fea. Tan mal
nos iba que esperábamos hasta las tres de la tarde para aprovechar una oferta
de Big Mac que comenzaba a esa hora. Cada Big Mac costaba menos de un
dólar. Costaba noventa y nueve centavos. Todos los días comíamos ahí. Y fue
tanto Big Mac que nos metimos, que le cogimos fobia...*

*Cuando el dueño de la casa llegaba a cobrar el alquiler, nos tirábamos al
piso para que no supiera que estábamos ahí, porque no teníamos con qué pagarle...*

*He sido mesonero en restaurante y en fiestas privadas, trabajador noc-
turno en una juguetería, repartidor de comida, cajero en una gasolinera. He
trabajado hasta de albañil: cargando tobos inmensos de cemento y paquetes
de cerámica.*

Trabajar como jardinero en el verano es una cosa muy, muy, muy fuerte...
Yo tengo cinco años en la compañía y en los últimos tres veranos, algo me ha pasa-
do, por algún lado me ha reventado el sol, por algún lado me ha pegado el calor.
Me salió una burbuja en un ojo y tuvieron que hacerme tratamiento con láser; y
después, en los últimos dos años, apenas cambia el tiempo, me sale una erupción en
el cuerpo, como si fuese lechina, que me dura dos semanas: me pica muchísimo...

Cuando llego del trabajo, Virginia ya está preparándose para irse al suyo y
yo me encargo de los muchachos. Con Saúl me quedé al mes y medio de nacido.
Le hacía todo: tetero, pañales... todo. Es más, yo estaba convencido, y todavía
lo estoy, de que Saúl esperaba a que yo llegara para cagarse. Así es. Nada más
llegaba yo, y él empezaba... ¡y eran cuatro y cinco veces! Todos los santos días
hasta las nueve, la hora en que llegaba Virginia...

Casi no podemos ir a la playa. Yo trabajo de lunes a viernes, y medio
día los sábados, cuando quiero, y Virginia trabaja un domingo sí y otro no:
desde las once de la mañana hasta las siete de la noche. Coincidimos solo dos
días. Solo dos domingos al mes para vernos, para estar juntos. Y hay que ver
lo que significa un domingo para nosotros...

Las dos peores cosas que he vivido en este país han sido la pérdida que tuvo
Virginia, cuando tenía tres meses de embarazo, y la muerte de mi hermano Frank.

A Frank le dio un dolor de cabeza, y se murió. Llamaron a mi hermana
de madrugada y dijeron que se había muerto. Estela me lo dijo, y yo: «¿Qué?
no puede ser», y seguí durmiendo. Cuando me desperté en la mañana, caí en
cuenta. Yo, con aquella angustia aquí en Miami, y ellos, allá en Caracas: mi
mamá, mis hermanos. Todos, todos, menos yo. Eso me batía la conciencia. Yo
decía: «Es que me voy y dejo todo, pero... ¿cómo voy a dejarlo todo? ¿y Virginia?
¿y si cuando esté saliendo, se dan cuenta de que no tengo permiso para estar aquí
y no me dejan entrar otra vez?». Me sentía el ser más bajo. Por impotencia, por
desesperación. Porque yo quería estar allá y no podía...

A principios de este año nos declaramos en bancarrota y tuvimos que ir a la
Corte como dos americanitos más. ¿Qué pasó? Que todo se juntó de repente. Me
endeudé mucho: habíamos comprado un carro y compramos la casa. Financie-
ramente estaba todo perfecto, pero con la casa se subió el pago mensual y además
había que seguir invirtiéndole porque estaba en malas condiciones. Nos endeu-
damos más y, encima, Virgina salió embarazada y dejó de trabajar. Nos atrasa-
mos con el giro del carro y llegó un día que no pudimos más: entregué el carro.

Al mes de eso, recibí una carta de la compañía que nos había financia-
do el carro donde decía que tenía diez días para pagarles. Resulta que habían

metido el carro en una subasta y lo vendieron por dos mil dólares, y como yo les debía ocho mil, la financiera me exigía pagar la diferencia.

Cómo les iba a pagar: si entregué el carro porque no podía con las mensualidades. Habíamos intentado de todo. Y llamé a un abogado. El abogado me dijo que si me declaraba en bancarrota no me podían hacer nada. Seguimos el consejo. Todas las cuentas que teníamos las metimos ahí. No pagamos el carro, no pagamos Visa, no pagamos MasterCard, no pagamos Sears, no pagamos a nadie y fuimos a la Corte.

Yo estaba sumamente preocupado. Por la misma paranoia: ¿y si me encuentro con alguien de Inmigración? ¿y si piden papeles? Pero me dejé de vainas.

Fuimos a la Corte y nos sentamos y hablamos con la juez: «¿Qué te pasó, por qué te endeudaste tanto?». Y le explicamos y ella entendió. Tuvimos suerte. La semana pasada nos llegó el discharge. ¡Ya! Ya no tengo que ver con eso. Nadie me puede llamar a cobrar, y durante siete años no voy a tener más crédito en ningún lado... ¡Supuestamente!... porque el lunes pasado nos llegó la carta con el discharge, pero el miércoles, dos días después, nos llegó otra carta de una financiera diciéndonos que sabían que acabábamos de salir de bancarrota, y que ¡nos financian un carro!... Es que este es el país del consumismo, de alguna manera buscan embargarte el sueldo. Y uno cae.

19

Viaje a la capital de los sueños. Estudiantes entre 9 y 14 años de escuelas públicas se convencieron de que, estudiando y con altas notas, es posible dar el salto desde el más humilde barrio mirandino hasta Disney World. En los parques de la ciudad mágica, más de 350 niños y cerca de 70 maestros de Venezuela llamaron la atención porque formaban un curioso grupo de personas dotadas de un uniforme en el cual se leía «Premio a la Excelencia». Cuando preguntaban, los curiosos encontraban la sorprendente respuesta de que esos pequeños, que habían recibido un galardón por el gobierno regional de sus lugares de origen, se habían ganado ese derecho por su sobresaliente rendimiento escolar. Así mismo, los docentes habían recibido las evaluaciones más elevadas. Menores provenientes de barrios como Mesuca en Petare, de pueblos como Birongo, Mamporal, Marizapa, Cartanal, Caucagua, Cúpira, Charallave, Baruta, Santa Teresa del

Tuy, por nombrar algunos, no tenían ninguna posibilidad real de pisar la tierra de las maravillas. Algunos manifestaron que temían, en cualquier momento, el pellizco que los iba a devolver a la realidad de la que escaparon por unos días.

El Nacional, 25 de septiembre de 1998

José no se acuerda de lo que soñaba cuando era un niño y vivía en El Valle. Tampoco de que alguna vez tuvo ídolo, llámese cantante, luchador o pelotero. De pequeño solo recuerda que fue fanático de la risa, el aire libre y el bistec. Todavía lo es. De sus sueños de muchacho nada más guarda los que empezó a tener cuando llegó a la adolescencia. Mientras iba al liceo, hojeaba periódicos y escuchaba conversaciones sobre las primas que estudiaban becadas en los Estados Unidos.

Esa fue la época en que el octavo hijo de Irma empezó a soñar con tierras lejanas. Hablar distinto. Partir, cambiar, distinguirse en otro idioma. Quiso aprender inglés.

...Y aquí estoy. Ahora estoy más tranquilo, más estable pero estoy convencido de que no hay nada como aquello.

...Yo sé que en Venezuela voy a trabajar en algo mejor, por lo menos en algo que me haga sentir mejor.

Casi nueve años después de haber llegado a la tierra de su fantasía, José sueña en inglés. Pero en sus sueños de ahora, las imágenes que le vienen con más frecuencia son las de un aeropuerto a orillas del mar Caribe, una ciudad de torres rindiendo pleitesía a una montaña y unos amigos riendo a orillas de otra playa.

Anoche soñé que llegué a Venezuela y que nadie me conocía... ¡Qué cagada, pana! Me sentí horrible. Estaba en el aeropuerto de Maiquetía, y había gente que era como de mi familia, pero nada, no me conocían. ¡No me conocían! Y me trataban con esa frialdad. Y yo, angustiado, les gritaba: «¡Soy yo! ¡Epa, soy yo!». Y nada, no me paraban. Y yo: «¡No puede ser!, tanto que yo quería regresar y...».

En eso sonó el despertador. Las 6:10 de la mañana.

Miami-Caracas, 1998

HISTORIA MENUDA 7

Un buen día del año 1966 me dicen: «Nos mudamos». Setenta y dos horas después me encontraba asomada a un balcón, contemplando desde lejos el desfile intermitente de unas figuras que, con bultos en la mano, recorrían un sendero que terminaba en una fachada inmensa a un lado de unas canchas de básquet y voleibol. Yo estaba en el piso doce de un superbloque en El Valle, y la fila espasmódica que acechaba al fondo la formaban cadetes de la escuela militar, al regreso de su asueto de fin de semana. La Academia del Ejército –forjador de libertades, como decía el eslógan–, se levantaba –y aún se levanta– en una amplia explanada al margen de una autopista, justo al frente del edificio en donde comencé a vivir en la primera mitad del año 1966, tan solo tres días después de haber conocido la buena nueva.

El anuncio de la mudanza lo hizo mi mamá porque mi papá –«por trabajo» nos habían dicho– llevaba varios meses fuera de la casa. La noticia me tomó por sorpresa; fue tan precipitada que ni siquiera tuve tiempo de dar la primicia a mis compañeros de clase. Cuando me vine a dar cuenta ya me había cambiado de dirección, y un hombre bajito, gordito, bembón y con bigote a lo Pedro Infante, que manejaba un viejo sedán blanco, había suplantado al señor Picón: un tipo alto, flaco y de bigote espeso que en su buseta azul era quien nos hacía el transporte escolar a mi hermana Paola y a mí. Desde entonces y hasta que terminó aquel año de clases, todas los mañanas a las once y cuarto, el sedán destartalado nos recogía en la planta baja de un flamante edificio en El Valle y nos llevaba hasta las puertas del garaje vacío y el jardín pelado de grama de una antigua e inmensa casa que en San Bernardino alquilaban a una escuela pública.

En ese tiempo al igual que ahora, San Bernardino estaba lleno de redomas –todas sus calles desembocan en una–, chicharras y matas de mango, y era el refugio principal de una importante comunidad de judíos

234 HISTORIA MENUDA DE UN PAÍS QUE YA NO EXISTE

que, aprovechando la cercanía con los comercios del centro de Caracas, se había asentado allí casi desde el nacimiento de la urbanización a mediados de los años cuarenta. Era un vecindario tranquilo, y sobre todo residencial.

En la casona del jardín pelado funcionaba el colegio en donde en enero de 1966 yo cursaba quinto grado de educación primaria. Escuela Nacional Vicente Landaeta, indicaba una placa en la fachada, y el nombre en la placa, nos decían, no correspondía a un héroe o prócer en específico, sino que era el resultado de la combinación de dos próceres. De acuerdo con la señorita Armas –mi profesora en quinto– la escuela rendía tributo a los compositores del *Gloria al bravo pueblo*, nuestro himno nacional. Vicente, por Vicente Salias –autor de la letra– y Landaeta, por Juan Landaeta –autor de la música–. La explicación siempre me sonó chueca, enrevesada; y por mucho respeto que me inspirara la maestra, nunca me convenció del todo: «¿por qué no pusieron los nombres completos de los dos?», pensaba. Sospecho que, en realidad, mi colegio homenajeaba al teniente Vicente Landaeta, uno de los primeros pilotos de la aviación militar creada durante el mandato de Juan Vicente Gómez, y la primera víctima fatal de un accidente aéreo en Venezuela. El plantel había sido fundado a comienzos del gobierno del general Eleazar López Contreras, uno de los principales promotores de la aviación militar durante la dictadura; por eso no sería descabellado pensar que la escuela pública en donde estudié desde tercero hasta quinto grado honrara a una figura de aquel régimen. Y por eso mismo, es lógico creer que a mediados de los años sesenta –cuando se luchaba por estabilizar el régimen democrático, y cuando al frente del gobierno estaba Raúl Leoni, perseguido por Gómez– fuese mal visto que un plantel del Estado reverenciara la memoria de un integrante del cuerpo de pilotos que en 1929 enfrentara a los rebeldes complotados en la expedición del buque *Falke*, el movimiento opositor más importante contra la dictadura gomecista.

Imagino que aquellos no eran días para andar revolviendo historias viejas y provocando malestares. De allí, tal vez, el invento de mi maestra, que a lo mejor hasta era adeca y sobreviviente del gomecismo. En el ánimo colectivo debía privar la prudencia, la sensatez y hasta el disimulo.

En 1966 el gobierno venezolano había iniciado una política de pacificación concediendo la libertad a algunos presos políticos, y el Partido Comunista de Venezuela –que a principios de la década había optado por la guerrilla y la confrontación– en declaraciones aisladas asomaba la posibilidad de abandonar la lucha armada. Pero todavía «las condiciones no estaban dadas», y en la democracia había que seguir caminando en puntas de pie.

Precisamente por el espinoso ambiente que nos tocaba muy de cerca, en enero de ese año, mi madre, extremando precauciones, no nos adelantó sus intenciones de mudarse. No quiso hacerlo. En mi familia, al igual que en el resto del país, debía dominar la prudencia.

Cuando se decidió el traslado de San José a El Valle, mi papá llevaba varios meses sin dormir en la casa. La historia oficial que manejé durante muchos años era que se encontraba trabajando en el interior del país. El cuento real era que se estaba escondiendo de la policía. O para ser más precisa: se estaba escondiendo de la Dirección General de Policía –la Digepol–, la policía política del Estado. La causa de la persecución no era otra que un descuido. Un soberano descuido.

Mientras hacía no sé qué diligencia en el centro de Caracas, mi papá dejó mal estacionado su carro. Serían cinco minutos, pensó entonces, no había razón para preocuparse. Pero no fueron cinco minutos, y sí tuvo razones para preocuparse. El auto fue remolcado, y dentro de él los fiscales de tránsito encontraron panfletos del proscrito Partido Comunista. El asunto quizá no hubiera trascendido si el hallazgo hubiese sido de una o dos hojas, y no del paquete con cientos de folios de arenga opositora –propaganda subversiva– que se halló en el asiento trasero y que esa noche, de no ser por el descuido, iba a ser entregada en una reunión clandestina.

La militancia de mi papá en las filas comunistas había comenzado en su adolescencia. Siendo casi un niño, en Tejerías, había ingresado junto con su hermano Omar a la Asociación de Jóvenes Venezolanos –AJV–, una organización que reunía a muchachos con inquietudes sociales. Poco después, y a instancias del maestro de sexto grado, que también los había involucrado en la AJV, comenzaron a participar como cuadros de la Juventud Comunista. Corrían los días de la Junta Revolucionaria de Gobierno que encabezaba Rómulo Betancourt; mi papá tenía quince años y mi tío, diecisiete. Cuatro años más tarde, en plena dictadura de Marcos Pérez Jiménez, cuando comenzó a trabajar en el INOS, él ya era miembro del Partido Comunista de Venezuela y actuaba de manera encubierta dentro del instituto. Después, al llegar la democracia participó en política de forma abierta pero a partir de 1963, una vez que se ilegaliza al PCV, vuelve a la militancia subrepticia. Era miembro del secretariado de propaganda

del radio San Juan, uno de los seis radios o municipios en que, por propósitos de organización, los comunistas tenían dividida a la capital –radio
San Juan, radio 23 de Enero, radio La Pastora, radio El Valle, radio...–,
y en ocasiones asistía como delegado emergente al secretariado del buró
político del comité central. En esas funciones andaba hasta que en 1965,
unos fiscales de tránsito lo pusieron al descubierto.

Cuando mi papá se dio cuenta de que una grúa se había llevado su
carro, antes de que la Digepol empezara a averiguar y comenzara con los
interrogatorios, puso tierra de por medio. Mi mamá y Ana Margarita –la
prima que vivía con nosotros desde que empezó a estudiar en la universidad– se encargaron de ofrecer una versión distinta de los hechos: a mi padre
le habían robado el carro que había estacionado al frente de un edificio,
y «en estos momentos él no está aquí, por motivos de trabajo». Esa fue la
explicación que una y otra vez, con sus caras muy lavadas y su aire de yo no
sé, dieron a los dos hombres de paltó que se sentaban durante horas en el
sofá de la sala. Por qué los policías no fueron más allá o por qué no hubo
una averiguación más a fondo, es un misterio y un milagro. Lo cierto es
que durante cerca de año y medio mi progenitor estuvo sin poner la cabeza
en la almohada de su cama, y nosotras, sus hijas, lo veíamos uno que otro
domingo en las casas de mis tíos Felipe o Polo –sus hermanos– o en Tejerías, en la casa de mi abuela que era adeca, como lo había sido mi abuelo,
y como lo eran casi todos sus hijos. Para principios de 1966, cuando nos
cambiamos al edificio Cerro Grande en El Valle, aún no había salido de su
concha. Pero faltaba poco. Ese mismo año se vieron las primeras señales de
distensión entre el gobierno y el PCV, y en abril de 1967 los comunistas
anunciaron que dejaban la lucha armada. Iniciaban el camino de vuelta a
la participación pública.

Mi papá siguió siendo comunista hasta que en 1971 se sumó a los
disidentes que fundaron el Movimiento al Socialismo –MAS–. Luego, sin
mucho ruido y con el correr de los años se fue distanciando. Hace mucho,
mucho que se separó de las ideas de control y dominio estatal. La vida le
enseñó otras formas de cambio y crecimiento social. Más abiertas, más
libres, más prósperas.

En enero de 1966, huyendo de unos digepoles, mi familia se mudó
del edificio de ladrillitos en San José, para vivir, también en arriendo, en

el piso doce de la Unidad Habitacional Cerro Grande, en El Valle, un superbloque espléndido diseñado diez años antes por Guido Bermúdez en el Taller de Arquitectura del Banco Obrero –el TABO, que Carlos Raúl Villanueva dirigió hasta 1959–. Nuestro nuevo refugio era un novedoso dúplex, para mí con aires de quinta (en el nivel de arriba estaban cocina, sala y comedor, y en el de abajo, los tres cuartos, el baño y el estar para el televisor), que contaba con ventajas excepcionales: ascensoristas, que manejaban las inmensas cabinas que subían y bajaban constantemente, y Raúl Amundaray, el actor que –decían– vivía en el piso dos y que por aquellos días protagonizaba *El derecho de nacer* en la televisión.

Dejamos atrás los atardeceres mirando el cerro Ávila para vigilar desde lejos el ejercicio de los cadetes de la escuela militar, los ranchos que se multiplicaban en el cerro de al lado y las máquinas que demolían muros de adobe en la que todavía era una parroquia de los suburbios. Yo, poco después, también dejé a la señorita Armas y a la escuela que en medio de una comarca de judíos parecía honrar a un héroe gomecista. Las dejé para encontrarme con la señorita Carmen Luisa –la primera maestra que en verdad aparentaba ser señorita–, con mi amiga Xiomara –hija de un chofer de autobús que llegaba hasta la plaza España– y con un grupo escolar con nombre de científico –Enrique Delgado Palacios– que se encontraba en medio de una urbanización construida por gobiernos adecos para recordar a un dirigente adeco –Alberto Ravell–.

El mismo año, el mismo mes y a lo mejor hasta el mismo día en que mi mamá anunció la mudanza intempestiva de la parroquia San José en el centro–norte de Caracas, en el este de la ciudad nacía Gerardo Trujillo Alarcón, el intérprete principal de la historia que sigue.

Cuando me enfrenté a Gerardo, traía un guion preciso en mi cabeza. Conocía su oficio y pretendía, en medio del relato de su vida, hablar sobre la crisis bancaria que a principios de la década de los noventa afectó el sistema financiero venezolano y había dejado en la quiebra a más de uno. Gerardo trabajaba en el sector, y su testimonio era importante para narrar aquellos días, aunque para esa época él estuviera comenzando su carrera. Algún cuento –me dije– debía tener. Sería interesante conocer otras aristas de los hechos, otro ángulo, tal vez distinto al que yo tuve desde la sala de una redacción periodística.

Quería hablar con él sobre eso, pero no podía empezar por ahí, y mi primera pregunta –¿cuál es el primer recuerdo?– me llevó para otra parte. Me llevó hasta un pueblo andino en el año 1900, al sitio y año en que nació su abuela, que para él era y es su primera referencia. *Toda la actividad de mi casa giraba en torno a la habitación de mi abuela. En su cuarto había una cama, una mesita de noche con un radio y un juego de recibo, porque ella hacía su vida desde la cama, y aunque estuviera paralítica no quería perderse de nada, y ahí recibía las visitas. Prendía su radio en la madrugada, y a las siete y media de la mañana ya sabía qué era lo que había pasado en todo el mundo… Mi abuela vivió en su historia, la historia del siglo veinte venezolano.*

Y la abuela de Gerardo Trujillo Alarcón vino también a contar su historia.

MEMORIA MILITANTE

Yo te voy a pedir que vivas, simplemente, y que sigas pensando que nunca el olvido es lo mejor, aunque quizá tampoco lo sea la memoria militante.

MEMPO GIARDINELLI, Santo Oficio de la Memoria

1966 fue el año de Gerardo para Teotiste. No podía ser de otra manera. Ese fue el año en el que él apareció en su vida. Tanto esperar, y por fin llegó en una madrugada fría de enero. Ese día supo su nombre, pero hacía mucho que lo aguardaba. Era la razón que le estaba haciendo falta para seguir asistiendo al mundo y para seguir llenando hojas en sus libros de tapas verdes.

Gerardo, recorte de periódico pegado con engrudo en la portada de una agenda. Hoyuelos en las mejillas. Excusa para traer una cabra que diera leche y para ilusionarse con que se le entibiara el regazo.

Mi papá avisó en la mañana: «Doña Teo, todo salió bien, es varón». *«Gracias a Dios, y cómo se va a llamar –preguntó ella–». «Se va a llamar* *Gerardo». «Sí –contestó mi abuela–, Gerardo: Gerardo José».*

Es que mi abuela se moría por tener un nieto. Hubiera sido ideal que *mi tío Armando hubiera tenido hijos con su esposa, mi tía Josefina. Él es el* *hermano mayor de mi mamá, y mi tía Josefa María, la que lo sigue a él, no* *se casó nunca.*

Para recibir a Gerardo, Teo se vistió ese día con su mejor mirada. Mucho más bonita que la que tenía (y que no vio el fotógrafo) una lejana tarde de marzo cuando, posando para una imagen sepia, miró hacia un lado, buscando un horizonte distinto al límite angosto al que obligaban las montañas y la enfermedad que se estrenaba. Miraba para una parte lejos y un mundo ajeno. Todavía con el talle erguido.

Elina, Arminda, Pedro Alí, mi tía Balbina y yo, la más bonita. Chiguará, marzo de 1922.

Teotiste nació a las cuatro de la madrugada del 8 de octubre de 1900 y murió ochenta y ocho años y dos horas y media más tarde: el 8 de octubre de 1988, a las seis y treinta de la mañana. Como para cerrar un ciclo, y entregar el siglo que vivió casi por entero desde una cama.

Mi abuela vio en su historia, la historia contemporánea de Venezuela...

Cuando ya parecían haberse apaciguado los fuegos de la Revolución Restauradora que inauguró la larga era de los andinos en el poder, Teotiste Fernández, la segunda entre doce hijos, nacía en el occidente del estado Mérida, en la aldea de Estanquez, al sur de Chiguará. Al pie de unas montañas desnudas.

De pequeña, mientras aprendía las cuentas, llegaron a sus oídos las diferencias entre sus padres por Cipriano Castro. Demetria –la madre– no podía perdonarle al hombre de Capacho que hubiese arrastrado a Vicente Ramón –el padre– en su revolución. Por esa campaña militar ella estuvo muchos meses sola. Vicente Ramón, en cambio, guardaba gratos recuerdos de esa insurrección; sentía además profunda admiración por su paisano, y se enorgullecía de haber sido uno de los mil quinientos hombres que se le unieron en el Táchira en su marcha hacia Caracas, para luchar por restaurar la Constitución y forzar la salida del presidente Ignacio Andrade.

Fuera de esa disparidad de opiniones, Teotiste no tenía recuerdos del país político de su infancia y adolescencia. Solo retazos de otro contexto: el ferrocarril que iba de El Vigía a Santa Bárbara transportando pasajeros con ropa de domingo y café en talegas que pagaban con marcos alemanes; el camino de herradura que venía de Santa Cruz de Mora; los cables de teléfonos prendidos a los árboles; la lluvia interrumpiendo el paso y el frío intenso que no dejaba cortar la leche.

Hasta su aldea no se acercó la carretera que construyeron los presos del régimen de Juan Vicente Gómez. Tampoco parecían llegar los ecos de la prisión de La Rotunda ni los misterios de otra cárcel en el castillo de Las Tres Torres. Menos aún las leyendas de miedo que protagonizaba la policía política de entonces; en esos montes andinos en donde ella crecía y se hacía mujer, La Sagrada era la cuadrilla que protegía al Jefe de Estado. Más nada.

Unión, Paz y trabajo, como quiso Castro y como siguió queriendo Gómez. Así parecía ser el retablo de esos días. Y la neblina puntual y la llovizna perenne doliendo en la carne y agrietando la tierra de San Rafael, el caserío pegado a Mesa Bolívar, donde Teo creció, se llenó de hermanos y se enamoró.

Chiguará, San Rafael, Mesa Bolívar. Pueblos. Frío. Lluvia. Artritis.

2

Gerardo anda para todos lados con un montón de recuerdos que no son suyos. Carga consigo una maleta de historia familiar escuchada mil veces, repetida y masticada. Es una crónica de árbol genealógico que le contaron o que oyó contar. Vida de oídas que revive hablando para que no se le olvide. Memoria aprendida. El cuento de otro que se convierte en propio hasta hacerlo aparecer como el primer recuerdo.

La familia de mi mamá es oriunda del estado Mérida. Mi abuela se casó en 1920 con mi abuelo, Rafael Alarcón, que era un hombre trece años mayor que ella, nativo de Chiguará, el pueblo en donde ellos dos vivieron en un principio. Dos años después de haberse casado —cuando ya iba a parir a mi tío Armando— se fueron a vivir a Mesa Bolívar.

Y en ese poblado de cuatrocientas cincuenta casas en las estribaciones de la sierra merideña, vivió Teotiste durante los siguientes veintiocho años. Con la vida girando en torno a ella y al espejo que usaba para vigilar desde su cama que el oficio quedara bien hecho y la leche no se derramara de la olla.

Un pueblo con mucho frío, con mucha humedad. Pasaba un mes o dos meses lloviendo y cuando paraba de llover, las aceras estaban llenas de moho.

Mesa Bolívar, encaramada en una montaña, fue fundada en 1853 por pioneros que descabezaron árboles y limpiaron una explanada. Por eso su primer nombre fue La Tala, por la tala de árboles. Poco después, rebautizada, empezó a crecer por donde pudo en el reducido espacio que dejaron las hachas y los machetes. Para arriba y para abajo —nunca hacia los lados— casas empinándose en los barrancos, y barrancos que, con los años, se llenaron de escalones. En torno, no hay lomas de frailejones como en la sierra de Santo Domingo, o montañas de capa roja donde solo crecen cactus, como se ve desde Chiguará. Los montes de los alrededores son frondosos y húmedos, y se visten de azules por las tardes. Hoy, esos son dominios de tierra caliente, pero a principios del siglo veinte, en Mesa Bolívar el calor solamente se sentía al mediodía.

Mi abuela tuvo a mi tío Armando en el año veintidós, a mi tía Josefa María en el año veintiséis, y entre ella y Amparo —que es mi mamá, y nació en el año treinta y seis—, mi abuela se quedaba cada vez más en la cama. Llegó un momento en que no pudo mover la pelvis, no pudo mover las piernas y no volvió a caminar. Quedó casi paralítica antes de los treinta años.

1928
Diciembre 9: me reduje a la cama, para no tener después de ese día sino ligeras mejorías.

La enfermedad, crónica, impidió a Teotiste tener una familia numerosa como la había deseado. No llegó esa prole inmensa que en conjunto con el apellido regara los cuentos de la familia y tal vez la mirada negra y profunda. No llegó el alboroto de una mesa llena de hijos a la hora del almuerzo. No llegó tampoco el azoro de una carrera persiguiendo a un chiquillo revoltoso. O el grito alegre de un bebé que columpiaba en su pierna. No llegó nada de eso. Pero la artritis, deformante, no pudo con ella. No le enfermó el alma ni le arrinconó la existencia. Teo prefirió ignorarla. No nombrar su padecimiento para no convocar la angustia. No llorarlo. La única referencia a su dolor se adivinaba en un diario: en el comentario que, de pasada, recogía el estado atmosférico.

Enero 02: el día frío y llovió... Marzo 16: hoy está nublado... Agosto 29: el día amaneció de lluvia... Octubre 20: está haciendo mucho calor... Noviembre 5: después de varios días secos, llueve bastante... Diciembre 8: en la nochecita, el cielo se veía como el manto de María...

Teotiste escribía cada vez que podía, una vez superada la crisis de la mañana. Aunque no lo dijera, las matutinas eran sus peores horas: le dolían todas las bisagras del cuerpo. Después, a medida que se gastaba y calentaba el día, dolían menos, y el organismo se iba acostumbrando al movimiento. Y no es que fuese más fácil agarrar el lápiz, pero sí le era más fácil concentrarse.

No se sabe cuándo empezó Teotiste a consignar su rutina, ni si lo hizo para copar las horas, pero era obvio que a ella le gustaba registrar su tiempo. Al principio escribía en hojas rayadas sujetas con hilo blanco, que ya los años y las gavetas han vuelto gris, cuando no marrón. Más tarde lo hizo en agendas de tapas verdes, rojas o azules.

Escribir para quitar la vista del techo, ordenar el pensamiento, llenar la calma y dar el parte meteorológico. Amén del parte de vida, para lo cual quería dejar constancia. Así nadie se olvidaría (menos ella misma) de la noche oscura en que derrocaron al presidente Rómulo Gallegos; de la caminada que dio un hombre en la luna; del sermón que impartió el padre el día que la llevaron a misa, o de Gerardo que, como de costumbre, se levantó temprano y se asomó entre las persianas con curiosidad.

Mi abuelo Rafael era un tipo excelente. Un gran trabajador, un tipo bueno, un reflejo de su época: un hombre de la clase media rural venezolana con unas aspiraciones muy cortas. Muy agradecido de la vida, muy conforme.

Mi abuela no; ella tenía otras aspiraciones.

3

En el clan paterno de Gerardo hay costumbres que se heredan. Una de ellas es que los abuelos son los padrinos de los primeros nietos. Otra era (ya no es) prestarse los nombres. Pasárselos de unos a otros, hasta formar racimos que se inscribían en el registro. Así, por ejemplo, el papá de Gerardo fue presentado como: Mario Ciro Héctor Manuel Guillermo Juan Luis José de la Santísima Trinidad y del Carmen Trujillo Ortiz (de la Santísima Trinidad porque la rama Trujillo es devota de ese misterio; y del Carmen, porque en el lado Ortiz veneran a esa Virgen).

Después de Mario, Gerardo interrumpió la esclavitud de nombres usados y antes de él, solo Ciro, el papá de Mario. A Ciro, le bastaron cuatro letras y dos apellidos para recordar su origen. No le hizo falta más. Suficiente con la memoria que se recreaba en cada generación.

La familia Trujillo es una buena familia, en el sentido del nombre, del apellido. Eran de esa gente de finales del siglo diecinueve que no tenían mucha plata, pero que tenían una profesión: era la familia del boticario o del telegrafista o del maestro. Y eso, en aquel tiempo, era ser un poquito más porque ¿quién podía estudiar? ¿quién, en ese entonces, podía tener un oficio?

Ciro era el segundo descendiente de Manuel María Segundo de la Santísima Trinidad, un ingenioso y elegante zuliano que a los treinta años usaba lentes, bigote de manubrio y peinado de raya al medio, como quedó congelado en una estampa de salón fotográfico.

Mi bisabuelo Manuel y su hermano Guillermo tenían el Estudio Hermanos Trujillo, ubicado al frente de la plaza Baralt en Maracaibo. No sé por qué se metieron en el oficio pero, obviamente, eran «los fotógrafos» y eso les dio estatus social y económico en la ciudad. Un rango distinto. Eran además empresarios exitosos, sobre todo mi bisabuelo, que tuvo una empresa de importación.

Por su profesión, muchos de los equipos y materiales los compraban en los Estados Unidos, y de ahí que mantenían relaciones con hombres de negocios norteamericanos. Mi bisabuelo, por ejemplo, se escribía con Thomas Alva Edison, y en una de sus cartas el tipo le llegó a contar que estaba por patentar una cosa nueva que tenía que ver con imágenes en movimiento.

Mi bisabuelo que, primero y principal, era curioso y, además, tenía recursos, le dijo que le compraba una máquina de esas, y se fue a buscarla. Se fue para Estados Unidos y se trajo la patente número tres o la número cuatro.

Con el vitascopio bajo el brazo, Manuel Trujillo Durán llegó a la tierra del sol amada para quitarle público a la zarzuela y jugadores a las partidas de dominó de los domingos. El 9 de julio de 1896, a veinte días de haberse estrenado en Nueva York, el aparato de Edison hacía su entrada en Maracaibo, y seis meses más tarde ya se estaba escribiendo la primera página de la cinematografía criolla con la exhibición en el Teatro Baralt de las dos primeras películas rodadas en Venezuela.

A su regreso de Estados Unidos, mi bisabuelo entró al país por el puerto de La Guaira y entre sus amigos comentó el invento que acababa de comprar. Ellos le dijeron que por qué no aprovechaba y tomaba imágenes de Caracas, pero él, maracucho al fin, dijo que no: «Yo voy a cuadrar esto en Maracaibo». Y en Maracaibo fue que él hizo sus dos tomas importantes: Muchachos bañándose en la laguna de Maracaibo y Célebre especialista sacando muelas en el Gran Hotel Europa.

Después de ese debut, que se resistió a ser despedida, el primer cineasta nacional se dedicó a recorrer ciudades mostrando el prodigioso artefacto que había llegado con él a Venezuela y a la América del Sur. Caracas, Barquisimeto, Valencia, Puerto Cabello presenciaron sorprendidas el espectáculo. Las funciones nunca alcanzaban para cubrir los gastos, pero Manuel Trujillo Durán no cejaba en su empeño: ensayaba y enseñaba el increíble aparato y las imágenes que se movían. Se perdió recorriendo pueblos. Acumulando sinsabores. Hasta que un día, quizá cansado, tiró la toalla. Decidió irse. Ya había pasado su soplo de gloria. Murió en 1933 a los sesenta y dos años. Le sobrevivieron viuda, dos hijos y el recuerdo de su aventura.

4

Una de las personas que más ha influido en la vida de Gerardo es su tío Armando. El tío mayor. Con él comparte espacio físico, fotos desvaídas, libros y una natural y espontánea familiaridad que hace que uno se presente en piyama ante la visita y que el otro, confianzudo, se quite los zapatos para arrellanarse en el sofá ante la misma visita.

Mi tío es un tipo cariñoso, muy expresivo, muy cálido. Ha sido como un segundo papá.

Francisco Armando Alarcón Fernández nació el mismo año en que un reventón petrolero les cambió los cálculos a unos geólogos y la vida entera al país. Fue en octubre de 1922, justo dos meses antes de que el chorro negro del pozo Barrosos hiciera correr a mucha gente en Cabimas. Nació en una casa de techo de tejas en un pueblo de puertas cerradas, rosario en familia y trato de usted. Su nacimiento no hizo correr a nadie, pero cambió de modo definitivo la vida de María Teotiste de la Merced Fernández de Alarcón, mejor conocida como Teo.

Yo quería mucho a Rafael, pero si no hubiera nacido Armando… yo no sé. Tenía mucho esperando por un hijo.

Armando llegó para caminar con ella, fue el único que pudo. Después, caminó por ella.

Él es el único que la recuerda a la luz de la vela, leyendo el ejemplar atrasado del periódico *Panorama* que desde Cabimas le mandaba el primo Olinto. Fue también el único que la acompañó en el paseo a Lagunillas, cuando ella todavía podía mover las piernas y él le servía de bastón. Fue, además, el primero que renunció al destino cierto que lo llevaría a ser bodeguero o maestro de escuela. Armando, el primogénito, eligió un futuro distinto y se limpió de pueblo apoyado por Teo, que desde la cama lo empujaba a seguir adelante, como antes lo había hecho con los planes para armar la medicatura o montar la casa de la cultura.

Armando fue la avanzada de Teotiste. El que marchó adelante para allanar el camino. Primero se fue a Tovar, en donde un asomo de ciudad le hizo sonreír. Allí se quedó justo para terminar el bachillerato.

Se graduó de bachiller y se fue a Mérida a tomar un curso de bioanalista; pero resulta que un día mientras manejaba una pipeta para hacer un análisis —la pipeta contenía una muestra de orine— al hacer la succión, chupó muy fuerte y tragó orine. Ahí fue cuando él dijo: «¡No!» Regresó para su pueblo y: «Mamá, yo me voy a estudiar en la universidad».

A mi abuelo, aquello le pareció un horror. Él pensaba que su hijo ya había llegado suficientemente lejos, y lo mejor era que se pusiera a trabajar.

Mi abuela, en cambio, dijo que no: «No, señor, usted va para Caracas, y usted va a estudiar lo que usted tenga que estudiar».

Armando agarró sus cuatro ropas y tomó la carretera con ganas de protagonizar. Arribó a la capital en 1946, en el mismo momento en que la ciudad se despedía de sus techos rojos y estrenaba la urbanización El Silencio. Progreso era la palabra clave en ese entonces, y progreso era lo que buscaba el recién llegado que se pegaba a los libros en los pasillos de una vieja casona de San Francisco —antigua sede de la universidad—, después de leer las cartas en donde Teo le preguntaba qué era eso de la Economía.

Mi tío y los que estudiaron con él, al graduarse, salen con un legajo de información que era totalmente nueva en un país donde comenzaba a conocerse una ocupación que se llamaba Economía. Una carrera que estaba empezando. Los profesores de ellos fueron: José Joaquín González Gorrondona, Carlos

Miguel Lollet, Héctor Santaella, Rafael Caldera. Personas, todas, que tenían nociones económicas porque habían estudiado muchísimo, pero que no eran economistas profesionales.

Cuando mi tío y sus compañeros se gradúan no necesitaron salir al mercado para encontrar trabajo: tenían toda una Venezuela, todo un mundo que se estaba abriendo frente a ellos. Aquí no había ni estadísticas, tenían que empezar por levantarlas.

Armando Alarcón Fernández se graduó en 1951 en la tercera promoción de economistas que egresó de la Universidad Central de Venezuela. Para esa fecha ya estaba trabajando como secretario general de la Federación de Cámaras de Comercio y Producción –Fedecámaras– y había ahorrado lo suficiente como para que su familia le siguiera los pasos. Teotiste y su clan ya habían empezado el viaje. En 1950 habían salido de Mesa Bolívar, y la primera parada fue Tovar.

5

A sus treinta y dos años, Gerardo no cree en conceptos abstractos o en entelequias de teoría política. Se dice demócrata pero no se atreve a firmar un cheque en blanco a favor del gobierno del pueblo. Por lo menos para el gobierno que él conoce. El que ha conocido. No se siente capaz. Duda. En eso se diferencia de la tribu materna.

Mi mamá, mi tía, mi tío, ellos son demócratas. Y mi abuela era profundamente demócrata.

El valor que para ellos tiene la democracia es totalmente distinto al que puede tener para mí. Ellos pueden ver que todo esté vuelto un desastre, pueden llegar a decir: «Esto no es lo que nosotros creímos que iba a ser, no es por lo que luchamos». Pero también dicen: «En este régimen se puede hablar». Yo les digo que preferiría tener más oportunidades y callarme la boca, y ellos me responden: «No diga eso, usted no sabe lo que está diciendo».

Teotiste era adeca. Es difícil precisar la fecha exacta de esa afiliación que, más que partidista, fue una militancia con rostro, nombre y apellido: Rómulo Betancourt. Pudo haber comenzado a principios de la década de los cuarenta, poco después de que se fundara Acción Democrática en 1941. Al descubrir al fundador del partido entre las líneas del periódico o en un discurso radiado. Lo cierto es que su simpatía por el dirigente socialdemócrata, lejos de enfriarse tras el golpe militar de 1948 y la dictadura de Marcos Pérez Jiménez o moderarse con el hijo trabajando para una organización de empresarios, se fortaleció. Su militancia adeca creció estimulada por las amistades que a partir de 1950 hizo en Tovar. Allá, en una casa mucho más cómoda y amparada por un mejor clima, Teo fue testigo de los primeros años perezjimenistas acompañada de una lista de apellidos que más temprano que tarde darían de qué hablar en Venezuela.

Consalvi, Rangel, Mogollón, Trejo, Pinto. Son los nuevos apelativos que vendrán a enriquecer la memoria familiar y a animar las tertulias cada vez más frecuentes en la vida que se inauguró al despuntar la mitad del siglo.

Tovar: ciudad –ya no pueblo– con cine, sociedades literarias, actividad cultural. Ideal para ensanchar el pensamiento, para que Amparo estudiara comercio con las monjas y para que a Josefa María se le acabara el sufrimiento del frío que le tullía a la mamá y la condenaba a ella al oficio doméstico. Tovar: período de ajuste. Lapso de vida necesario para aclimatarse y prepararse antes del viaje definitivo que en 1954 llevaría a Caracas, la capital. Al número 103, entre Boyacá y Pichincha, en San Agustín del Norte.

Nada de cargar con corotos viejos, si acaso el reloj y la cama de madera pulida. Fue lo que me escribió Armando.

6

La efusividad de Gerardo es un legado materno. Es obvio, nada más poner un pie en aquella casa en donde todos hablan todo el tiempo, menos el jefe de la casa. Mario –el papá de Gerardo–, a diferencia de los demás, se encierra y asiente. Toma distancia del torneo de anécdotas y relatos que se celebra a su alrededor. Se convierte en la excepción silenciosa en medio del estruendo de fechas, relaciones y parentescos. Se repliega, mas no se aísla. Permanece atento. Él también tiene su veta de recuerdos.

Mi papá nació en Caracas en 1939. Pero fue por cosas del destino. Sus padres vivían en Valencia, y en un paseo que hicieron a Caracas hubo compli-

caciones en el embarazo de mi abuela. Mi papá fue el primer hijo de seis. Todos los demás nacieron en Valencia.

Mi abuelo Ciro fue un hombre muy emprendedor que salió de Maracaibo para trabajar como secretario de la Gobernación del estado Carabobo, durante el mandato de Eleazar López Contreras. Después, fue Tesorero de ese estado, y luego se asoció en una empresa de tipografía.

Era uno de esos hombres que creía en su capacidad de trabajo, que tuvo buenos negocios, pero en ninguno hizo grandes fortunas. Siempre confió en que Venezuela iba a seguir siendo lo que era, y nunca sintió la necesidad de acumular.

Viajó mucho, y tenía una cultura general muy buena. Al poco rato de vivir en Valencia se casa con mi abuela, Ida Cira Ortiz Fuenmayor, que también es maracucha: una mujer dulce, sin ser empalagosa, pero sobre todo muy tolerante, muy conciliadora.

En el linaje de los Trujillo no hay indicios de campo, vacas o estrecheces, como sobran en los antepasados Alarcón. En el lado paterno de Gerardo, las reseñas son urbanas y el pasado de tranquilidad y desahogo. En los días en que Rafael Alarcón corría de un lado para otro como secretario de juez en un pueblo en donde no había juez, Ciro Trujillo se alisaba los pantalones y se arreglaba la camisa para estudiar bachillerato. En la época en que Amparo añoraba calzar zapatos marca Pepito, Mario los detestaba porque no le quitaban un par de encima. En el año en que Teotiste llegaba a Caracas a las modestas manzanas de San Agustín del Norte, ya Ida Cira vivía en una casa–quinta de la prestigiosa urbanización El Paraíso.

Un buen día, mi abuelo Ciro decidió vender sus peroles y salir de Valencia. Montó un almacén de víveres y se compró una casa en Caracas. Sus amistades estaban entre la clase media y la clase media alta, más tolerantes con el régimen de Marcos Pérez Jiménez. En ese ambiente creció mi papá.

Alarcón y Trujillo. Dos familias. Dos mundos. Dos ambientes diferentes. Dos extremos de una misma soga.

Por los Alarcón, mi tío Armando se fue involucrando en la lucha política. Él trabajaba en Fedecámaras, era secretario general, pero no concebía a la federación como una organización enfocada al lucro sino dispuesta a defender a los empresarios para que produjeran más y emplearan a más gente. Para que hubiera más libertad y mejor distribución de la riqueza. Mi tío, además, era profesor en la universidad y no estaba ajeno al proceso político que se estaba viviendo; y empezó a quejarse del régimen.

En el ínterin, ya había conocido a la que será su esposa, Josefina Pinto Salinas: nada más y nada menos que la hermana de Antonio Pinto Salinas, un poeta merideño que era dirigente de Acción Democrática en la clandestinidad. Un tipo brillante y combativo. Entonces, al emparentarse con los Pinto, estaba de anteojito que mi tío entraría en la resistencia contra Pérez Jiménez, y de hecho fue así. Muchas veces se valió de su puesto para hacer de fachada, prestar el carro, buscar «conchas».

En ese entonces, la tensión en la casa de mi abuela era mucha. Si no era por mi tío, era por los familiares o por los relacionados. Había miedo. Muchos perseguidos por todos lados, y no se podía denunciar que estaban perseguidos ni por qué los perseguían. En los últimos días de la dictadura, allanaron la casa. Ya no importaba que mi tío Armando estuviera en la Federación de Cámaras. Allanaban igualito, porque total: era el cuñado de los Pinto, y algo podía esconder.

En la madrugada del 1.º de enero de 1958, Mario Trujillo Ortiz, trasnochado y vestido de esmoquin, regresaba de una fiesta en donde celebró el año nuevo. Sintió los aviones que sobrevolaban Caracas, pero no imaginó lo que se avecinaba. Amparo Alarcón Fernández, por el contrario, en su casa al norte del río Guaire sí sospechaba lo que vendría. El que se alzaba era el coronel Hugo Trejo, el esposo de Carmen Mogollón. Veintiún días más tarde estalló una huelga general, y el 23 en la mañana cayó el gobierno militar.

En mi familia materna, aquello fue una celebración, pero después se inició una etapa que mi abuela vivió con mucho temor. Y verdad que fue bien difícil.

7

Casi toda su vida Gerardo ha vivido, jardín de por medio, al lado de la casa del tío Armando y su esposa, la tía Josefina. Y ese es un cuento viejo que tiene que ver con parejas que se inician, solidaridad familiar y atmósfera de tolerancia. Hay mucho cariño de por medio como para no filtrar los desacuerdos, como para no querer ser flexibles. Como hubo que serlo a la hora en que Armando pretendió marcar distancia política.

Entre 1958 y 1963, mi tío entra en un proceso muy difícil. Estaba en la Universidad Central de Venezuela dando clases. Era adeco, y sus amigos eran Simón Sáez Mérida, Américo Martín, Domingo Alberto Rangel. Todos los que se irían de Acción Democrática para formar el Movimiento de Izquierda Revolucionaria. Se iniciaba la guerrilla urbana.

Esos días fueron muy duros. Hubo como un cisma en la familia: todos habían luchado por lo que creían, que era la democracia, y pensaban que como estaba naciendo, había que ayudarla, pero pasaban muchas cosas... y pasó ese asunto de mi tío...

Tanto rezar para que acabara en esto.

El único que se metió en esa aventura fue mi tío Armando. Yo creo que ni mi tía Josefina, su esposa, quería que él anduviera en esas.

1960
Enero 4: para diciembre de 1959, según Contraloría, 1.334 millones es el remanente de las deudas de la Dictadura. El Nacional.
Abril 7: se están disponiendo a viajar a Maracaibo los simpatizantes de D.A.R. y Cía. a dar su «proclamación» que llaman ellos.
Abril 8: en la noche por Radio Rumbos se oyó el mitin en Maracaibo. Me «entristecen» todas estas cosas de la «juventud» en quien «los viejos» tenemos nuestras esperanzas por una «Venezuela mejor».
Abril 20: a las 4:35 de la mañana llamó Mogollón para avisar a Francisco Armando, que el cuartel Bolívar en San Cristóbal había sido tomado por «Castro León y Cía.» Habiendo sido entregada la guarnición por Francisco Lizarazo. Pasamos todo el día en la mayor angustia pensando en nuestra «pobre» patria con sus grandes problemas...
Abril 21: en la madrugada oí la transmisión de Radio Universidad de Mérida... En la mañanita oí cuando decían que se había entregado (o huido) del cuartel Bolívar por la Fuerza Armada de Cooperación al mando del militar León Benito Gutiérrez... A mediodía hubo mitin de todos los partidos en El Silencio en manifestación de confraternidad con el Táchira. En la noche hubo gran mitin en San Cristóbal, oí hablar al doctor Caldera, doctor Leoni, el ministro Arcaya a nombre del doctor Villalba (Jóvito) y un comunista. A medianoche

oímos «Ondas del Lago» de Maracaibo alertando al pueblo por estar en peligro nuestra democracia.

Mayo 18: hoy hace 50 años fue «el paso del Cometa Halley» (así decían) y hoy se dice «el paso de la tierra por la cola del Cometa Halley» (*La Religión*). Estaba yo en Chiguará, donde mi tío Gregorio Márquez, y en una madrugadita me levantaron para que lo viera: esa belleza, todavía lo recuerdo bien, tenía yo 9 años de edad y lo vi junto con el lucero de la aurora y la luna ¿sería que era llena? Por el lado de La Peña.

Mayo 28: hoy cumplo 30 años de no caminar. Los últimos pasos (como tres) los di en «El Suspiro» de Chiguará al bajarme de un caballo para coger el carro que me llevó a Mesa Bolívar, donde llegué tullida, sin poder pararme más.

Junio 24: a las 9 y media más o menos, fue el atentado criminal al Presidente Rómulo B. cuando se dirigía a la escuela del Círculo Militar que celebraba su día. Por una bomba o explosivos dirigidos a los carros en el paso, pereció el coronel Ramón Armas Pérez, que iba con el Presidente, este sufrió quemaduras y cortadas y heridas con los vidrios del carro. También el ministro López Henríquez y su Sra. y el doctor Francisco Pinto S., los choferes de los dos carros y otro de nombre Elpidio Rodríguez, que no tuvo familiares que lo reconocieran.

Julio 30: se dice que anoche decomisaron al periódico *Izquierda*. En este número está un artículo del Dr. F.A.A.F.

Agosto 29: en la noche la gran garizapa de los inconformes con el Gobierno. Hubo muchos tiros en el cerro de San Agustín que los oí con terror, y muchos disturbios en El Silencio y San Martín. Anoche fue la reacción de los urredistas y demás «istas» por no querer el canciller Arcaya firmar algo contra Cuba. Lo firmó el embajador Falcón Briceño.

Octubre 19: los rumores poco gratos de prisiones y alboroto en esta capital por un editorial del periódico *Izquierda* tienen movido todo. ¿Qué se hace? No he visto en todo el día a mi hijo, Dios lo bendiga. Sufro mucho por esto pero confío en la Divina Providencia y en la Santa Virgen...

Octubre 20: está haciendo mucho calor. Mi hijo querido almorzó donde Ginés y no lo he visto. Noticia de prensa: profesores y estudiantes busca la policía. Según informaciones recogidas en la mañana de hoy en medios allegados a la Federación de Centros, dos profesores universitarios y tres estudiantes son solicitados activamente por las autoridades policiales. Los profesores solicitados no se presentaron en la mañana de hoy a sus cátedras ni los estudiantes asistieron a clases. Los presuntos solicitados por las autoridades policiales son los doctores Francisco Armando Alarcón Fernández y Héctor Malavé Mata, profesores universitarios, y los estudiantes Pedro José Muñoz, Luis Linares y Gumersindo Rodríguez, estos últimos miembros del Comité de Redacción del Semanario Izquierda.

Octubre 23: no fui a misa. Tampoco vi a mi hijito querido, Dios lo bendiga. Fue Josefa María a la misa y vino con la noticia de que el hermano se va para Barquisimeto. En la tarde vino Ramón Soto, Ramón Contreras, Toña y su familia, Cira y sobrinos, Inés, Marina Consalvi a despedirse para irse a España. En la noche, El Observador Creole dio el boletín extraordinario de que URD pone su coalición y ministros a la disposición del Presidente Betancourt para que pueda reestructurar el gabinete.

Octubre 27: vi a mi hijito después de ocho días ausente. Después de una noche tormentosa de tiros, gritos y sobresaltos amaneció el día de ayer, gracias a Dios.

Noviembre 1: en la tarde hasta las 6:20 hubo gran concentración obrera–campesina en El Silencio para respaldo del Gobierno constitucional tan duramente atacado en estos tiempos... Sea todo para bien de Venezuela entera.

Noviembre 3: en la noche habló por TV el Dr. R. Caldera, y más tarde el Dr. Jóvito Villalba.

Noviembre 7: está el alboroto de que está prohibida la venta de divisas que tiene a la Federación de Cámaras, economistas y todos los que saben y entienden con la oreja parada. Yo no entiendo ni sé qué es eso.

Noviembre 25: a las 11 a.m. se declaró la anunciada huelga de los teléfonos

Noviembre 30: triste y mortificada por la ausencia de mi hijo querido, y la angustia de esos estudiantes de la universidad. Si lucharan por una causa justa, bueno estaría su sacrificio, su vida, su juventud, ¿pero por qué luchan?... Libertad tienen de más... En la tarde habló el estudiante Cardozo, que ni sé quién será.

Diciembre 1: a mediodía circularon avisitos de huelga, pero quizá
no tuvo mucho éxito y el día pasó sin mucha intranquilidad. En
la tardecita se dijo que había nuevos disturbios en la Universidad
Central y varios sitios de la ciudad. En la noche hablaron grupos
por separado, primero los doctores Calvani y Gonzalo Vivas, el
bachiller Cardozo y el bachiller Luis Alfredo Rodríguez. Después
los doctores Martín Vegas y unos periodistas y la F.V. de Maestros.
Más tarde, a las 11, habló el Dr. Caldera sobre los estudiantes de
la Técnica Industrial, sobre todo que han sido utilizados para los
desórdenes de insurrección quemando autobuses, carros, etc. etc....
Mi hijito duerme esta noche donde G.

Diciembre 4: hoy hace 33 años me fui a vivir en mi única casa propia en Mesa Bolívar... En la tarde, estando de visita con Josefa Elba
Núñez, Margarita Mogollón, Mario Mogollón, mis hijas, Rafael y
los Gil, Marisol Ascanio y Elizabet Ortega, entraron dos señores
identificados como «Digepol» a registrar esta pobre casa, no sé con
qué pretexto. ¿Buscarán a mi hijo? No sé dónde está. ¿Buscan armas?
No quiero de ellas ni el nombre. Aquí solo hay lo que veis, como
dicen los maracuchos.

Diciembre 6: dijo Rómulo en Maturín: «He luchado 30 años en el
campo de la política y no toleraré que se atropelle la dignidad de
ningún ciudadano». Finalmente hizo un llamado a los dirigentes de
los partidos políticos para que se hagan un examen de conciencia
a fin de que se restablezca la confianza y echar a andar el plan de
recuperación dentro de un clima de paz y concordia. ¿Será atendido
el señor Presidente? Dios quiera y así sea.

Diciembre 8: mi hijo pasó su tarde donde la suegra.

Diciembre 12: fueron de la Digepol a buscar a mi hijo a Carrizal
y se trajeron a Toño hasta las oficinas de ellos, después lo dejaron
libre. Sea por Dios.

Diciembre 19: mi hijito está donde su prima, y en su casa: soledad
y tristeza.

Diciembre 21: amaneció la noticia del conato de alzamiento de unos
militares en Maiquetía y La Guaira.

*Mi tío Armando estuvo preso, pero como carceleros y ministros habían
sido compañeros suyos en la resistencia contra Pérez Jiménez, ya lo veían y lo*

trataban con muchísima consideración, y a mi tía cuando lo iba a visitar no la jodían, no la cacheaban.

La democracia no era el regalo que se conseguía en una caja de jabón. El 23 de enero de 1958 llevó los partidos a la calle y a la disidencia a pensar en voz alta. La pasión se exhibía y los ánimos se incendiaron. La estabilidad no se consiguió en las urnas y ni siquiera pudo blindarse tras la mampara del pacto político que se había firmado en octubre de 1958 –un mes antes de las elecciones– en una quinta de Sabana Grande. Apenas comenzó el ejercicio democrático vinieron años frágiles, jornadas de tira y encoge. Temporada en que se sospechó que Sierra Maestra, la verdadera, quedaba en los terrenos de la Universidad Central de Venezuela y no en una isla en el mar Caribe.

Pasó algo que no sé qué fue, pero en 1963 mi tío Armando como que se echó para atrás por lo del incidente de El Encanto. Por la matazón de soldados que hubo cuando se asaltó el tren. Eso como que no le gustó. Lo decepcionó. Y mi tío se dedicó por entero a su labor docente.

Para mí, en el fondo él sigue siendo adeco. Él lo niega, pero dicen que adeco es adeco hasta que se muere.

1962
Febrero 14: «Yo soy un Presidente que ni renuncio ni me renuncian», dijo ayer R. Betancourt.

8

El cuarto de Gerardo es un completo desastre. La cama sin tender, libros regados, una camisa arrumada en una silla. Llaves antiguas, casetes de música. Todo junto y revuelto amalgamando unos gustos y alimentando su biografía. En esa habitación, cualquier mamá encontraría suficiente tela para coser un regaño, pero Amparo –alcahueta salvando las apariencias– atina a decir: «¿Y no le da pena enseñarlo?».

Niño mimado por derecho de primogenitura. Infancia segura, universo complaciente que le reía las gracias, le permitía meterse los dedos en la nariz y no lo dejaba comer solo.

Yo soy un hoyo en uno: nací nueve meses y un día después de que mi papá y mi mamá se casaron. Casi puedo decir con exactitud dónde y cuándo me concibieron. Fue en el Hotel Maracay, la noche del tres o la madrugada del cuatro de abril del año sesenta y cinco, en el sitio en donde ellos pasaron su luna de miel. Nací el 4 de enero de 1966, el día nacional de los comienzos de dieta y de los enratonados.

Amparo Alarcón Fernández y Mario Trujillo Ortiz se conocieron el 3 de abril de 1963. Ambos coincidieron en el mismo departamento del Banco Central de Venezuela. Amparo era secretaria, Mario un aventajado estudiante de la Universidad Santa María que daba sus primeros pasos en el mercado laboral. Se enamoraron y colorín colorado.

Yo nazco en una época muy tranquila, muy propicia. Todos están muy contentos, gozan de una relativa paz. Mi tío Armando estaba dedicado de lleno a la universidad, había hecho su doctorado, estaba en una mejor posición económica y había decidido que San Agustín ya era muy pequeño. Se compró un terreno en Prados del Este y se hizo una casa para él y una casa para mi abuela; la de ella, largota y sin un solo escalón para que pudieran moverla por todos lados. En esa casa vivo yo.

A mediados de los sesenta, Prados del Este era un bosque que estaba en el fin del mundo. Hasta allá se fueron los que comenzaban a subir en el escalafón social. Los ricos ya tenían sus casas al pie de la montaña, al norte del río: Altamira, La Castellana, el Country. El sureste era un polo nuevo y su desarrollo iba de la mano de los dirigentes de Acción Democrática. El Cafetal y Prados del Este son urbanizaciones hechas por y para adecos. En El Cafetal se instalaron los cuadros medios y la dirigencia sindical, y en Prados del Este gente como Carlos Andrés Pérez, Luis Piñerúa Ordaz. Adecos, amigos y conocidos.

1969
Julio 16: a las 9 y media despegó el Apolo 11. La Santísima Trinidad vele por ellos.
Julio 19: día de la luna, debería llamarse este día. Todo el mundo está pendiente de la hazaña de los tres astronautas que irán a la luna esta noche.

Julio 24: a las 12 y más del mediodía de hoy regresaron los 3 valientes astronautas norteamericanos. Eso lo vi yo para darle gracias a Dios por tan feliz suceso.

Octubre 29: desde ayer están alborotados los estudiantes de la UCV por la muerte de Luis Hernández, estudiante de Sociología. Se oye decir que las autoridades universitarias cerrarían hoy la universidad.

Octubre 30: en la tarde suspendieron las actividades en la Universidad Central de Venezuela. Mi hijo es Decano de la Facultad de Economía. Josefa María trabaja en Control de Estudios.

Octubre 31: a las 5 y media p.m. allanaron la Universidad Central los militares, por causa de los desórdenes que dicen suceder allá.

Noviembre 5: el Radio Continente, mi favorito, dice sin nombrar la Facultad que fue encontrado en una de ellas mucho «material subversivo», bombas, estopa, gasolina, uniforme, etc. ...Hoy agasaja el gobernador de Caracas a los policías que fueron heridos por los refugiados en la UCV la semana pasada, y que por misericordia de Dios no los mataron.

9

Cada mañana, mientras desayuna, después de hojear la primera y la última página del diario *El Universal*, Gerardo se detiene en la sección de defunciones, y luego en la de sociales. Quiénes se mueren, quiénes se casan, quiénes son los deudos, quiénes los invitados. Así establece las relaciones. Tiene la necesidad de atar cabos, unir eslabones, llegar al origen para —cual amo del valle— establecer las líneas primigenias.

Según su criterio, nadie viene solo. Lo acompaña una pequeña hoja de vida o, en el mejor de los casos, un certificado de procedencia, una retahíla de amigos, conocidos, relacionados. Su mamá aprendió el oficio con Adela Armenteros, una exilada española que en Venezuela había sido secretaria de todos los gerentes de Fedecámaras. El padrino Jorge Alberto —el hermano de Gerardo— es Numa Quevedo Casas, hijo de Numa Quevedo que fue ministro de Wolfgang Larrazábal. La madrina de su hermana Marianella es Astrid Consalvi de Lepage, hermana menor de Simón Alberto y esposa de Ramón Lepage, el hermano de Octavio. La primera mujer que tuvo como jefe se llamaba Eleanora Silva, que era hija de Carlos Rafael Silva. A quien le agradece una recomendación para un empleo es a Lucía Rivas Velutini de Olavarría, esposa del general Olavarría, prima de los Velutini del Banco Caracas, de los Velutini del Banco Venezolano de Crédito, y amiga de la infancia de las tías de otro banquero: José Álvarez Stelling.

No sabe vivir sin pasado, sin vínculos, sin lazos. Por eso se emocionó tanto la vez que de niño fue de vacaciones a Maracaibo y descubrió en el paseo Las Ciencias la casa de un tío lejano, y en el cementerio, la tumba de un tatarabuelo. Casi había olvidado que su papá tenía familia. Ahí empezó a detenerse en la crónica paterna y la incorporó a su dietario personal. A esa constante relación de hechos y de nombres, en la que más que recordar, milita.

10

La vida de Manuel Trujillo Durán se partió en dos la noche de la exhibición en el Teatro Baralt. La de Teotiste Fernández de Alarcón tuvo su antes y después con el nacimiento de Armando. La de Gerardo Trujillo Alarcón no se quedó atrás. También se dividió en dos partes: su antes y su después vinieron con el Viernes Negro.

Así como Juan Vicente Gómez engendró a la generación de 1928 y Marcos Pérez Jiménez –por qué no– provocó la de 1958; Luis Herrera Campins también tuvo la suya: la clase de 1983. Aquella fue la promoción del control de cambio y los dólares preferenciales. El viernes 18 de febrero de 1983, el gobierno tuvo que enfrentar la realidad que hasta entonces había desdeñado: ya no podía seguir endeudándose a costa de un barril de petróleo siempre en alza, la baja de los precios hizo imposible seguir soportando esa forma de gobernar y –lo inminente– pagar los intereses de unos préstamos que rondaban los cincuenta mil millones de dólares. Ante la crisis, la opción de última hora fue –después de cerrar unos días el mercado de divisas– decretar un control cambiario y, de un plumazo, acabar con veinte años de estabilidad de la moneda.

Yo no sabía de problemas ni de cosas desagradables. El primer gran coñazo que recibí fue saber que la gente se moría; después, que había devaluaciones y que la gente se quedaba sin trabajo.

Yo soy de la primera generación de bachilleres postdevaluación. Me graduédué en el año ochenta y tres, en julio. En ese mismo año, en febrero, había ocurrido la devaluación del bolívar. Fue un gran golpe. Mis amigos y yo teníamos un plan de vida muy distinto del que después tomamos.

Gerardo no pudo menos que crecer en un mundo feliz y respetuoso, con viajes a *Disney World,* misa los domingos, canarios en el patio, un dálmata como mascota y amigos desde el *kinder.* Vida bonita como para ponerla en un cuadro. Entorno agradable que permitió al padre importar *rattan* de Taiwán y comprar por cuotas una casa en Alto Prado. Horizonte predecible. Nadie imaginaba que las nubes de la deuda externa y del petróleo oscurecerían el panorama, y que al presidente Luis Herrera Campins lo recordarían por algo más que por sus refranes criollos y su afición a comer chocolates.

Cuando yo decidí ser algo en la vida, decidí ser piloto de aviones: iba a estudiar Aviación en Tulsa, Oklahoma. Y entre mis amigos, uno quería estudiar computación; otro, ingeniería civil en los Estados Unidos; otro, ingeniería de sonido en el Berklee College, y otro iba a ser médico... ¿Y qué fue lo que pasó? Ninguno hizo eso, empezando por mí.

Mi papá tenía ahorrados unos dólares, pero llegó 1983 y el sueldo se le fue a la mitad: de 4,30 a 8,50 pasó a costar la moneda americana. ¿Cómo iba a pagarme una carrera en Estados Unidos? Imposible.

En febrero de 1983 el capital de Mario Trujillo desapareció como por arte de magia. El suyo era capital a futuro, a fuerza de quince y último, contando con una moneda fuerte y la parte dos de una película: la de La Gran Venezuela.

Por unos diez años, mi papá fue gerente de administración de un importante consorcio industrial. Eso fue en la década de los setenta, durante la bonanza. El proteccionismo a la industria nacional era alto, las ventas eran muy buenas y se ganaba mucha plata. Él tenía muy buen sueldo y le iba muy bien. En 1979, decidió independizarse y comenzó con un negocio de importaciones. Al principio fue un poco difícil, pero posteriormente hizo buena plata.

En 1983, alcanzaba para mandarme a estudiar a los Estados Unidos, pero llegó el control de cambio y el negocio se trancó por el asunto de las cartas de crédito y la restricción a las importaciones.

El Viernes Negro se le metió en la intimidad a Gerardo. Nunca hasta ese día había experimentado el peso de la historia oficial en la vida diaria: se despertó de repente del sueño de bienestar para intentar armar otro a su manera. Un sueño en el que se pudiera acomodar. Antes del Viernes Negro, Gerardo veía su vida facilita. Después de ese día tuvo que empezar a construir otra. Y no estaba claro cómo.

No había hecho previsiones de nada. Yo no iba a presentar en las universidades nacionales, pero como la devaluación fue en febrero me vi en la necesidad de hacerlo. Presenté la prueba del Consejo Nacional, que era obligatoria, presenté en la Universidad Católica, en la Universidad Metropolitana. Al momento de poner lo que quería estudiar, yo no sabía qué. En la Metropolitana puse Administración; en la Católica, Ingeniería; y en la Central, Economía. Salí en la Católica, pero no en Ingeniería; me aceptaron en la Central y también me aceptaron en la Metropolitana. Pero todavía no sabía lo que iba a estudiar.

En mi casa, le pregunto a mi mamá: «¿Qué puedo estudiar?». «Estudie lo que quiera», me contesta. Mi papá piensa que Ingeniería Mecánica. Mi tía quería que fuera militar, porque en uniforme me debía ver bonito. Mi tío me dijo: «Ingeniero civil...». Yo pregunté: «¿Qué tal Economía?». «¡¡¡Nooooo!!!», dijeron todos.

Y le pregunté a mi abuela...

«Sí mi'jo, estudie Economía».

11

A Gerardo no le dicen nada las damas espigadas ni las delicadas figuras de porcelana. Tal vez de tanto oír historias viejas, ha sabido cultivar un gusto por cosas de antes y mujeres mayores. Su ideal femenino se parece más a Fulanita, la voluptuosa caricatura de una revista de los sesenta, que a Patricia Velásquez, la *top model* venezolana. Influenciado por el alboroto de mujeres entre las que se crio y que tallaron un patrón estético de otras épocas, no hay atributo físico que le atraiga más en el sexo opuesto que un buen pecho. Si alguien le hace temblar las piernas es porque tiene dos buenas razones por delante. Razones de peso.

Cuando estaba pequeño y apenas hablaba, al ver a una mujer de grandes senos, enseguida advertía la novedad. Emocionado, halaba el vestido de su mamá:

Mami, mami: rande, rande...

Amparo no podía entender esa temprana agitación, y por su cabeza no pasaba una interpretación freudiana del asunto. No estaba de moda el psicoanálisis.

Me gustaba mucho tomar pecho, y mi mamá no tenía mucha leche. Un pecho daba leche pero el otro no, y cuando yo terminaba de mamar —como no estaba lleno— empezaba un gran lío: lloraba yo, lloraba mi mamá, lloraba mi abuela, lloraba mi tía, lloraba todo el mundo... por la teta de la discordia.

Entonces mi abuela, que no pedía permiso sino que ejecutaba, llamó a su pueblo y mandó a buscar una chiva, una chiva parida.

Denle leche de cabra.

Y se acabaron los llantos. Mientras Gerardo chupaba el tetero, lo arrullaba un runrún de mujeres satisfechas. Una retahíla de historias. Una conversación de mayores capaz de amoldarle el gusto hasta inclinarlo por cosas de la gente grande. Por charlas de sobremesa en donde se pudiera compartir la predilección por Joan Manuel Serrat, Pablo Neruda o Costa Gavras. Gustos añejos. Mujeres crecidas con ganas de mundo como Teotiste. O tal vez como Josefa María, hermana de la madre; o Lila, hermana del padre. Las dos solteras, las dos queridas, las dos consentidoras.

Josefa María es el héroe oculto de la trama. Ella fue la que se montó en un taburete para cocinar las caraotas mientras Teo permanecía tendida en la cama. Fue la que presionó a Armando para salir del pueblo, escribiéndole sobre el frío que entumecía más las articulaciones. También fue la que a sus cuarenta años decidió dejar los oficios del hogar, y a sus sesenta le regaló a Gerardo un carro nuevo para que fuera a la universidad.

En marzo de 1966, yo tenía dos meses de nacido. Mi mamá se estaba preparando para volver a trabajar y estaba haciendo la lista que mi tía Josefa María tenía que hacer conmigo: jugo a las diez, baño a las dos... Y, de repente, le da una lloradera y empieza con que no puedo ir al trabajo y no puedo, no puedo dejar a mi hijo.

Entonces mi tía, que nunca en su vida había trabajado, dice: «Ahora la que se va a trabajar soy yo». Mi tío Armando le pregunta: «¿En qué, si usted no sabe hacer nada?». «En lo que sea», fue la respuesta de mi tía. Y se puso a buscar trabajo.

Mujer de temple y de disposición. Al igual que Lila, la otra tía de Gerardo.

Lila es la segunda de las cuatro hembras que tuvieron Ciro e Ida Cira. Ella no se casó, pero eso no es algo nuevo entre los de su sangre.

Las mujeres Trujillo no se casan. Es como por genética: son muy renuentes a hacerlo. Mi tía Sonia, por ejemplo, se casó en 1967, y antes de eso la única Trujillo que se había casado lo hizo en 1922. En cuarenta y cinco años no hubo una que se matrimoniara. Solteras todas... y no porque se quedaron, sino porque decidieron no casarse. Eran de una familia de avanzada: en 1925 ya eran feministas. Tocaban piano, leían poesía, les gustaba Anaís Nin, Virginia Woolf. Mujeres informadas. Independientes. Que dijeron yo soy, yo trabajo y no necesito un hombre.

Lila es de esa estirpe de mujeres que nacieron para vivir sin marido. Todavía no ha encontrado un hombre que le calce con sus postgrados en Europa, le siga en sus gustos literarios y aprecie la belleza del cine francés.

Tiene una cultura general vastísima. Ella es la que me recomienda libros. Desde que yo era estudiante, discutimos y hablamos de la vida, del trabajo.

Envuelto en esa conversación de mujeres adultas, Gerardo fue creciendo y adquiriendo una sensibilidad y un sentido estético que diverge de lo acostumbrado entre sus contemporáneos. Pero eso no le mortifica. Entre gustos y colores, hay mucha naturaleza, y los amigos son una cosa y las amigas con pretensión de novia son otra.

Una mujer sin tetas es un buen amigo.

12

Hasta los dieciocho años, lo más cerca que había estado de una barriada popular era cuando iba a la casa de algún amigo en Alto Prado o Las Mercedes, y tenía que pasar a un lado de Santa Cruz, Las Minas o El Güire. Desde la ventana del carro veía las barriadas inmensas que se pegaban a las urbanizaciones de quintas y edificios. Sin recato y sin moderación.

En Caracas, quizá como no sucede en otra ciudad del mundo, no hay compartimentos estancos ni territorio prohibido. Las zonas elegantes se entremezclan con las populares, y viceversa. Entre unas y otras no hay áreas demarcadas sino cinturones de tolerancia en donde coinciden los jeeps de las rutas de transporte troncales, con los autos Toyota y Mitsubishi. Ese era el único barrio al que se había acercado Gerardo.

Ingresar a la Universidad Central de Venezuela fue un verdadero shock. En bachillerato, todos mis compañeros eran gente como yo. Vivían en Terrazas del Club Hípico, Alto Prado, La Trinidad. Todos teníamos cosas en común, gustos parecidos. Vida y familia semejantes. Más o menos acomodados.

Llego a la Universidad Central y empiezo a preguntar: «¿Qué hace tu papá?» y me dicen: «Mi papá es taxista». O: «No hace nada». O: «Yo no tengo papá...». Y eso era algo completamente nuevo para mí.

Yo soy de las personas que necesitan un grupo para estudiar, y al empezar en la universidad veo que tengo que formar el equipo con las primeras personas que conozco: había un muchacho que vivía en el Country, y unos días estaba en su casa y otros, en la casa de su abuela porque su papá y su mamá tenían un parapeto de matrimonio. Otro compañero vivía en Catia, y su mamá era quien lo mantenía. Una muchacha vivía en Guarenas, y nunca podía llegar a la hora. Y había otro que no se salía de un discurso de lucha armada, de lucha de clases...

Pero el recinto universitario no era solo el espacio que encerraba gustos diferentes y padres desconocidos. Fue también el escenario para derrochar adolescencia y ejercitar el albedrío que daba un carro nuevo y dos sueldos: uno como preparador y otro como pasante en la empresa en la cual trabajaba su papá. Con el sobre de fin de mes se pudo costear unas travesuras distintas a las que ensayaba en secundaria, que nunca habían pasado de jubilarse de clases para vagar por el centro comercial o, en carnaval, lanzarle huevos podridos a las niñas del colegio de monjas.

Empecé a estudiar Economía y empezó también un ciclo de fiestas. Ganaba como dos mil bolívares, y eso era un bojote de plata para mí, que no tenía ninguna obligación. Y me lo rumbeé todo. Durante la primera mitad de la carrera la rumba fue grande. Tardé como siete años en graduarme.

Llegó un semestre en que agarré dos materias y me rasparon una, y eso me dio mucha pena. Pena conmigo mismo. Entré en un proceso de reflexión, y me dije: «Vamos a ponerle corazón a esto». Y me puse a estudiar en serio.

Se quitó el traje de juerga y lo cambió por el saco y la corbata de un empleo a tiempo completo. De día era el muchacho que llevaba las estadísticas de una entidad de ahorro y préstamo; de noche era el estudiante que trataba de recuperar las horas perdidas.

Llegar a la universidad fue enterarme de que hay gente que es más inteligente que uno, que estudia más que uno, pero que tiene menos recursos que uno. Fue mi gran descubrimiento.

13

Teotiste tenía una campana que, como en las telenovelas, hacía sonar para que le trajeran café a la visita, para llamar a Gerardo que no había venido a saludar, o para comentar la noticia de la muerte de Renny Ottolina que había oído en la radio. El año en que Gerardo empezó a trabajar, el sonido de la campana se había ido espaciando, como ya había sucedido con los apuntes en el diario. Teo había dejado de escribir seis años atrás, cuando las cataratas consiguieron lo que no pudo la artritis. Teotiste se había ido quedando ciega.

Y a partir de octubre de 1988, más nunca se oyó la campana y los diarios se guardaron bajo llave.

Empecé a trabajar en julio de ese año, y mi abuela ya estaba muy enferma, pero ella se enteró y me echó sus bendiciones. Cuando se murió fue algo muy fregado. Mi abuela fue —es— muy importante para mí. Los tres primeros días después de su muerte fueron horribles; después la rutina me fue absorbiendo. Poco a poco me fui encariñando más con el trabajo y después me di cuenta de que lo que hacía era importante y, lo mejor de todo, me gustaba.

Se murió Teotiste y dejó a Gerardo con el cuento mocho y la palabra en la boca. Empezó una fase inédita. Capítulos nuevos, en donde Teo no habla.

Poco después de cumplir veintitrés años, me ascendieron al cargo de jefe de un departamento. Era un carajito, y encima había salido como con seis muchachas diferentes de la oficina. Entonces me tocó poner la cara seria para hacerme respetar.

Aprendió que los lunes en la mañana hay que llegar temprano porque no estaba bien eso de presentarse amanecido en la oficina o con las huellas de una fiesta. Que tampoco se ve con buenos ojos enredarse hasta con las faldas de una escoba. Que el poder engolosina. Y que las mejores cosas se aprenden al oído.

Cada vez me fueron dando más responsabilidades. Me metieron en los comités donde se fijaban las tasas y se establecían las estrategias financieras. Todo me parecía interesantísimo. En uno de esos comités, además, había una mujer muy bonita. Catira, alta, inteligente, bueníiiiiisima y ocho años mayor que yo.
Fui acercándome a ella con buenas intenciones, y después con malas intenciones. Poco a poco ella me fue enseñando más de lo que me debía enseñar. Aprendí a analizar un crédito, cómo se hacían los avalúos, cómo se evaluaba el mercado inmobiliario.

A los veintiséis años, Gerardo seguía creyendo que él era el centro del mundo, como cuando vivía Teotiste. Una carrera ascendente y una amiga bonita a su lado eran razones más que suficientes para avalar esa creencia. Envalentonado, pensaba que tenía a Dios agarrado por la barba. Por eso le cayó como una jarra de agua fría el movimiento de personal que lo dejó vestido y alborotado esperando por un ascenso.

Reconozco que fue una gran malcriadez, pero me arreché y me fui. Puse la renuncia.

14

Gerardo no escatima la sonrisa. Abierta, feliz, transparente; rematando en dos hoyos en las mejillas, su sonrisa lo condena por siempre a ser un niño grande. Un niño grande que ni siquiera cuando llora arruga la cara. Así se esté acordando de los consejos que le daba Teotiste o de la imagen bonachona del abuelo Ciro. A Gerardo pareciera que solo se le frunce el ceño cuando el sol le pega de frente.

El año de 1993 lo encontró en otro empleo que exigía toda su atención. Un mar de leva se levantaba en el mundo financiero y le iba a enseñar otras lecciones. Corrían los que serían los últimos días de la segunda administración de Carlos Andrés Pérez. El ambiente no podía estar más complicado: dos intentonas de golpe y una amenaza de juicio al Presidente por malversación de fondos enturbiaban el horizonte. Los ánimos estaban revueltos. Caldeados. Sin embargo, para julio de 1993 muchos creían que lo peor ya estaba pasando. Pérez había salido de la Presidencia y un gobierno provisional aseguraba la calma hasta las elecciones de diciembre. Más de uno llegó a pensar que las aguas volverían a su nivel. Gerardo era uno de esos. En aquel momento, era gerente técnico en un banco hipotecario.

Cada vez que yo presentaba un proyecto en el comité, me bombardeaban a preguntas. Lo veían por todos lados. Muchos de los créditos que llevé, creyendo que eran unos tiros al suelo, me los echaron para atrás.

Una vez presenté un desarrollo de oficinas que iba a levantarse en El Rosal, una zona que tenía mucho potencial porque la Bolsa de Valores se había mudado para allá. Mi razonamiento era que todos los bancos iban a hacer lo mismo. Ese sería el nuevo centro financiero de Caracas. Era una oportunidad única. El proyecto estaba plenamente justificado, pero me dijeron que no. La junta directiva no aprobaba nada que no estuviera totalmente protegido desde el punto de vista de mercado. ¿Por qué?

Simplemente porque la junta estaba viendo un poco más allá. Veía que el sistema financiero se estaba deteriorando, y que el país se iba a trancar y todo se podía venir abajo.

Como efectivamente se vino abajo poco después de que sacaron a Carlos Andrés Pérez de la Presidencia. Cuando aquello pasó, cuando todo se vino abajo, fue cuando di gracias a Dios porque no me habían aprobado aquellos créditos. ¿Quién los hubiera pagado?»

El gobierno que sirvió de transición mientras llegaban las nuevas elecciones no apaciguó los ánimos. Había una sensación de vacío. De inestabilidad. Las tasas de interés estaban por los cielos y la gente corría con sus depósitos al mejor postor. Era la euforia desatada desde los mismos bancos que competían a muerte entre sí. Bien fuera por conseguir los dineros del público o por ganarse el trofeo a la torre más alta o el despacho más suntuoso o la fiesta más espectacular. Nada de pequeñeces. La pelea era peleando. ¿Quién da más?

Gerardo, casi pasmado, presenció ese espectáculo desde una butaca de primera fila.

La gente, como loca, se traía los reales de Estados Unidos porque era más negocio colocarlo a treinta días en Venezuela. Uno, que estaba en el medio, intentaba alertar, pero no había forma. Todo el mundo quería ganar. No veían riesgo en ninguna parte. Tenían la ilusión de que el carnaval iba a seguir.

No se daban cuenta de que la economía se estancaba. La capacidad financiera se agotaba. Nadie podía pagar unos intereses tan altos. ¿Qué instrumento financiero podía generar un rendimiento tan alto como para pagarlos?

Y si un tipo estaba tan emocionado por un crédito a cincuenta por ciento, cómo iba a cancelar ese crédito, cómo podría responder. ¿Qué negocio lícito da para que se pague cincuenta por ciento al banco y todavía quede un margen de beneficio? Entonces, no se concedían préstamos.

Y como no había a quién prestar, algunos bancos decidieron invertir. Algo peligrosísimo.

Instituciones financieras dejaron de financiar para convertirse en dueños. De hoteles, centros comerciales, edificios, emisoras de radio, periódicos y hasta areperas. Los intermediarios trocaron en socios. Dejaron de ser banqueros, y apostaron. Aunque no hubiera real de por medio. Nada más papeles. Y papeles de otros.

El clima se iba enrareciendo. La situación se puso muy delicada. Para octubre de 1993, la debilidad financiera era explícita. Los bancos seguían pagando sumas astronómicas por los depósitos, pero no había colocación lo suficientemente remunerativa para responder. Las cuentas no cuadraban. En esas condiciones un banco no podía sobrevivir. Podía paliar la situación, pero llegaría un día en que no podría seguir haciéndolo.

Afortunadamente, yo estaba en una institución seria y conservadora. Por eso sorteamos el temporal, pero fue un período horrible porque teníamos unos rivales que competían ferozmente por los fondos. Y nosotros no quisimos entrar en esa carrera.

Una vez fuimos a competir por fondos para manejar el fideicomiso de una industria, y el Banco Latino bajó las comisiones al máximo. Las llevó al piso. Era impresionante: ahí no valía nada, ninguna sofisticación, ningún esquema. Y así era siempre. No se podía competir con tamaña estrategia. El Latino prácticamente manejaba los fideicomisos de todo el mundo. Era el segundo banco del país, y el que no tuviera algo que ver con él, sencillamente no estaba en la movida.

El 13 de enero de 1994, poco después de inaugurar con gran pompa una oficina en París, el Banco Latino hizo crisis. Al mes siguiente cayó, y con él una cadeneta de gente y de empresas e instituciones afiliadas. Aquella fue la primera ola de la crisis. Vinieron tres olas más. El mar estaba picado. En total cayeron trece grupos financieros en casi dos años.

Uno le explicaba a la gente, trataba de advertir: «Tengan cuidado, no jueguen con su plata, no coloquen el dinero ni por un mes». Y la gente respondía: «No te preocupes, en treinta días ningún banco quiebra».

15

Desde que murió Teotiste, Gerardo ha ido a Mesa Bolívar una sola vez. Para un encuentro familiar. En esa oportunidad caminó por las calles estrechas, leyó las placas con los nombres que cuelgan en cada puerta – López Labrador; Labrador Vielma; Vielma Varela; García Vielma; García Márquez–, se sentó en un banco de la plaza a oler el pino importado, y tal vez se atrevió a mirar hacia el interior de la casa de bahareque que queda cerca de la Policía, buscando un patio viejo con rosas, calas y flores de papagayo. Hecho todo eso, rezó en la iglesia, al pie de la columna izquierda de la entrada, en el lugar donde reposan las cenizas de los esposos Vicente Fernández Márquez y Demetria Ramírez Mora, sus bisabuelos.

Luego de esa visita no ha ido más. No ha regresado ni piensa hacerlo. El pueblo ya nada le dice y dejó de ser excusa para llevarle novedades a la abuela o encontrar huellas perdidas. Para pasado ya tiene con lo contado, con lo que sabe de memoria. Con la saga narrada en tercera persona. Mejor dejar el recuerdo hasta allí, para que no se le angoste la vida. Ahora lo que queda es historia por hacer, cuento por vivir, preguntas por responder.

Qué oportunidades tiene mi hermana que se va a graduar de contador público, de comprar un apartamento, tener un carro, ir dos veces al año de vacaciones. Qué posibilidades tiene —cuando tenga un hijo— de ponerlo en un buen colegio, y darle una vida decente, sin lujos, sin extravagancias, ¡coño!, pero con las comodidades mínimas que ella ha tenido. ¿Yo mismo?... Ahorita estoy en una carrera para andar más rápido que la inflación, para invertir y asegurar mis reales porque no sé qué va a pasar. No sé hasta qué punto se pueda vivir así.

El universo que Gerardo conoció en sus días de infancia y adolescencia ha cambiado. Ya no se siente tranquilo, mucho menos resguardado. Se preocupa por lo que ve en su entorno. Por el rumbo que ha empezado a tomar el país. Está confundido e inquieto. Aún así, desea ver alguna salida. Tiene que haberla. Él no cree —como creen otros— que el chance que quede sea emigrar.

Irme no puede ser una opción. Me niego.

Primero, porque independientemente de todo, yo creo que Venezuela sigue siendo una tierra de gracia; todavía hay muchas cosas por hacer.

Segundo, porque afuera habrá mucha tecnología, mucha comodidad, mucho confort, pero grandes oportunidades no hay. ¿Para qué se va la gente? ¿Para qué se van a los Estados Unidos? En las cartas dicen que les va muy bien porque ya compraron carro nuevo o tienen apartamentos. ¿Esa es la escala de valores? Para tener un carro nuevo ¿voy a limpiar pocetas? Puedo ser ingeniero, abogado, pero ¿estoy dispuesto a limpiar pocetas, solo porque quiero una casa bonita? ¿Vivir en instalaciones de primer mundo con un trabajo de cuarto mundo?

Tercero, porque aquí soy Gerardo Trujillo Alarcón, economista egresado de la Universidad Central de Venezuela con Maestría en Gerencia de la Universidad Metropolitana, que trabaja en un banco. Soy hijo de doña fulana y don fulano y nieto de don zutano. Allá afuera no soy nadie. Aquí soy alguien y pertenezco a algo. ¿Qué voy a hacer allá? ¿Quién voy a ser?

A Gerardo no le gusta ni la memoria corta ni la familia chica. Él es el bisnieto de Manuel y Agripina, de Vicente y Demetria. El nieto de Ciro e Ida Cira y de Teotiste y Rafael. El sobrino de Lila, Armando y Josefa María. El hijo de Mario y Amparo. El hermano de Jorge Alberto y Marianella.

1966

Enero 4: llamaré este día el «Día Feliz». Esta madrugada a las 3 horas menos unos minutos nació nuestro primer nieto, que con la gracia de Dios ha de venir a llenar nuestro hogar de contento, esperanzas y felicidades para todos. Se llamará Gerardo José. Confío en que con esos dos Santos Patronos ha de ser un buen cristiano y un buen hombre.

Caracas-Mesa Bolívar, 1998

HISTORIA MENUDA 8

Una tarde, a comienzos de julio de 1978 estaba yo, encogida y apocada, tratando de recuperarme en la cama de mi mamá. Ella acababa de llegar de la casa de su amiga Celina, y me traía esperanzas. Yo, había parido hacía una semana y el susto no se me había despegado del cuerpo –creo que nunca se me despegó–. La mía había sido una labor de parto larga que terminó en una cesárea con poca anestesia, y mi hija, prematura, a esas horas respiraba agitada en una incubadora de la sala de terapia intensiva. Mi madre quiso alegrarme con los anuncios de su amiga, experta en el arte de la adivinación. De ascendencia trinitaria, Celina, una matrona negra con una sonrisa ancha –más ancha y espléndida que su corpulenta figura–, descifraba con soltura y facilidad la suerte que revelaban las cartas de la baraja española, pero mostraba verdadera habilidad en la lectura de las cenizas del tabaco. Era su fuerte: el examen minucioso y detallado de las señas que le arrojaban los restos de las hojas apretadas y oscuras del tabaco de humo azul que fumaba en un cuarto minúsculo de su apartamento en Los Jardines de El Valle. Desde hacía varios años se había hecho íntima de mi mamá, quien la consultaba en busca de certidumbres o esperanzas, en momentos de apuros como el que me tenía a mí tumbada en una cama. Aquel día le pronosticó caminos abiertos. «Dice que no te preocupes, que todo va a salir bien: en menos de una semana dan de alta a la niña. Es más, me dijo que tú, enseguida, vuelves a salir en estado». Mi reacción fue destemplada. Por un instante sentí que el mundo se había paralizado. Abrí los ojos como dos platos de sopa y, segundos después, rompí a llorar. De culpa y de miedo. Culpa porque lloraba en lugar de ilusionarme por el pronóstico sobre mi hija. Miedo, porque no quería repetir la prueba de otro parto. No lo pude dominar: el presagio de un próximo embarazo me aterrorizó.

Toda mi vida, mi relación con lo esotérico y el mundo del Otro lado ha sido de mucho respeto, y de mucho temor. Cuando era pequeña, los cuentos de aparecidos que escuchaba en Tejerías nunca me parecieron solo cuentos; recuerdo el espanto que me llegaba con los relatos de la Sayona –a quien más de una vez creí haber oído llorar debajo del árbol de mamón–, o la historia del policía despechado que se ahorcó en la pieza que le alquilaba Evangelita (una vecina de mi abuela), y que desde entonces penaba, decían, porque a los suicidas no los velan en la iglesia ni los entierran en camposanto.

A lo recóndito hay que tratarlo con consideración, comedimiento y distancia.

La primera vez que fui a una consulta cartomántica, entré aterrorizada. En parte, por mi natural respeto a lo desconocido y en parte, por lo escondido, disfrazado e ilegal que tenía la práctica. Antes no era moda hacer predicciones por televisión y cuando se hablaba de «bruja», el solo nombre se pronunciaba entre dientes. O por lo menos era la impresión que a mí me daba. En aquella primera vez imaginaba que en cualquier momento la policía allanaba el lugar, y con el allanamiento venía la vergüenza de que me encontraran y la regañina que me iban a dar en mi casa. Tenía quince años, estudiaba último año de bachillerato y junto a unas amigas acudí a leerme las cartas con una señora rubia que atendía en una habitación en tinieblas en una de las veredas de Coche. Fui en busca de certezas y verdades absolutas, como las que busca una muchacha a esa edad: ¿cómo me irá en la universidad?, ¿voy a conseguir novio?, ¿cuándo? No recuerdo lo que ese día me dijo la adivina, pero sí retengo la angustia que viví durante la hora entera que permanecí entre aquellas paredes.

Mi siguiente experiencia se dio varios años después. Ya era estudiante universitaria, y sintiéndome una mujer grande oculté –y me oculté– el talante timorato que me caracteriza para aventurarme –otra vez con unas amigas– a buscar lo que no se me había perdido. Éramos seis compañeras; estudiábamos para exámenes finales en la casa de una de ellas, y en un receso pretendimos invocar a los espíritus. El «juego» consistía en que dos personas, una enfrente de la otra, posaban sus dedos índice y medio encima de un anillo, un vaso o una tapa, y luego una fuerza misteriosa, atendiendo a las preguntas que se hacían, respondía moviendo la pieza –el anillo, el vaso, la tapa– encima de un tablero que llevaba inscritos letras y números. Yo era una de las que apoyaban sus manos sobre el tablero.

Llevábamos como quince minutos haciendo preguntas y creyendo recibir respuestas (¿voy a pasar el examen de castellano?, ¿estará difícil la prueba práctica de Informativo?, ¿va a regresar el novio de…?), cuando entraron al cuarto dos primos de nuestra anfitriona. Los muchachos empezaron a reírse de nosotras, y la tapa que estaba sobre la mesa, como obedeciendo una orden superior, dejó de moverse. O nunca se había movido pero nosotros pensábamos que sí. Al cabo de un rato, mi compañera en el tablero, cansada de la quietud de la tapa o de su silencio, demandó: «¡¿Qué pasa?! ¿Por qué no te mueves?», pero la tapa continuó inmóvil, mientras los recién llegados reventaban de la risa. «¿Es porque ellos no creen en esto?», se aventuró ella de nuevo. Los muchachos se disponían a salir de la habitación cuando la tapa bajo nuestros dedos comenzó a moverse con rapidez, y mi amiga –porque yo no atinaba a leer– tradujo: «Uno no cree en esto, pero a otro no le permito dudar porque él es mi hermano». Ocho rostros lívidos se miraron entre sí. «¿Quién eres? ¿Cómo te llamas?», interrogó de nuevo mi *partner*. «Luis», fue la respuesta de la tabla.

Luis –recordé enseguida– era el nombre del mejor amigo de uno de los dos muchachos que habían interrumpido nuestra «sesión». Juntos habían empezado a estudiar Sociología en la Universidad Central de Venezuela, y en 1968, año de revueltas mundiales, se encontraban juntos en medio del movimiento por la renovación universitaria que había estallado hacía poco, pero ya había trascendido las paredes de la universidad y trastocado la vida ciudadana. En ese tiempo, los estudiantes, sus profesores e incluso los trabajadores universitarios abogaban por una reforma de los programas de estudio y por una democratización profunda de la forma de gobierno dentro del campus. El conflicto se extendió, y en 1969 vivió días tormentosos. La protesta era diaria y las demandas que se expresaban en las paredes y en las calles llegaron a aguar la fiesta del entrante gobierno del socialcristiano Rafael Caldera quien, tras diez años de hegemonía del partido Acción Democrática, llegaba eufórico con su consigna de cambio. Caldera, impotente ante los reclamos y demandas, no solo veía tambalear la cuota de poder que su partido Copei tenía dentro de la administración del claustro sino que vislumbraba que el «asunto de la universidad» pasaría a convertirse en un quebradero de cabeza, justo cuando creía haber solucionado el más importante foco de insurrección al anunciar su política de pacificación, decretar la desaparición de la Digepol y sancionar la rehabilitación política del Partido Comunista.

El primo de mi amiga y Luis Hernández –su nombre completo– convivieron todo ese período de revuelta. Compartieron gustos e ideología, y participaron en marzo de 1969 –Caldera asumió el once de ese mes– en la toma de la Escuela de Sociología y Antropología que marcó la radicalización del conflicto. Los dos eran amigos entrañables, me contaron. Desde que se conocieron en Aragua de Barcelona, un pueblo del estado Anzoátegui, eran inseparables, eran «hermanos», y a la luz de lo que dijo un tablero con letras y números –el tablero de la Ouija–, continuaron siéndolo a pesar de que desde octubre de 1969 más nunca se supo de Luis Hernández. Lo agarraron preso, se comentó. Lo desaparecieron, se aseguró. El 28 de octubre corrió el rumor; el 29, los universitarios protestaron por su muerte; el 30, el gobierno suspendió las clases en la universidad y el 31, en la madrugada, los militares allanaron la Universidad Central de Venezuela. Poco después pasaría lo mismo en la Universidad de los Andes. En enero de 1970 se reiniciaron las actividades, pero en octubre de ese año, justo doce meses después del primer allanamiento y de la desaparición de Luis Hernández, las fuerzas armadas volvieron a allanar la UCV.

Cuando en julio de 1978, mi mamá me notificó la predicción que había hecho Celina, me eché a llorar igual que una colegiala castigada. Así era la confianza que yo tenía en los fallos de Celina y el miedo que me inspiraban las señales enviadas desde no sé dónde. Con el pasar del tiempo se descubrió que la profecía de Celina no era del todo acertada. Mi hija, sana y dormilona, sí salió del hospital antes de que se cumpliera una semana, pero, en cambio, yo no volví a quedar embarazada –el susto aún lo tengo en el cuerpo–. Sin embargo, Celina –digo yo– no se equivocó por completo, solo tuvo un error de cálculo, una pifia en el objetivo, en el sujeto de estudio. A pesar de su veteranía, no supo descifrar por completo las claves que escondía el tabaco: quien volvió a salir en estado casi enseguida de haber dado a luz no fui yo, sino mi hermana Paola. En octubre de 1979 nació su segundo hijo, que fue hija.

En toda mi vida mi acercamiento con la adivinación ha sido en efecto eso: un acercamiento, una aproximación, un contacto. Un acercamiento esporádico; una aproximación a algo inexplicable, hecha desde la timidez y la sumisión; un contacto que se inicia con la consideración y la distancia que implican los asuntos que se respetan. No es ese el caso de

Marisol García, la última figura que se asoma a esta cadeneta de cuentos. Ella, sin siquiera sospecharlo, cuando apenas era una niña se fue a vivir a las puertas de un mundo extraño. Sin quererlo, se vio obligada a convivir con un horizonte nuevo, un territorio singular, hacienda de lo místico y sobrenatural.

Cuando la conocí, yo ignoraba de dónde venía, en dónde había estado. Sin embargo, algo en ella me había llamado la atención al punto de que fue la primera persona que abordé cuando me decidí a contar estos cuentos, y de hecho en la versión inicial de este texto también figuraba como la primera historia a leer. Ahora, el cuento de Marisol va de último, pero solo porque decidí presentar los relatos de otra manera; pretendiendo seguir, dentro de lo posible, un orden cronológico. Y Marisol, entre todos los protagonistas de estos cuentos fue quien llegó de última: nació en agosto de 1971.

En agosto de 1979, Marisol García y su familia se mudaron a Chivacoa, en el estado Yaracuy, al regazo de la montaña de Sorte, tierra cabalística, reino de las premoniciones, la levitación, la telepatía y los «trabajos» del alma. Santuario de María Lionza, la Reina. Y al mudarse, su vida fue otra.

A quien más le pegó el cambio fue a mí, porque mi hermanito tenía apenas un año, él no se daba cuenta de nada, y mi hermanita acababa de cumplir los cuatro. Para mí fue difícil. Creo que en el fondo yo no quería integrarme. En realidad, yo no quería a nadie... De mi vida en Chivacoa casi no tengo recuerdos. Es como si me hubiera bloqueado... pero creo que si me preguntaran ahorita: «¿Dónde preferirías pasar tu infancia en Venezuela? ¿En dónde te gustaría?» Diría que en Chivacoa... Sí, creo que sí, en Chivacoa.

CIUDAD FORTIFICADA

Y aunque algún ramalazo del corazón todavía me angustia, ya no sé irme.

JOSÉ ANTONIO RIAL, *Cipango*

A Marisol no le gusta su nombre. Nunca le ha gustado. *Me parece horroroso.* Y es que su nombre–nombre no es Marisol, es María Soledad. Y por más que le digan que María Soledad es bonito, que suena a artista, a figura mítica, a cine mexicano de los años cuarenta, a ella le sigue sin gustar. No hay forma ni manera de convencerla. Desde que se acuerda se presenta Marisol, como su mamá. A ella sí, a su mamá, la bautizaron Marisol. De ahí que la hija jamás haya podido entender porqué su madre no quiso legarle el nombre, y en cambio accedió a ponerle otro. Tan feo. Un nombre de vieja. Hubiese sido tan fácil: Marisol García, no María Soledad ni María Celeste ni Ángeles ni Carmen. Tan sencillo como era repetir siete letras en tres sílabas. M-A-R-I-S-O-L. Ma-ri-sol. Marisol.

Por eso, y quién sabe si pensando en resarcirla, un día su mamá cambió la piedra verde de la sortija que le heredó en vida. La cambió por una chapa con una letra y se la regaló la mañana en que Marisol hizo su primera comunión. Ahora, en cualquier dedo de la mano derecha, ella luce una M. No una M y una S, sino una M pequeñita engarzada en un aro de oro. M de Marisol. Tímida muestra que tiene al alcance para probarse a sí misma que ha elegido algo: su nombre, pese a lo que digan la cédula y la libreta de ahorro.

Fuera de la firma y el gusto por el mar abierto, *el agua fría del Atlántico,* todo lo demás parece haberle llegado por azar o por voluntad de los demás: el país, los estudios, los amores. *Los tres novios que he tenido me han buscado. Ellos me vieron primero a mí, antes que yo a ellos. Me han gustado, sí, es verdad, pero ha sido después de que ellos se fijaran en mí. Y aparte de ellos, nunca, nadie. Si no se hubieran acercado, yo no sé qué hubiera pasado.*

A lo mejor... ni pendiente. Y lo dice, sin dejo de alguna clase. No es nada del otro mundo, es algo natural, como puede ser tomar un vaso de agua fría al llegar de la calle o salir en la mañana a comprar el periódico. Nada extraordinario, nada lamentable. Nada para jactarse. Así son las cosas, y más nada.

Todavía me acuerdo de la primera vez que vi a Marisol. Tenía la espalda recta, cruzadas las piernas y las manos enlazadas a un lado. Vestía una falda larga, y una cartera enorme reposaba a su izquierda, en el suelo. Asentía con la cabeza, mientras escuchaba atenta las indicaciones de la muchacha a quien, desde ese momento, iba a suplir en la oficina. Era su primer empleo.

Ese día apenas se le oyó hablar. Pudo estar muerta de miedo pero nadie se enteró. Lucía inmutable. No aparentó sobresalto ni siquiera por los gritos que se oyeron cuando, a una llamada telefónica preguntando por su predecesora, contestó con algo así como *esa señorita renunció y no sé de lo que usted me está hablando, pero me deja los datos y yo averiguo.* A las voces que corrieron alarmadas, Marisol respondió levantando, fugaz, la mirada. No corrigió ni la entonación ni el discurso. Siguió hablando por teléfono. Sin perturbarse. Sencillo mecanismo de defensa, oculto tras un parabán de garbo e indiferencia.

No sé qué hago estudiando relaciones públicas si todo me da miedo. Tengo demasiados complejos: de hablar en público, de meter la pata. A veces, en los eventos, me siento como pajarito en grama: mirando de un lado a otro. No sé qué decirle a la gente.

2

La habitación, pequeña e iluminada, pertenece a alguien a quien le gusta moverse en espacios claros y definidos. Nada interrumpe el paso, ni unos zapatos fuera de sitio o un libro o un bolso que sin querer pueda haberse caído al suelo. Solo –después– unas carpetas con fotografías, sacadas para ayudar a la memoria, se atreven a alterar el cuadro.

Marisol está sentada en el piso. Apoya la espalda en una cama tendida de modo impecable, como esas que nada más enseñan a hacer las monjas, los militares y las mamás que ya no existen: se lanza una moneda en la

cama y rebota. En la mesa de noche hay un cenicero y dos fotos. Una, en blanco y negro, es de una niña como de unos cinco años de edad en un patio de tierra. La otra, más reciente y a color, da cuenta de una familia que sonríe a la cámara: papá, mamá y tres hijos.

En ese escenario comienza a oírse el cuento en un tono cortante, monocorde. A ratos como a distancia. Quien cuenta no parece ser la protagonista. Narra como viendo la historia desde un lado. Casi con desapego, podría decirse, si no fuera por el uso de la primera persona, por la manera en que fuma un cigarro tras otro y por la forma en que recoge las piernas contra su pecho y las abraza.

Lo primero que recuerda no es una imagen; tampoco es un hecho o una conversación. Es un sentimiento. Definido y fuerte.

Odio. Odio absoluto. Odio total, porque me sacan de mi libertad, de mi sitio, de vivir plenamente libre, de poder salir completamente sola al parque a jugar con mis amigos. Me sacan de allí, y vienen y me encierran en un lugar que no conozco.

Yo odié a Venezuela, creo, como hasta los once años.

Proviene del grupo de islas que Platón llamó Afortunadas, y que luego, por unos perros y no por unos pájaros, bautizaron como Canarias. *Por los canis, los perros salvajes que encontraron los romanos.* Nació en Tenerife, la más grande del archipiélago, pero sus raíces se hunden en El Hierro, la más pequeña de las islas. Ahí se origina toda su parentela, y ahí comió por última vez los bocadillos de mantequilla con azúcar que solo sabía hacer la abuela más querida, su abuelastra, la esposa de su abuelo materno.

Cuando ya nos íbamos a venir para Venezuela, recuerdo oír a mi mamá llorando, a mis tíos, a mis abuelos. A todo el mundo. Eran llantos por toda la casa, y eran tantos que entonces me metí en un cuarto y, debajo de una cama, me puse a llorar yo también. Lloré mucho.

Los miembros de la familia García Morales emigraron de España en 1979. Ninguno de ellos había vivido la miseria española de postguerra, pero la relación de hechos le había llegado y no querían representar en carne propia el drama que sus antecesores habían protagonizado: la película de comer lentejas todos los días y alegrarse al repartir, entre cinco, dos naranjas. En el último cuarto del siglo XX, España experimentaba el camino democrático en medio de serios problemas económicos, y cada día era más difícil alimentar a cinco bocas. *Vivíamos cómodos, pero tampoco podíamos darnos muchos lujos. La situación estaba crítica. Nos vinimos buscando horizonte... Como todos.* Cruzaron el charco para llegar a la que entonces era tierra de oportunidades. La Gran Venezuela vivía su máximo esplendor producto del petróleo que manaba de las torres repartidas en todo el país, de unos préstamos bancarios que se imaginaban infinitos y baratos y del recién inaugurado liderato en el mundo de los reinados de belleza. Era el primer año del gobierno del copeyano Luis Herrera Campins, Maritza Sayalero acababa de ganar el concurso de Miss Universo y el barril de oro negro llegó a venderse a treinta dólares.

Unos tíos que ya vivían aquí en Venezuela fueron a buscarnos al aeropuerto de Maiquetía, y de allí nos llevaron directo para Chivacoa. Recuerdo que cuando íbamos en la autopista hacia el centro del país, vi unos ranchos de adobe y mi tío, jugando, me dijo que ahí íbamos a vivir nosotros. En esos ranchos. Fue una impresión terrible. Yo era una niña, tenía ocho años.

Ese día lo tengo superclarito: me acuerdo de que me compraron una golosina, unos caramelos de yerbabuena que ya no existen, y que para mí eran algo absolutamente novedoso. Me acuerdo de eso y... bueno... nada... llegamos a Chivacoa.

3

Chivacoa es nombre de pueblo. Nada más oírlo, y enseguida viene a la mente una postal de provincia. ¿En qué estado está? Eso es más difícil. Más de uno se contenta con decir que el pueblo queda en la vía que conduce a Barquisimeto, a orillas de la carretera que pasa por Nirgüa. Quienes más lo frecuentan son los que buscando pócimas y soluciones mágicas van persiguiendo el rastro de María Lionza. Es el turismo esotérico que rescata al poblado, mas ¿al estado, quién lo recuerda?, ¿dónde se encuentra? A Yaracuy, en el occidente venezolano, no es fácil ubicarlo en el mapa.

El desconocimiento quizá tenga que ver con el modelo centralista de país. O con la existencia forzada –autonomía a juro– que el caudillo Ezequiel Zamora decretó un buen día de marzo de 1859, y que entre pugnas trató de mantenerse hasta que cincuenta años más tarde –obra y favor de otro caudillo– fuera refrendada en una constitución.

Desde 1909, Yaracuy –que viene de Yara, la diosa, y de Yaracuy, el cacique– existe por mandato de Juan Vicente Gómez. Desde ese año se dibuja en el mapa de Venezuela, aunque también, desde entonces, en el trazado se distingan unas líneas punteadas. Son las zonas en reclamación que se las pelean a otros estados –a Lara y Falcón– y por las que aún hoy mantiene un conflicto perenne que ha llevado a enfrentamientos verbales, asambleas populares y hasta carreteras bloqueadas como forma de protesta.

Chivacoa está en ese estado de líneas punteadas, lejos de las zonas en disputa. Se llega a ella a través de una vía de curvas muy fuertes que desemboca en una autopista de pavimentado primoroso, esmerado: dos ríos que corren paralelos, uno de ida y otro de vuelta; dos istmos de asfalto rodeados de verde por todos lados, menos por uno; dos lenguas negras flanqueadas por cañaverales. Así es el tramo yaracuyano de la carretera Panamericana. En el kilómetro doscientos setenta de esa vía, un imponente distribuidor de concreto hace pensar que lo que se avecina es una ciudad. Pero es una ilusión, no hay tal ciudad. Solo calles amplias –que a veces se llaman calles y a veces avenidas– terminando en casas enrejadas y sin jardín con una corta acera como lindero. Chivacoa es un pueblo grande con una entrada engañadora.

En cada manzana hay un burdel, una perfumería de esas que venden yerbas, y una licorería.

Fue fundada a finales del siglo XVII en las tierras planas que quedan a la izquierda del río Yaracuy, en el sitio ocupado por indígenas encomendados de la nación caquetía. Al este quedaba Nueva Segovia de Barquisimeto y al suroeste, Cocorote, la aldea donde se afincaron los primeros canarios que llegaron a ese territorio.

Yo creo que nadie sabe si Chivacoa es una ciudad o es un pueblo. Se supone que es una ciudad. Es el centro industrial de Yaracuy, tiene mucho más vida que San Felipe –la capital del estado–, pero sigue siendo un pueblo. El único centro de cultura que existe es el colegio donde estudié; de resto, nada. La estudiantina, por ejemplo, tuvo auge como por tres meses, dimos dos o tres conciertos y ya, decayó. En Chivacoa, aparte del karate, las cosas no tienen vida.

Enmarcando la ciudad–pueblo, como telón de fondo, está Sorte, un cerro tupido de árboles y de culebras. Árboles que llegan hasta cincuenta metros de altura y culebras suficientes para figurar en un libro de récords. Árboles y culebras que sirven como guardianes de la montaña hecha santuario para una reina mitad blanca mitad india, una reina a la que obsequian velas, tabacos y aguardiente, a cambio de dicha y fortuna. Chivacoa, en el occidente del estado Yaracuy, está en la base de la montaña, al pie del altar de La Reina, y gracias a ella, a La Reina, a María Lionza, se salva del anonimato o del desconocimiento que parece envolver al resto del estado.

Hay mucha atmósfera de brujería, de misticismo, por la cercanía a Sorte, y cada viernes se llena de mucha gente que viene de todas partes, gente toda llena de collares y hedionda a caña. Gente que quiere subir a Sorte.
El día más arrecho para subir a la montaña es el 12 de octubre. Ese día llegan personas de todo el mundo: Italia, España, Canadá, Estados Unidos... Yo no conozco Sorte porque ni mi mamá ni mi papá nos dejaron ir. Nunca subí, y solo una vez, cuando yo tenía como diez años, fuimos a bañarnos al río. Éramos toda la familia. Los cinco nos estábamos bañando cuando –de repente– vimos como empezaba a pasar ropa a nuestro lado: pantalones, camisas, vestidos, pantaletas flotaban en el cauce del río... Era ropa en cantidad que traía la corriente y corría a nuestro lado.
Era la ropa de la gente que se estaba bañando río arriba ¡para despojarse! de las malas vibras, y nosotros, río abajo: bañándonos. ¡Más nunca volvimos!

Pero si Marisol no subía a la montaña, la montaña bajaba hasta ella. Porque Sorte, más que el nombre de un cerro frondoso e inmóvil, es un ser con vida propia. Una presencia invisible, pero no por eso menos concreta. Sorte se sienta a comer con uno en la mesa, acompaña en el paseo por la plaza, se mete a caminar por el cementerio entre cruces, tumbas con rejas y humo de cigarro negro. Es algo que respira, que se mueve, que casi se toca. Se percibe en los rostros extraños de la gente que pulula alrededor de las líneas de taxis, en el manoseo de billetes enfrente de las agencias de lotería y en el Mercedes Benz dorado con vidrios oscuros que rueda por la calle a un costado de la iglesia.

Chivacoa –gracias a Sorte– es un espacio cargado de perfumes y sortilegios, un escenario exótico en donde, a primera vista, desentona un par de niñas de cabello amarillo. Las pequeñas, pretenciosas dentro de impermeables azules, cruzan un callejón hablando sin parar. Invitando a la lluvia que ya se ha ido.

Sorte es algo más del ambiente, algo que está en el aire y que pasa desapercibido para nosotros. Le choca al que viene de afuera, pero los que estamos metidos allá adentro, los que vivimos ahí, ni nos damos cuenta. Ni nos molesta.

4

El cenicero que estaba encima de la mesa de noche ahora está en el piso, acompañando a su dueña. Marisol fuma y cuenta. A cada rato hace un gesto con la mano para espantar el humo, y que no moleste al visitante. Fuma mucho. *Si me dicen: «En el trabajo no se fuma», yo digo: «Vayan a lavarse ese culo», y me voy.* Fuma mucho, y habla. Cuando se decide a hacerlo. Habla de la familia bonita que quiere llegar a tener y de la familia bonita que tuvo. De las cosas que ama y de las que no. Pareciera que desde hace mucho esperaba por soltar todo lo que llevaba por dentro.

Cuando llegamos a Chivacoa, vivimos con mi tío. Él, en sociedad con otra gente, tenía una estación de servicio y una venta de aceite de motor. Vivimos con él y su familia, en la casa que ellos tenían montada en la propia estación de servicio, encima de la gasolinera. Estuvimos allí como dos o tres meses, hasta conseguir nuestra casa y tener un poquito de plata para comprar los muebles.

Mi papá trabajaba distribuyendo aceite. Manejaba un camión tres cincuenta en donde transportaba los tambores de aceite. Me acuerdo que, para aquella época, ganaba dos mil trescientos bolívares y la mitad de esa plata se tenía que ir a Canarias para pagar un apartamento que habíamos comprado antes de venirnos. La otra mitad cubría la comida y lo más indispensable. Por supuesto, que nos cortaban la luz y vivíamos en un barrio horrible...

Barrio horrible es redundante, por más que se llame Barrio Nuevo. En Venezuela, barrio bonito no hay. Si no, no sería un barrio, sería una urbanización. Y sin lugar a dudas, el lugar adonde fueron a residir los García a principios de 1980 no reunía los requisitos para subir de categoría. El encontronazo con el arrabal venezolano fue un golpe. Grueso. Y la reacción inmediata de los inmigrados fue aislarse. Recluir a los niños entre cuatro paredes y frente a un televisor. *La televisión fue mi salvavidas*. Para que no terminaran acostumbrándose a que los cables se pelean un poste de luz o que la gente se amontona en calles sucias y sin dolientes o que los locos se pasean desnudos ofreciéndose a las niñas recién llegadas.

Al principio fue bastante fuerte, y no solo por el sector en donde vivimos. En España yo iba a un colegio de niñas, con los varones tenía contacto nada más que en los veranos, y fue como muy impresionante ir a un colegio mixto. Me daba mucha vergüenza. Además, los compañeros de clase me pedían que les hablara «en español». Pensaban que era un idioma distinto, y yo les decía que no, que hablaba igualito a ellos. Estaba en tercer grado, y yo era una novedad: toda rubita y blanca.

Me sentía diferente. Además de mi aspecto físico, yo tenía como un poquito más de conocimientos que el resto de mis compañeros. De repente, en Caracas ese desnivel no se hubiera sentido, pero en Chivacoa sí: me vine de Canarias con segundo grado aprobado, pero ya entonces sabía dividir entre dos cifras y tenía un vocabulario más amplio... Me hice amiga de los que eran más como yo, no por cuestiones de desprecio, sino porque era como otro nivel, otra cosa... O tal vez fui influenciada por mi mamá, que siempre trataba de encerrarme un poco porque le daba miedo una brujería, un mal de ojo, una cosa extraña. En eso fui super-superprotegida.

Mis amigos eran —casi todos— hijos de cubanos, españoles y portugueses que trabajaban en el Central Azucarero Matilde. Mi promoción, la gente que estudió conmigo desde tercer grado hasta quinto año de bachillerato, éramos casi todos hijos de extranjeros.

Mientras sus padres trataban de abrirse camino en el nuevo mundo, Marisol y sus dos hermanos crecían entre la pantalla del televisor y las pizarras del colegio Santa María, la escuela privada y católica que ocupaba el edificio más grande que había en todo el pueblo. Un inmueble de muros amarillos, pisos de granito y techo de platabanda que cubría una manzana completa en la avenida seis, entre las calles diez y once. Allí estudiaban los hijos de las mejores familias, y en especial los hijos de los trabajadores foráneos que a partir de 1946 comenzaron a llegar a Chivacoa para ocupar puestos técnicos en el central azucarero —de capital cubano— que requería mano de obra especializada.

Como a los dos o tres años de haber llegado a Venezuela, empezó a irnos mejor. Nos mudamos para una zona mejorcita de Chivacoa, y compramos una casa. Eso fue cuando ya tenía once o doce años. Era una casa grande que quedaba en una de las bajadas que llevaba directo a Sorte, y en las noches uno podía escuchar los tambores y los ruidos raros que venían de la montaña.

5

Delgada, de voz suave y poco más de metro y medio de estatura, podría pasar por un personaje delicado si no fuera por el enfrentamiento constante que hay entre su genio y su figura. Cada uno por su lado. Cada uno intentando desmentir al otro. Contradiciéndose y complementándose. Como el aceite y el vinagre en una ensalada, como el cartel amarillo que mantiene pegado a la puerta de su clóset: ¡Sé dulce, carajo!

Tiene una manera de arreglarse o desarreglarse, de lucir lo que se ponga, que no podría llamarse elegancia en el sentido estricto de la palabra. Tampoco belleza. Es otra cosa. Es una especie de sutileza, un aire de finura que despide en su desplazamiento. Algo que viene de adentro. Como una huella atávica que no hace caso al arrastrar de pies ni a la postura encorvada que a veces adopta para andar por la vida. Línea de fábrica, podría decirse. Marca de nacimiento a la que, sin embargo, pretende desafiar cada vez que abre la boca. *No me pasa nada, solo que tengo gripe y estoy agüevoneada.* Porque, ruda y ramplona, ella marca territorio. Toma distancia. Espanta. Confunde.

Si alguien se detiene a mirar su cara sin pintura y la cabeza despeinada advertiría cierta apariencia vulnerable, cierta expresión de soledad. Entonces –solo entonces– se podría entrever un ser indefenso que, no obstante, pretende engañar a cualquiera. Porque si de escudos se trata, Marisol tiene un arsenal. Se amuralla detrás de adjetivos calificativos, apodos demoledores, verdades absolutas y sentimientos definitivos.

En la estación de servicio de mi tío había un restaurante grandísimo, que era de un viejo portugués asqueroso. Ahí nadie entraba, nadie compraba. Al lado de ese negocio había otro: una cucarachera que era del tamaño de dos habitaciones pequeñas. Y en ese lugar, en esa cucarachera, mi papá montó una tagüarita. La montó con el dinero que recibió por su liquidación al irse

de su trabajo como distribuidor de aceite, y con un poquito más que le prestó
un cuñado de él: mi tío Juan. Como no había más plata ni para pagarle a
unos mesoneros, mi mamá se puso a cocinar. Pero a ella se le desmoronaban
las arepas en cuanto intentaba hacerlas, y tuvimos que contratar a una señora
para que las hiciera. Mi mamá era totalmente inútil en ese aspecto: cocinaba
toda la comida, menos las arepas. Ella era, básicamente, ama de casa, pero
cuando mi papá comenzó con ese negocio, se convirtió en su mano derecha.
Era la que iba al banco, la que contaba el dinero, la que se encargaba de sacar
los permisos. Era ¡todo!

El establecimiento que montó el matrimonio García Morales supo
sortear los obstáculos que a partir de 1983 sacudieron la economía local.
El Viernes Negro –producto de la caída en los ingresos petroleros y el
aumento en el pago de la deuda externa– no llegó hasta la fuente de
soda que a las afueras de Chivacoa siguió atendiendo a sus principales
clientes: los choferes de carga pesada que circulaban por la región centro–occidental. La devaluación de la moneda y la recesión no mellaron
la voluntad de la pareja, decidida a conquistar bienestar. Su pequeña
empresa no necesitó dólares para crecer. Requirió esfuerzo y constancia.

Al principio era una taguara: una arepera y cuatro mesitas para comer.
Después –como cuatro o cinco años más tarde– botaron al portugués de al lado,
y mi papá amplió el restaurante. Ya para esa fecha tenía una clientela super-
fuerte. Él es de muy buen carácter: es animoso, bromea mucho con la gente y
los camioneros de la ruta casi siempre paraban allí. Y él se los conocía a todos, y
para ellos, él era «Bigote» o «El musiú». Y siempre iban al restaurante del musiú.
Yo tengo un complejo muy Electra con mi papá. No a nivel de sexo freu-
diano, sino que, para mí, mi papá es el hombre más importante en el mundo.
Pero esta relación empezó después de lo de mi mamá. Antes de eso, yo no ten-
go casi ningún recuerdo feliz con él, porque él no compartió con nosotros casi
nada. Fue alguien ajeno durante nuestro crecimiento. Era el que aportaba
dinero para la casa y a quien veíamos solo a mediodía; porque se paraba a las
cinco de la mañana para abrir el negocio, venía, almorzaba, se iba de nuevo,
regresaba a las doce de la noche y se acostaba a dormir. No había comunica-
ción con él. No podía haberla.
De España, cuando era niña, sí retengo más cosas. Me acuerdo de salir
con él a cazar pajaritos, de ir a pescar –que es la mayor afición de mi papá–.

De ir a hacer vino. De muchas cosas... Allá en Canarias, él era taxista; compartía un taxi con un primo, y cuando a él le tocaba trabajar en las mañanas traía churros y chocolate caliente. Para mi mamá y para mí, que éramos las que vivíamos en ese momento.

6

Marisol rebusca entre retratos viejos los años estudiantiles y los encuentra. Hay fotos de niños uniformados haciendo fila. Estampas de nacimientos vivientes. Fiestas de carnaval. Monjas viendo a la cámara. Muchachos y muchachas con libretas en las manos. Muchachos haciendo morisquetas. Muchachas posando divertidas. *Ángela María, Marilú, María Teresa, Mónica, Marisol. Todas con M en los nombres. Y todas, las burda 'e ratas, nos íbamos por las calles de Chivacoa y rayábamos las paredes con tiza. Con cuatro emes formando una estrella.*

Ella no es de las que se mata estudiando. *Creo que estudiar es una ladilla china.* Le gusta leer y puede llegar a tragarse un libro en una noche, pero basta con que la lectura sea obligatoria para que empiece a dar rodeos y rebelarse. Le molesta que la manden o que le fijen pautas y entre sus más caros deseos no figura un grado *summa cum laude* o una profesión ajetreada. Todo lo contrario. Su visión de vida es más modesta: ama de casa tranquila y satisfecha. Algo tan sencillo y tan apacible como esposo, hijos y un taller en el patio para trabajar el vidrio y la cerámica. Esa es la felicidad con la que prefiere soñar.

Un título –eso lo sabe– es un documento que se necesita, pero ella lo necesita sobre todo para entregárselo a Elías García Hernández, su papá. Para darle la alegría de ser la primera García que se gradúa en la universidad. Para verlo mucho más orgulloso de lo que estaba el día en que tomaron la foto que sostiene entre sus manos: un hombre acicalado y feliz que lleva del brazo a una jovencita sonriente. *En esa época mi papá usaba unas patillas grandísimas, y yo, la noche antes del acto de graduación le rogué, le supliqué que se las cortara, que, por favor, se las quitara, que se lo pedía yo que me iba a graduar de bachiller. Y él me dijo que no, que ¡jamás!... Pero al día siguiente me sorprendió: se apareció afeitado, se quitó las patillas.*

Marisol terminó el bachillerato con honores, y eso, en teoría, le abría muchos caminos. El problema era que ella no sabía cuál de esos caminos iba a escoger. Cuál debía o cuál le gustaba. Al final, el rumbo que tomó fue producto de la casualidad. Después de una conversación con una profesora amiga de su mamá, se enteró de que Economía era *una carrera bonita* que se podía estudiar en una universidad de mucho prestigio que se llamaba *La Católica* y que quedaba en Caracas. Eso bastó y sobró para que la familia en pleno hiciera expedición hasta la capital acompañando a la primogénita al examen de admisión. *No salí ni remotamente, porque con los números soy fatal.* La prueba reveló que había opción para cualquier carrera, menos para *la bonita* a la que había aspirado. Entonces hizo de tin–marín–de–dos–piringüé y, tal como sus padres querían, se inscribió en la Universidad Católica Andrés Bello, una institución privada que parecía ser una extensión del Colegio Santa María, con dos diferencias: uno que otro cura en vez de monjas y bluyines y franelas en lugar de uniformes.

Cuando salí del colegio, yo no me quería venir a Caracas. En realidad, lo que pasó fue que mis papás «me botaron» de Chivacoa. Esa es la verdad: me presionaron. En ese tiempo yo tenía mi primer novio, que era un muchacho de Barquisimeto, hijo de portugueses. Bien aceptado por mi mamá, mas no por mi papá que decía que era un güevaras, que no hacía nada, que no estudiaba ni hacía un carajo. Ellos dos, viendo mi enamoramiento, me impulsaron a salir. Mi mamá prácticamente me empujó. Ella siempre tuvo mucha confianza en mí; aunque peleábamos por todo y teníamos pensamientos muy encontrados.
Me vine a Caracas, tomé Comunicación Social, y –lógicamente– del campo a-la-ciu-daaaad... nuevas experiencias...

7

No hay nada más triste que llegar a Caracas un domingo y encerrarse en una residencia para estudiantes, sin siquiera tener el consuelo de un televisor. *Eran las seis de la tarde y la muchacha con la que iba a compartir el cuarto, no estaba; yo no tenía qué comer, y tenía mucha hambre y empecé a llorar.* Más triste aún si hay que acurrucarse en una litera pensando en el miedo que se iba a despertar al día siguiente, cuando empezaran las clases. *Me atemorizaba subirme a «una camioneta»: vehículo de transporte totalmente abstracto en mis conceptos y totalmente ajeno a mi forma de vida. Y después de agarrar «la camioneta», encontrar a alguien que me describiera cómo era «La Católica» para que cuando yo la viera, supiera que ahí me tenía que bajar. Porque yo no me acordaba de cómo era. No me acordaba de nada.*

A nueve años de haber arribado a Venezuela, Marisol descubre su capital. No fue amor a primera vista, pero casi casi. Al comienzo hubo expectativa, ansiedad, aprensión. *Lloré muchísimo el primer día, pero creo que lloré nada más esa noche, y ¡ya! Pronto la novedad y el vértigo que vino con la novedad se encargaron de manejar la situación.*

Luego de estar aquí, ya no quise regresar más nunca a Chivacoa. Al principio, el retorno era de pinga. Iba todos los fines de semana, por lo del novio que tenía allá. Después se empezaron a espaciar, cada vez más, esos viajes de fines de semana. Caracas era otro mundo. Era cultura, era amplitud, era salir de noche, era más libertad, eran muchas cosas... Estaba superemocionada, y conocí a un muchacho que luego fue mi novio por cuatro años, y eso fue otro deslumbramiento: él era gente acomodada, gente de mucho caché, vivía en Colinas de Bello Monte en una casa espectacular, con muebles nosecuántos, cuadros nosequé, una cosa superfina. La mamá de él era psicólogo industrial y el papá, psicoanalista.

Por supuesto, me empaté con el novio ¡guao! de Caracas, y cometí el sacrilegio de raspar dos materias y tuve que repetir el año.

Caracas se le metió a Marisol por los ojos y con Caracas vino el resto del país. El país que un día había odiado, y que descubría mucho más grande y más diverso de lo que había imaginado. Atrás dejaba todo lo que hasta ese instante había enriquecido su vida cotidiana. Parrandas de escuela, películas en el cine de Chivacoa, paseos al parque del embalse de Cumaripa, trabajos de catequista adolescente, fiestas en el club canario, clases de modelo en Barquisimeto. Y la imagen de los muchachos del pueblo rumbo al monte con un banco bajo el brazo, en busca de una burra para estrenar la hombría.

En la capital no tienen ni idea de cómo vive la gente del interior. Ni cómo son ni qué hacen. Hay cosas que ni las sueña un caraqueño.

Con Caracas, el país entero le llegó y se le instaló. No importaba que no supiera en dónde estaba parado ese país, de dónde venía, hacia dónde iba. Total, Marisol tomaba de él lo que le interesaba: las emociones. Lo demás —la historia, la política, las ciencias sociales— era material que servía para guardarse apuntado en el cuaderno.

Comenzó su vida universitaria en octubre de 1988. Época de campaña electoral. Tiempo de carestía para unos y de acaparamientos para otros. Año de tensiones contenidas. De promesas. De esperanzas endebles que en breve se estrellarían contra paredes y vitrinas. Pero Marisol García no vivía nada de eso. No podía vivirlo. Ni imaginaba la explosión que acechaba. Marisol estaba demasiado ocupada en atender a los fuegos artificiales que estallaban dentro de ella misma.

Para mí fue un cambio brusco. En esos días no pensaba en nada. Cero situación política. Viernes Negro, pregúntenme qué era. Ni pendiente de la economía. Nada. Yo estaba tan deslumbrada que —de verdad— lo que ocurriera en Venezuela fuera de lo que hacía todos los días o todas las noches me era, realmente, irrelevante.

Creo que empecé a tener conciencia de la vida política del país después del 27 de febrero...

8

En 1989, Marisol tenía el alboroto metido en el cuerpo. La bulla la recorría por dentro y quizá fue esa misma bulla la que la llevó a servir de extra en el filme de histeria colectiva que se rodó en Venezuela entre el 27 de febrero y el 2 de marzo de ese año.

Para esas fechas ya había tomado posesión —en medio de fastuosos eventos— el nuevo Presidente de la República. Carlos Andrés Pérez, hombre de Acción Democrática, inició su mandato anunciando un programa económico liberal muy distante de las antiguas prácticas proteccionistas que lo habían caracterizado a él y a su tolda política. En los puestos clave de su gabinete nombró a un grupo de calificados técnicos, en cuyos currículos destacaba todo menos el carnet del partido ganador. 1989 era pues un año de ruptura.

Ese último lunes de febrero había regresado temprano de clases. Yo vivía en El Paraíso, en el apartamento de dos viejas solteronas que alquilaban cuar-

tos para estudiantes. En la tarde empezamos a notar que algo extraño sucedía. Desde el edificio se veía que bajaba gente del cerro que estaba atrás. Y bajaba y bajaba. Salí a la calle a ver qué era lo que pasaba. Salí con las dos solteronas y la muchacha con quien compartía habitación. En la calle estaban todos los vecinos de la zona. Viendo también. Cerca quedaba un supermercado y una panadería.

Y todos vimos cómo regresaban los del cerro: subían para sus casas con alfombras, cuartos de res, potes de leche. Cargaban cualquier cantidad de cosas, y era cualquier cantidad de gente.

Eran hombres, mujeres y niños que salían a la calle a repetir lo que estaban viendo en la televisión. La inmensa descarga que empezó en Guarenas como protesta contra el abuso de unos transportistas, y que después endilgaron al nuevo programa económico del recién estrenado gobierno. Todo sucedió muy rápido como para encontrar razones.

La noche anterior había entrado en vigencia un alza en el valor de la gasolina. Ese día comenzaba también un aumento en el pasaje de transporte. Pero los choferes de colectivos pretendieron cobrar por sus servicios una tarifa superior a la autorizada. Y era fin de mes. Los bolsillos no estaban preparados. Alguien protestó. Otro lo hizo en voz más alta y otro más allá se encolerizó. Explotó una andanada de quejas. Se quebraron los primeros vidrios, se golpeó la primera puerta. Y la televisión estuvo allí para transmitirlo. Fue reacción en cadena ante un repentino y abusivo aumento de transporte, justo un día antes de la fecha de cobro. Muchedumbre desbocada. Descontento reprimido. Suceso espontáneo. Súbito. Brusco. Imprevisto, pero no imposible. Desde hacía muchos meses escaseaban alimentos y artículos de primera necesidad. No se conseguía café, harina de maíz, azúcar, papel *toilette*. El malestar se acumulaba. Y se transformó en rabia al descubrir que tras la primera puerta que se franqueó aparecía el café, el azúcar y la harina que horas antes no se encontraba. La mercancía estaba escondida. Acaparada. La rabia se desbordó.

Eso fue lo que Marisol presenció.

Muchas personas llegaban heridas y nosotras las curábamos. En realidad fueron las viejas de la residencia quienes empezaron a curar a la gente, y yo estaba ahí y también lo hice. Pero, lo hice por hacerlo, por más nada; no por algún ideal ni por principios ni por altruista ni por nada. Lo hice por el bochinche, meramente por el bochinche... Y ellos, los del cerro, en recompensa nos regalaron dos alfombras, una caja de compotas, unos trozos de carne que venían en paquetes, nos regalaron cosas...

Había mucha gente.

... Y a mí me dio curiosidad: fui y me metí en el supermercado...

Pero cuando llegué ya no se veía nada. La santamaría estaba como doblada, y me corté en el brazo al entrar. Estando adentro, me dio muchísima tensión y lo único que agarré fue una botella de salsa inglesa y una cajita de cubitos para sopa. Pero eso fue como por llevarme algo. Posiblemente para decir «entré». Ideas tontas que se le ponen a uno en la cabeza. Era muchísima tensión. Y olía a licor, porque todo el piso estaba lleno del vidrio de las botellas rotas. Olía horrible... y era la tensión... Además, cuando estaba adentro, alguien gritó «llegaron los militares». Entonces fue mucha más tensión todavía, y salí. Desesperada, asfixiada, con los ojos aguados... Salí corriendo...

Después, cuando subí al apartamento, se veía por detrás del edificio a los militares dándole peinillazos a la gente. Superviolento...

Marisol no tenía la menor idea de lo que estaba ocurriendo a su alrededor. No sabía de causas. No sabía de efectos. Pero tampoco se preguntaba. Tenía dieciocho años y acababa de llegar de la provincia.

Al día siguiente, me paré y, supertranquila, me fui para mi universidad. Pero cuando llego, en la entrada, los vigilantes me dicen que no hay clases, que hay golpe de Estado. Y a mí me pareció el concepto más abstracto que había oído en mi vida. ¿Golpe de Estado? Yo no entendía lo que era un golpe de Estado. Bueno, hay golpe de Estado —me dije—; chévere, de pinga, no hay clases. Me voy para mi casa, me importa un carrizo lo que sea un golpe.

Hoy sé que aquello no fue un golpe. Sé que eso fue el primer revolcón que se dio en Venezuela.

9

Mientras Marisol abre poco a poco la caja de sus secretos, su novio —el que tiene ahorita— espera afuera. Hace bastante rato que lo hace. Cuando él llegó, se abrió la puerta del cuarto y anunciaron: «es Fernando» (el único novio que tiene nombre en este cuento). Quien avisó es una de las jóvenes con quien comparte un apartamento. Por un instante Marisol desaparece. Cuestión de minutos, suficientes para estampar un beso y encender el televisor que a esa hora de domingo deja ver un partido de béisbol. Después, Marisol regresa a recogerse sobre sí misma. A continuar el relato en donde pensó que lo había dejado.

Estudié Comunicación Social el primer año. Me rasparon, tenía que repetir... y nos fuimos para España... O sea, eso ya estaba planificado. Ya se había decidido.

A partir del 27–F empezó a temblar en la tierra prometida. Para los García, el mundo comenzó a derramarse. Todo lo que hasta entonces había estado en su puesto ofreciéndoles seguridad se desplazó. El horizonte de bienestar ya no estaba, la confianza se esfumaba y la intranquilidad tomó cancha. No bastaba con correr las persianas para que no entrara el sucio de la calle. Para que no se viera al loco que se desvestía. Para que los niños no contemplaran a la mujer desnuda e inconsciente que dejaron al frente de la casa después de una ceremonia mística en la montaña. No bastaba con encerrarse y hacer como que las cosas no pasaban.

Mi mamá fue la que empezó con el tema de irnos porque las cosas se estaban empezando a revolver. Ella se quería ir más que todo por miedo. Después de todo el problema del 27 de febrero, quemaron cauchos delante de la casa de Chivacoa. No fue algo contra nosotros sino por la revuelta que había por todos lados; asaltaron los negocios de los musiúes de allá, y se rumoraba que iban a quemar o asaltar el restaurante que estaba en la carretera, que era el restaurante de mi papá. Todo estaba muy feo, y encima nos atracaron en la casa de la playa... Entonces, nos íbamos.
No sé cómo ella convenció a mi papá. Pero lo hizo, y nos íbamos. Para ver qué pasaba allá, en España. Pero nos íbamos, sin embargo, no del todo: la idea original era irnos, mas no vender las cosas... por si acaso...
Pero vino lo de mi mamá... Y todo cambió.

La familia de Marisol era una de las tantas de origen extranjero que sentía temor por lo que estaban viviendo. Los saqueos ocurridos en febrero de 1989 –desconocidos hasta entonces– fueron seguidos por una serie de protestas populares que causaron angustia, más a aquellos que creían haber encontrado en Venezuela, sobre todo, tranquilidad social.

Un número cada vez más notorio de inmigrantes comenzó a desfilar por las embajadas. Unos querían poner sus documentos en regla, por lo que pudiera pasar. Otros, mientras se componía el clima nacional, pretendían poner tierra –o agua– de por medio.

Esa era la intención de los García, pero algo precipitó los hechos.

Después de lo de mi mamá, mi papá remató malamente todo. Inclu- yendo la casa de la playa, lo que me dolió muchísimo porque en esa casa de Morrocoy sí éramos familia. Ahí sí estábamos todos juntos, y yo podía tener a mi papá y a mi mamá, y era superfeliz. Ahí era en donde yo los veía a ellos como pareja, como matrimonio. Como papá y mamá.

Ese era el lugar de la familia, donde salíamos los cinco con una red chi- quitica a tirarla al mar. Todo el tiempo los cinco, juntos los cinco... siempre. Papá, mamá, hermana, hermano y yo... Fue la primera noción de familia, así: cohesionada, que tuve...

Me dolió que vendiera esa casa.

Y también vendió el restaurante, y también me dolió porque fueron años de sacrificio, y años de estar separados para que él pudiera atenderlo...

Mi papá remató todo. Todo–todo lo vendió casi que miserablemente.

Antes de eso, ya estaba planificado que nos íbamos: la casa estaba vacía, se había embalado, se había dispuesto todo...

Y pasó lo de mi mamá.

Eso fue en septiembre de 1990, justo una semana antes del día fijado para irnos. Pasó eso y quedamos nosotros cuatro: mi papá y nosotros.

10

En las Islas Canarias –eso se dice– lanzan un tronco al mar y la corriente lo lleva hasta Venezuela. Por eso hay tantos canarios en terri- torio venezolano. Desde siempre. En Venezuela y en Cuba se radicaron las más grandes colonias de emigrados de ese archipiélago español. En el siglo XX, el mayor contingente se registró a principios de la década de los cincuenta con la política de puertas abiertas del régimen de Marcos Pérez Jiménez. El arribo fue masivo. Los isleños salían huyendo del aco- so político y económico, y el gobierno del militar venezolano los recibía para poblar el campo, aunque muchos de ellos prefirieron quedarse en

Caracas y sus alrededores: La Candelaria, Sabana Grande, Los Chorros. Después, con la llegada de la democracia y el privilegio al trabajador criollo, la afluencia fue más desperdigada; pero los canarios siguieron llegando y a finales de los setenta –tras la muerte de Francisco Franco– cuando la crisis económica arreciaba en España y la imagen de la Venezuela saudita se desparramaba por el mundo, otros tantos isleños se arriesgaron a estos suelos en procura de cobijo. El desplazamiento continuó hasta mediados de la siguiente década. Poco después el movimiento se revirtió. Más de uno hizo vuelta a la patria.

Ahora, ya Canarias es como Venezuela. Canarias es mucho–mucho– mucho más latina que europea. No hay ni un solo canario que no tenga algo que ver con Venezuela. O vivió aquí, o tiene hijos aquí, o algún tío lejano estuvo aquí. De hecho, gente de aquí que ni siquiera tiene nada que ver con Canarias, sino que ha ido allá de paseo, dice que Canarias es como Venezuela, pero organizada. Y es que cada día hay más venezolanos en Canarias. Hasta areperas hay allá, porque, en Canarias, comer arepas es como comer caviar. ¡Lo máximo!

En septiembre de 1990 lo que quedaba del clan García inició el éxodo. Los planes habían sido alterados: no todos viajaron y los que viajaron lo hicieron en dos tandas.

Ana Belén y Elías David, mis hermanitos, tenían que empezar el colegio y ellos se fueron tal y como estaba previsto. Mi papá y yo nos quedamos arreglando papeles, documentos. Nosotros dos nos fuimos en febrero de 1991.

Mucho antes de partir, inclusive mucho antes de que sucediera lo que sucedió, los integrantes de la familia presentían que reanudar el lazo que se había zafado once años antes sería laborioso. Regresar a España sería complicado. No solo estaba el océano en medio, estaba una vida hecha. Con afectos, colores, sabores y hasta olores distintos. Sabían que sería difícil, pero todos también sabían que para Marisol lo sería mucho más. *Yo, todo el tiempo, hablaba de Caracas: «Y Caracas tal y Caracas cual».* Más temprano que tarde, adivinaban, ella se devolvería. Y lo hizo: a los nueve meses de haberse ido, desanduvo sus pasos. Añoraba el *full calor* de la tierra americana.

Creo que regresé porque me gustaba la gente. Ya Canarias era para mí lo que había sido Venezuela en alguna oportunidad. Se invirtieron los papeles. El mismo odio que sentí por Venezuela cuando «me» trajeron, lo sentí después por Canarias cuando «me» llevaron. Porque nunca me vine ni me fui por mi libre decisión: siempre fui arrastrada.

Ninguna leyenda –negra o dorada– la trajo de regreso. Marisol se devolvió por sus propios pies, ganada por la nostalgia y un hablar rápido y cantaíto. A defender una nueva versión de identidad. A pelearse con la emoción mientras se confunde entre propios y extraños. Aun cuando no pueda discernir quiénes son unos y quiénes los otros.

Yo sentía que era de aquí. Incluso, me acuerdo de un agarrón que tuve con un tipo por toda esta cuestión de que «los musiúes vinieron a Venezuela a llevarse todas las riquezas, y tú eres una musiúa»... Cuando me dijeron que yo era una musiúa, casi que me como vivo a quien me lo dijo. Porque qué bolas tenía él: yo había dejado a mi familia en España y me había regresado acá y, ¡coño!, esa era una muestra —más que cualquier otra— de que este es mi país, y no el otro en donde había nacido.

Además, me daba mucha arrechera eso de que «los musiúes se llevaron todo», porque eso no es así. Casi todos los extranjeros que conozco se vinieron para acá sin un medio en el bolsillo, y de ahí levantaron cosas grandes, cosas buenas, cosas superproductivas. Y un venezolano, que es de aquí, que tiene las mismas posibilidades y las puertas mucho más abiertas que cualquier extranjero, no ha hecho ni la mitad de lo que ha hecho cualquiera de ellos. Pero cuando pienso eso, pienso también en la creencia que existe entre los extranjeros de que casi todo lo bueno que se ha hecho en Venezuela es obra de ellos. Producto de ellos, porque para ellos, siempre, el venezolano ha sido catalogado como una persona floja, que solo critica y critica y más nada.

Ahora ¿el venezolano es flojo?... Mi papá, extranjero al fin, también tenía esa creencia; pero cuando el restaurante era todavía una taguarita chiquita, cuando el negocio estaba en el cucarachero aquel, entró a trabajar allí un muchachito. Todo indiecito, morenito, con su pelito baba. Él se llama Polo. Se llama Hipólito, le decimos Polo.

Pues bien, Polo no sabía ni leer ni escribir. Quince años tenía cuando entró a barrer y pasar coleto en el negocio de mi papá. Y ese chamo, al final, antes de irnos para España, ya sabía de todo: mi mamá le había ense-

ñado, y era el encargado del negocio de mi papá. Y para mi papá, Polo era —y es— su hijo.

Mi papá vino de vacaciones a Venezuela el verano pasado, y al llegar, a la primera persona que buscó fue a Polo. Antes que a sus amigos, antes que a nadie.

Polo fue una lección para todos nosotros. Entonces ¡claro que sí hay gente buena, gente valiosa!. Ahí están Polo y Santana, que también es otro muchacho venezolano que trabajó como mesonero en el restaurante, que se peleaba a cada rato con mi papá y mi papá con él, pero que toda la vida estuvo ahí y sigue estando ahí.

Y esas son las dos únicas personas que le llevan flores y limpian la tumba de mi mamá. Ellos dos: Santana y Polo.

11

En noviembre de 1991, hecha un amasijo de sentimientos encontrados, Marisol retomó la vida que había dejado pendiente. Venezuela: la tierra aprendida, el universo conocido, el horizonte cierto. Seguridad a la vuelta de cada estación de Metro. El árbol vivo en una isla frente a las costas de África, y el árbol muerto enterrado en América, en un camposanto con maleza y panteones de mármol. El verbo dividido en dos continentes, y el alma también.

Para nosotros no significa un trauma que mi papá se haya casado otra vez, porque recién pasado lo de mi mamá, nosotros tres —mis dos hermanos y yo— hablamos, y estuvimos bien claros en que si mi papá decidía casarse, tenía todo el apoyo del mundo.

Dos o tres años después de que mi mamá falleció, él regresó a Venezuela con la única función de buscar una esposa, porque decía que en Canarias no encontraba. Que allá no había mujer a su gusto. Vino a buscar una esposa porque no quería vivir solo. Y la consiguió.

Yo me llevo bien con ella. No me enrollo mucho. Al final: nada qué ver. Ya casi no pertenezco al núcleo familiar, y ella es la compañía de mi papá y lo atiende. Además, es la mamá de nuestro hermanito. Nuestro hermanito que es el sol de aquella casa.

Los ojos amarillos se le alegran. Por un instante se relaja, y entonces aparece la Marisol chistosa y ocurrente que había estado escondida durante toda una tarde. La mujer que hace volver la cara con cada una de sus salidas. La que se sabe todos los chistes groseros de Jaimito, los que hay y los que no hay. La que provoca risas hasta el llanto al contar los argumentos de las películas censura zeta que exhibían en el cine de Chivacoa. La que bromea hasta con ella misma.

El primer beso... ¡Uuah!!! Me dieron arcadas: esa cosa gelatinosa... No sabía que se abría la boca: yo tenía diecisiete años ¡y estaba en Chivacoa! Lo único que conocía eran los besos de la televisión, de labios junticos y dienticos apretaditos.

Los ojos amarillos se abren y se dejan ver por completo. Nunca en su vida Marisol necesitará de rizadores para las pestañas. Y a juzgar por las fotos, las sombras y el rímel los reserva para ocasiones especiales. De resto, prefiere la cara limpia y un labial que no desentone en esa cara de adolescente. De muchachita que cuenta y cuenta, y que no se apura porque Fernando, el novio –descendiente de canarios, por cierto– la está esperando para que vean la final del campeonato entre Caracas y Magallanes. A los dos les gusta el béisbol, y van al estadio y se ponen roncos de tanto gritar y los bañan de cerveza y gozan un puyero. Juntos disfrutan de la afición criolla, aunque uno –él– sea de los Tiburones de La Guaira y otro –ella– de los Cardenales de Lara. Pero también les gusta el fútbol español y ligan –¿cómo podría ser de otra manera?– al Tenerife. Son de aquí y de allá.

Pero ella parece más de otro lado. No se sabe de cuál. Tal vez sea de un espacio imposible que no es este ni aquel, sino la suma de los dos. Un mundo invisible en donde ella es quien es y es otra. Otra que no se esconde. Que no pelea con su figura. Otra que no es esa. Otra distinta que no se sabe ir pero que tampoco sabe quedarse.

Cuando voy para Chivacoa, yo no pregunto: «¿Puedo ir?». Simplemente llamo: «Me voy, espérenme». Allá tengo todas las casas abiertas. Todo el mundo me recibe superbien. Full calor. Hay gente que me quiere mucho: las monjitas del colegio, mis amigos que se quedaron allá, mi mejor amigo –el turco Nidal– que estudiaba en el conservatorio pero se le murió su papá, y tuvo que dejar la música para encargarse de una mueblería. Todos, todos se alegran. Cuando voy para Chivacoa me quedo en donde sea. Me reciben casi que con alfombra roja...

Pero trato de ir lo menos posible. Son muchas cosas que duelen.
El único remordimiento por no ir es no llevarle flores a mi mamá.

12

Solo se habla de lo que ya no duele. Eso dicen. Quizá por eso Marisol prefiera no tocar un tema en especial. O hablar de otras cosas y ponerse la máscara de muchacha resuelta que no le importa soltar tres groserías cuando alguien la llama musiúa. O disfrazarse de niña rebelde que protesta por los horarios y las reglas de no fumar. O de adolescente chistosa. O de mujer equilibrada y ecuánime que esgrime teorías ante la pérdida. *Así fue mejor: de una vez.* Es preferible esquivar la herida. Retraerse. Arrinconar el dolor. Encerrarlo. Así no duele tanto.

El relato continúa como caminando sobre un filo. Marisol sigue en el suelo. Descalza. Abrazadas las piernas.

De lo de mi mamá nunca se habló mucho, ni cómo fue ni por qué fue el accidente. Ni si en verdad fue un accidente.

Se manejaron muchas hipótesis, hubo muchos chismes... Que si la familia tenía una brujería, que si a ella la asaltaron en la autopista, que si esto que si aquello. Todo lo que sé es por retazos que yo he ido uniendo. Nunca he preguntado claramente qué fue lo que pasó. Prefiero a mi mamá allí: de pinga, viva en mis recuerdos. La muerte es como cortar, y yo prefiero no cortarlo. Prefiero tenerla allí todavía: es una cuestión de saber o de sentir que ella está donde estoy yo, no en un cementerio.

Dicen que alguien le echó el carro encima. No sé si la iban siguiendo y sabían lo que ella llevaba en el carro. Mi hermanito, que tenía once años en ese momento, venía con ella pero estaba dormido y no se acuerda de nada. Creo que cuando él despertó la vio tirada en el piso, en la carretera; era de noche y ya faltaban como cuatro kilómetros para llegar al negocio de mi papá. Entonces como que le pidió la cola a alguien que pasaba, y lo llevaron al restaurante y ahí ¡ya!... Más nada.

Todos los camioneros de la zona conocían a mi papá, y uno de ellos le comentó mucho después que, esa misma noche, a la misma hora, había visto a una pick–up que se le echaba encima a una Toyota blanca...

Eso fue como a las doce. Mi mamá venía de Barquisimeto, de una fiesta de despedida que le hicieron unas amigas suyas. En la camioneta —una

Toyota blanca– traía unos dólares de un carro que mi papá había vendido, además de todas sus joyas y plata en bolívares. Cargaba todo ese dinero encima porque la casa estaba prácticamente vacía... Y todo eso se perdió: el dinero, las joyas. Ella se estrelló al frente de una ranchería que queda al lado de Chivacoa: El Ceibal... y a la camioneta la desvalijaron por completo. No dejaron nada.

Nunca supe realmente lo que pasó. Nunca quise preguntar... Quedamos solos nosotros cuatro.

13

Después de varias horas sentada en el suelo –duro y frío– tiene que sentirse incomodidad, pero ella apenas se ha movido unos minutos. Marisol tiene la cabeza y la boca llenas de razones y de cuentos que salen sin parar, como cuando se abren las compuertas de una represa y saltan cataratas de agua. Y toda el agua de Marisol viene del corazón. El corazón que se hizo fortaleza o ciudad fortificada a falta de un territorio definido, de una patria propia. De una madre viva.

Creo que si me dijeran ahora, con toda la conciencia de lo que ha sido mi vida, con todo el conocimiento que tengo de lo que me ha pasado, si me preguntaran: «¿Dónde quieres pasar tu infancia en Venezuela?». Diría que en Chivacoa. Creo que sí. Porque Caracas es de pinga para mí, que ya estoy hecha, que ya crecí, que soy una mujer. Pero mis compañeras de universidad son –todas– unas sifrinitas que se la pasan, todas las noches, en una discoteca. Y a mí, esa vida no me gusta. Me gusta ir a un teatro, a un cine. De repente reunirme con unos amigos en su casa, o con los papás de esos amigos porque son gente rica en cultura, en forma de hablar. Yo puedo ir a una discoteca una vez al año, y no me importa... pero ¿todas las noches? Me choca, y pienso que si me hubiera criado en Caracas ese sería mi estilo de vida. Y prefiero el del interior del país, que es más humilde, más familiero, más cálido.

De Caracas me gusta lo cosmopolita, la posibilidad de encontrar arte. Ir a un buen concierto, a un ballet... O sea... yo me voy a ir para España cuando me gradúe. Eso es así. Seguro que me voy. Pero si me quedara en Venezuela, nunca me saldría de Caracas, no podría. Aquí en Caracas está la cultura.

El interior es rico en cultura, pero en cultura popular. En el interior no se puede conseguir una librería cargada con los últimos títulos, no hay un teatro como el Teresa Carreño, En cambio aquí, sí. Caracas está como más cerca del mundo. Caracas —es extraño— está lo más cerca de la cultura del mundo que se puede estar; pero, sin embargo, sigue siendo muy cálida, muy adentro, muy venezolana, muy piel.

De hecho, por eso fue que más odié a Canarias cuando me fui. Porque en Venezuela hay como más calorcito de gente: te puedes conseguir a alguien que te saque las patas del barro, que te eche una mano. Allá no. Es decir: de pronto, aquí te consigues a un camionero por la autopista y el coño 'e madre —muy probablemente— te va a lanzar el camión. Allá no, allá en Canarias se van a arrimar hacia su derecha, te van a poner las luces de cruce, todo correcto, todo cortés. Mucha amabilidad, mucha cortesía pero muy fría. Muy convencional. Y eso es lo que más me gusta de Venezuela: que no es fría.

Venezuela no es convencional. Aquí hay picardía, hay alegría...

Pero me voy a ir. Me voy a ir porque Venezuela me aterroriza. De verdad, me da terror.

Me pasa más o menos lo que le pasaba a mi mamá. Me voy sin querer irme. Pero es que me da muchísimo miedo estar aquí. Por la inseguridad y por las pocas posibilidades que tiene la gente. Venezuela es así como la tierra: está demasiado desgastada de la rosca que le han dado. Ni que se plante lo que se plante sale algo bueno. Creo que van a salir unos retoños todos escuetos, todos miserables.

Marisol sentencia, pontifica, se amuralla. De nuevo levanta el puente, se protege. Cierra sus ventanas, tal y como permanecían cerradas en la casa de Chivacoa. Para que no entrara la brizna de la zafra ni la mirada caliente ni el mal agüero.

Marisol, ciudad fortificada. Tierra ajena.

Todo en la vida tiene un ciclo. Sé que Venezuela, algún día, va a volver a estar arriba. Es como España. España estuvo abajo muchísimo tiempo y hace tres años atrás estaba arriba: había para todo el mundo, para regalar. Y Venezuela, estoy segura, también va a volver a estar arriba. En todo ámbito. En el económico, en el político. Volverá a ser como era antes. Con más posibilidades de apertura y más oportunidad para la gente. Pero si bien va a estar arriba como antes, estará arriba con cultura. Más estudiada. Más madura.

Venezuela se me parece a una muchacha joven. Como yo que, de repente, me vine para Caracas en algún momento y esto era ultraguau, todo luces, todo color. Y me imagino que cuando vuelva a estar arriba, Venezuela será un poco como soy yo ahora: más madura, más relajada, más tranquila.

Y cuando eso suceda, quizá Marisol vuelva. Si es que se va, si es que se puede ir.

Caracas-Chivacoa, 1997

HISTORIA MENUDA 9

Me he casado dos veces, y las dos, con magallaneros. Parece un karma. Debe ser que estoy purgando algo de alguna vida anterior. Para rematar, mi hija salió magallanera, aunque lo de ella no se vale –hay que destacarlo– porque ella se hizo aficionada de los Navegantes cuando era muy niña, solo para llevarle la contraria a mi papá, caraquista hasta la médula, que fue quien incubó en mí el gusto por el béisbol y la afición por el club cuyos orígenes se remontan a 1942, cuando Los Leones no eran Los Leones sino Cervecería Caracas, el equipo que formó su primer *roster* con peloteros que un año antes habían ganado la Serie Mundial Amateur. Soy, pues, de un equipo de tradición, de abolengo, y como tal mantengo costumbres inveteradas: jamás podré aplaudir a los Navegantes del Magallanes. Es algo más fuerte que yo.

Nativa de un país con más de cien años aficionado al béisbol, nada de raro tiene mi afinidad por ese deporte. De muchacha, era de las que oían los encuentros por radio (no recuerdo verlos por televisión) cuando no iba a ver los juegos al propio campo. Era la época de los *spikes* de hierro que destrozaban las piernas del contrario cuando el corredor se barría tratando de llegar quieto a una base, y era el equipo de César Tovar, Víctor Davalillo, Gonzalo Márquez, Urbano Lugo, Jesús Marcano Trillo, Antonio Armas, Baudilio Díaz y, después, de Andrés Galarraga. Comencé a ir al estadio a partir del año 1967, después de que nos mudáramos a El Valle, porque vivíamos cerca de los hermanos de mi papá que vivían en Coche y eran muy aficionados a la pelota. Mis primeras visitas al estadio de la ciudad universitaria de Caracas, aunque luzca paradójico, se las debo a un fanático opositor –un moderno rival, como se decía entonces–: a mi tío Polo, que no sé por qué carrizo es incondicional seguidor de Los Tiburones de la Guaira, si cuando ese equipo nació, en 1962, él era un hombre hecho y derecho –hasta casado estaba– que ya debía tener definidas sus preferencias en esa materia (a menos que fuera seguidor del desaparecido Pampero). Mi tío se hizo un fanático empedernido de Los Tiburones y le heredó su fanatismo a casi todos sus hijos, mis primos. Y digo «casi todos», porque nunca le falta Dios a un caraquista: el segundo de sus vástagos –el Gordo, que ya no lo es– batía palmas con nosotros cuando íbamos al estadio y nos sentábamos todos juntos a ver un partido en la tribuna ubicada a la derecha del bateador, encima del *dogout* que por costumbre aloja a los «otros equipos», a los que no son los Leones del Caracas.

Desde la tribuna de la primera base, en medio de fanáticos adversos me habitué a ver los juegos de béisbol profesional venezolano, y con toda propiedad puedo decir que no hay nada más doloroso que una derrota en los dominios del contrario, pero –también– no hay nada más placentero y excitante que saborear una victoria en esos mismos predios, en los terrenos del contendor. Como fue la que viví al final de la temporada 1972–1973 cuando le ganamos a las Águilas del Zulia. Fue algo glorioso. Memorable.

Hace más de treinta años que no voy a un estadio ni aúpo a mi equipo desde las gradas, pero eso no me despoja de mi afinidad con los melenudos, ni la demerita. Sigo fiel y trato de estar atenta a los resultados del campeonato de la liga venezolana. Aun a miles de kilómetros de distancia soy leal al uniforme de los Leones del Caracas, y a su principal mandamiento: soy enemiga acérrima de los Navegantes del Magallanes.

Hoy en día vivo en un país y en una ciudad en donde el fútbol, en vez del béisbol, es el deporte nacional. En Monterrey, en donde habito, la rivalidad –parecida a la existente entre Caracas y Magallanes– es entre los clubes Tigres y Rayados, ambos de la ciudad, y mi esposo y yo, reviviendo ancestrales diferencias, apoyamos cada uno a un equipo diferente. Uno va a los Tigres y el otro, a los Rayados, aunque –al contrario de lo que haríamos en Venezuela– cuando cualquiera de esos dos equipos clasifica y va a «la liguilla», vamos siempre por el conjunto de la casa (escribo «casa» y la palabra me suena rara). Porque cada uno de nosotros –a su tiempo, a su modo y en su entorno– aprendió que las únicas diferencias irreconciliables son las de béisbol. Entre Magallanes y Caracas.

Vivo en el norte de México, al pie de la Sierra Madre Oriental con sus cerros grandes, derechos y desnudos que se visten de verde leve cuando la temporada de lluvia se atreve a ser generosa. Ya no veo las faldas verde brillante del cerro Ávila, ni escucho los gallos al amanecer. Desde hace casi doce meses habito una casa que tiene techos altos, frisos irregulares y enlajados en el piso. Techos que me recuerdan los cielos rasos que tuvo la casa de Tejerías antes de que la fiebre por el asbesto llegara; muros que se asemejan a los que vieron nacer a mi abuela y pisos como los de cemento pulido en los que jugué de niña. En el patio de esta casa, a falta de mamón y cayenas, hice plantar un níspero (que en Tejerías llaman níspero japonés, porque el níspero–níspero no es amarillo sino marrón) y unas matas de trinitarias (que los mexicanos nombran bugambilias). Por las noches, a cambio de los boleros y las rancheras de la rocola del Bar Morocopo, escucho de vez en cuando el piano de un vecino que toca –muy pulcro, muy quedo– *Dos gardenias, El día que me quieras* o –para variar– *Yesterday.* Y es aquí, en este hogar tibio, acogedor, prestado, en donde me he sentado a repasar lo escrito años atrás, a revisar lo acontecido, a «oír» otra vez lo que me contaron. Historias menudas, historias del siglo pasado.

Veo hacia atrás, y todo me parece lejano. Distante. Distinto.

Nací y crecí en un territorio que creía variopinto, rochelero. No era monocolor –estoy segura–, no era monotemático. Hoy sé, además, que ese país ya no existe.

Monterrey-México, 18 de diciembre de 2006

AGRADECIMIENTOS

Por supuesto, después de tantos años y de tantas páginas, debo agradecer a todas las personas que respondieron a mi llamado y me tendieron su mano amiga, prestándome libros y discos, contándome anécdotas, facilitando información y contactos, respondiendo preguntas. Espero que en la lista no deje a alguien por fuera. Mi gratitud:

A Oswaldo Romero (que Dios lo tenga en donde lo haya puesto), Caridad Santamaría, Pastor Silva, Francisco Villarroel, Manuel Parra Parada, Lísbeth Vílchez, José, Gerardo Trujillo y Marisol García, por prestarme sus vidas.

A Oswaldo Romero García, Alfredo Inaty y Alfredo Romero García (ojalá lo sepa) por Oswaldo Romero; Teresana Tropea por Caridad; Diana Rodríguez por Fernando Méndez, y Fernando Méndez y Juan Andrés Isea por Francisco y Pastor, y por toda la información que me suministraron sobre la pesca y la vida de los pescadores en la Isla de Coche; Nersa Cárdenas, por Lísbeth y Felipe Saldivia, por José.

A los investigadores y docentes Rubén Candia, de la Universidad Central de Venezuela, y José Vicente Hernández, de la Universidad Simón Bolívar, por enseñarme lo poco que sé sobre la vida de las palometas en el Delta del Orinoco.

A Mariela Michelangeli –dondequiera que esté–, María Elisa Espinosa, Lusally Kinyi Mui, José Luis García –Chamo Info– y Liana Pérez por datos, libros o por echarme cuentos que de una u otra manera sirvieron para alimentar diversas historias.

Al gabinete de *El Diario* en la sombra: Gloria Majella Bastidas, Fabiola Sánchez, Patricia Ventura, Luisa Maracara y Ross Mary Gonzatti. Por libros, anécdotas, documentos y un montón de cosas.

A Sebastián de la Nuez por *Three dog nights*, por leer la primera versión de este texto y, sobre todo, por insistir en la necesidad de agregar un hilo conductor, aunque él no es responsable del hilo que yo escogí.

A mi papá y mis hermanas por respetar y apoyar –aun sin entender mucho– mi decisión de renunciar «al trabajo» para dedicarme a escribir.

A mi hermana Paola, en específico, que me dio luz verde para contar algunas cosas.

A Mariana Reyes, por su espaldarazo y sus bendiciones.

De nuevo, a Ross Mary Gonzatti por la lectura solidaria y rigurosa que hizo de la primera versión de este texto.

A Ulises Milla, mi editor, por su apoyo incondicional –que llegó en un momento muy importante– pero sobre todo por su respeto; y al Grupo Alfa por su respaldo, en especial a Carola Saravia, que se encargó personalísimamente de cuidar estas páginas y a Magaly Pérez Campos –mi intérprete de señas–, que asumió con dedicación la agotadora labor de revisar un texto escrito mucho antes de que la Real Academia Española nos –me– bombardeara con su nueva ortografía.

A Glinda Neva, mi hija, que en 1997 –a sus diecinueve años– vio ¡con terror! que su mamá iba a estar *todo el día* en la casa. A ella, por haber tolerado ese cambio, y por su colaboración y propaganda.

A Alberto, mi marido –mi primer lector–, por todo.

CANCIONES CITADAS

En «El hombre al que le salen buenas todas las cuentas»:
   Hernández Marín, Rafael: *Capullito de alhelí* (p. 35)

En «Secretos del mar de Oriente»:
   González, Rafael: *El Carite* (p. 111)

En «El cero absoluto»:
   Díaz, Simón: *Garcita* (p. 153), *Tonada del Cabrestero* (p. 157)
   H. Axton-Three dog night: *Never been to Spain* (p. 137)
   Galíndez, Otilio: *Flor de Mayo* (pp. 132, 134, 155)

En «Mal sueño»:
   Burns, Mike y Parr, Robert: *Getting kinda lonely* («Me estoy sintiendo sola», interpretada en español por la cantante Melissa) (p. 219)

Esta edición de
**HISTORIA MENUDA
DE UN PAÍS QUE YA NO EXISTE**
se terminó de imprimir en el mes de noviembre de 2012,
en los talleres de Editorial Melvin C.A.
CARACAS, VENEZUELA

CANCIONES CITADAS

En «El hombre al que le salen buenas todas las cuentas»:
    Hernández Marín, Rafael: *Capullito de alhelí* (p. 35)

En «Secretos del mar de Oriente»:
    González, Rafael: *El Carite* (p. 111)

En «El cero absoluto»:
    Díaz, Simón: *Garcita* (p. 153), *Tonada del Cabrestero* (p. 157)
    H. Axton-Three dog night: *Never been to Spain* (p. 137)
    Galíndez, Otilio: *Flor de Mayo* (pp. 132, 134, 155)

En «Mal sueño»:
    Burns, Mike y Parr, Robert: *Getting kinda lonely* («Me estoy sintien-
    do sola», interpretada en español por la cantante Melissa) (p. 219)

Esta edición de
**HISTORIA MENUDA
DE UN PAÍS QUE YA NO EXISTE**
se terminó de imprimir en el mes de noviembre de 2012,
en los talleres de Editorial Melvin C.A.
CARACAS, VENEZUELA